아동상담

김청자 · 정진선

태영출판사

머리말

사회가 복잡해질수록 인간의 심리도 복잡해지는 것 같다. 한부모 가정의 증가, 가족 구조의 다양화, 맞벌이 부부의 증가에 따른 아동에 대한 소홀과 무관심의 증대, 사회적 경쟁 구조의 강화 등으로 아이들에게 직·간접적으로 영향을 미치기도 한다. 또한 10대의 임신과 자살, 젊은 부부들의 저출산을 희망하는 현상 등이 국가적으로는 시급한 현안으로 떠오르고 있다.

이처럼 급격한 사회적 변화에 대응하기 위해 대부분의 사람들은 아이를 안 낳거나, 낳게 되면 하나만으로 만족하면서 잘 키워 보자는 생각이 지배적이다. 과거에는 아이들이 성인의 소유물인양 취급하였던 때도 있었다. 교육방식도 교사중심의 주입식 방식으로 교사의 일방적이고 지시적이며, 권위적이고, 지배적인 형태로 획일화된 교육방식으로 운영하다 보니 자녀를 많이 출산한다 하더라도 별로 어려움이 없이 성장하였다고 세인들은 말한다. 이러한 상황이다 보니 아이들의 의견은 무시한 채 성인의 기준에 의해 강압적인 훈육방식의 지도 형태는 큰 문제없이 보편화된 교육방식이었다.

요즈음 교육방식은 완전히 바뀌어 아동중심교육을 강조하면서 지나치게 아동에게 자유와 자율권을 주다 보니 자칫 버릇없게 굴기도 하고 무엇이든지 자기 마음대로 하려는 아이들이 많아지면서 교사나 학부모는 그들을 지도할 교육방법론에서 혼란을 겪고 있다. 점점 가정이나 학교에서 통제하거나 선도하는데 한계를 느낀다. 절충적인 방법으로 아동·청소년들을 지도하기가 힘들어지고 있다.

학교에서의 "교실이 무너진다", "학교가 무너진다"는 말을 들을 때마다 어른들의 통제에 순응하지 않는 새로운 세대가 교사나 부모들을 당황하게 만들고 무기력하게 한다. 또한 교사에게 주어지는 지도의 권한도 극히 제한되어 있어 절대로 체벌이나 강압적인 지도는 하지 못하도록 되어 있는 것이 현실이다. 그러므로 바람직한 학생의 생활지도와 상담을 위해서 사회적 구조의 변화와 그 변화가 학생들에게 미치는 영향에 효과적으로 대처하는 상담지도가 이루어져야 한다.

이러한 입장에서 일선학교 교사, 학부모, 유아 및 아동을 연구하고자 하는 대학생 및 대학원생, 일반인 모두가 상담활동의 필요성과 생활지도의 중요성을 느끼고 있다. 아동·학생들의 건전한 성장·발달을 돕고, 그들이 저마다의 적성, 흥미, 능력, 포부, 성격에 맞는 진로를 선택하여 자기 자신을 실현하도록 조력하기 위해서는 상담활동이 전문화되고, 활성화되어야 한다. 이것이 아동·청소년들을 보다 더 건전하게 성장·발달하도록 조력하는 길이고, 우리 상담 교육자들의 희망이며 책무이다.

이 책을 집필한 이유도 아동·청소년들의 상담과 생활지도를 보다 과학적이고 체계적으로 지도하는 태도와 기술을 습득하여 앞으로 아동·청소년들이 21세기의 훌륭한 역군이 되기를 바라는 마음에서이다.

책의 구성 내용으로는 상담의 개념과 유형, 진로 및 집단상담, 유아·아동상담, 부모·가족상담의 이론과 특성, 상담의 방법 등을 제시하였다. 또한 아동·청소년들에게 발달상에 나타나는 부적응 행동과 그에 따른 지도를 다루었고, 상담의 기술적인 방법으로 언어, 비언어적 기법을 포함시켰다.

이 책이 아동 · 청소년들을 연구하고 지도하는 교사, 학부모, 대학생, 대학원생 및 일반인들에게 상담의 이론을 습득하여 실제 문제 사례를 치료 및 지도할 수 있는 길잡이 역할을 하기 바란다.

저희 두 저자는 나름대로 원고를 부분적으로 수정 · 보충하여 다시 출판하였다. 앞으로도 여러 독자들의 지도와 조언을 계속 바라면서 더 좋은 책이 되도록 노력할 것이다.

끝으로 이 책이 나오도록 도와 주신 태영출판사 김현태 사장님과 편집을 위해 수고해 주신 모든 분들에게 감사의 마음을 전한다.

2014년 7월

저자 씀

차 례

제1장

상담의 기본 개념

1. 상담의 의미
2. 상담의 목표
3. 상담의 기본원리
4. 상담의 필수조건
5. 상담과정
6. 상담자의 역할과 자질

1. 상담의 의미

상담이란 도움을 줄 사람과 도움을 필요로 하는 사람 간에 서로 대화를 통해 문제를 해결한다는 의미로 사용하고 있다.

매스컴이나 전화를 통해서 법률적인 문제, 의학적인 문제, 또는 집을 사고 팔 때, 알고 싶은 여러 가지 정보를 얻기 위해 이야기를 통해 해결하려는 것까지도 모두 상담이라고 부르는 경우를 흔히 볼 수 있다. 이러한 여러 가지 의미상 포괄적으로 사용하고 있는 용어로 상담이라는 말을 사용하지만 여기서는 보다 전문적인 영역으로서의 상담만을 다루어 보기로 한다.

상담(counseling)이란 말은 라틴어의 consulere에서 유래한 것으로 고려하다(consider), 반성하다(reflect), 숙고하다(deliberate), 조언하다(counsel), 상담하다(consult) 등의 뜻을 지니고 있다. 이러한 여러 가지 의미는 영어에 counsel이란 형태로 바뀌어 쓰여 왔으나 그 뜻은 법률, 경제, 종교 등의 영역에 있어서 변호사, 고문, 조언자란 뜻으로 사용되었다. 현재와 같은 뜻으로 counseling이 해석된 것은 Williamson E. G.의 「How to counsel students」(1939)에서 비롯되었다(김청자 · 정진선, 2004).

상담의 의미에 관해서 몇몇 학자들의 구체적인 정의를 살펴보기로 한다.

Williamson, E. G.에 의하면 상담이란 일시적으로 각 개인의 적응을 도울 뿐만 아니라 장래 적응을 준비하도록 돕는 것이라고 하였다.

Erickson, C. E.는 상담은 문제를 가진 개인과 문제를 해결하도록 도울 수 있는 사람과의 1 : 1의 관계라고 하였다.

Hahn, M. E. and Maclean, M. S.(1955)는 상담이란 혼자서 해결할 수 없는

문제에 의하여 곤란을 받고 있는 개인과 이 개인의 여러 가지 개인적 곤란을 해결하는데 도움을 줄 수 있는 훈련과 경험을 해온 전문가와 1 : 1의 관계에서 생기는 과정이라고 하였다.

Rogers, C. R.(1952)는 상담은 개인이 행동과 태도를 변화하는데 도움이 될 목적을 가진 개인과의 일련의 직접적인 접촉이라 하였다. Shertzer와 Stone(1980)은 상담은 자기와 환경에 대한 의미 있는 이해를 촉진하고 장래 행동의 목표나 가치관을 확립해서 명료화하도록 하는 상호작용의 과정이라고 하여 자신과 환경에 대한 학습을 강조하고 있다.

정원식과 박성수(1978)는 상담이란 도움을 필요로 하는 사람과 도움을 줄 수 있는 사람 사이의 개별적인 관계를 통하여 새로운 학습이 이루어지는 과정이라고 정의하였고, 이장호(1986)도 상담이란 도움을 필요로 하는 사람이 전문적 훈련을 받은 사람과의 대인관계에서 생활과제의 해결과 사고, 행동 및 감정 측면의 인간적 성장을 위해 노력하는 일련의 학습과정이라고 하였다.

황응연과 윤희준(1983)은 상호작용의 관계를 강조해서 상담은 도움을 필요로 하는 사람을 다른 사람이 도와 주는 상호작용의 인간관계로 보고 이 인간관계는 1 : 1의 관계, 언어적 수단에 의한 역동적인 상호작용, 전문적인 조력, 사적이고 비밀적인 관계의 특성을 갖는 전문적인 관계라고 밝히고 있다.

이상의 여러 학자들의 상담에 관한 정의를 정리해 보면 적응상의 문제에 직면하여 조력을 필요로 하는 개인과 심리학적 훈련이나 지식과 풍부한 경험으로 타인을 조력할 수 있는 자질을 가진 전문가와 face-to-face의 관계에서 대화를 통해서 행해지는 적절한 원조의 과정이라고 정의할 수 있다.

이 과정은 각 개인이 자기 자신, 자기의 능력과 성격, 자기의 환경을 이해하고 그리고 만족스럽고 성공적인 생활을 달성하기 위한 기회와 전망을 이해하도록 돕는 기술이다. 즉, 상담이란 상담자와 내담자의 만남의 과정에서 내담자가 현명한 적응과 문제해결을 할 수 있는 능력을 배양하고 스스로 성장할 수 있도록 돕는 전문적인 활동이다.

상담과 유사하게 사용하는 개념으로는 생활지도(guidance)와 심리치료(psycho- therapy)가 있다. 많은 전문가들은 이 문제에 관한 그들의 견해를 말하고 있지만 이것들 사이에 큰 차이를 두지 않으려고 하는 것이 일반적인 경향이라고 보여진다.

생활지도, 상담 및 심리치료의 차이를 분명하게 구분하기 어려운 것은 사실이겠지만, 이들 사이에서 제각기 특징이 조금씩은 다를 수 있기 때문에 그 차이를 다음과 같이 제시하였다.

생활지도는 교육의 목적을 달성하기 위한 방법 중의 하나로서 학생이 저마다 독특하게 지니고 있는 발달가능성을 발견하여 이를 최대한으로 개발할 수 있도록 도와 주고, 사회적으로는 현명한 선택과 적응, 가치판단과 자기지도를 할 수 있도록 돕는 활동이라고 볼 수 있다.

이처럼 생활지도는 문제를 해결하고 적응과 선택을 함에 있어서 교육적이고, 직업적인 계획에 대하여 돕는 과정으로 상담보다는 비교적 포괄적이고 일반적으로 단순한 문제를 다루는 활동으로 볼 수 있고, 상담은 이 생활지도 영역 중에 대화를 통해 보다 치료적인 의미를 지니고 있는 것으로 구별할 수 있겠다(그림 참조).

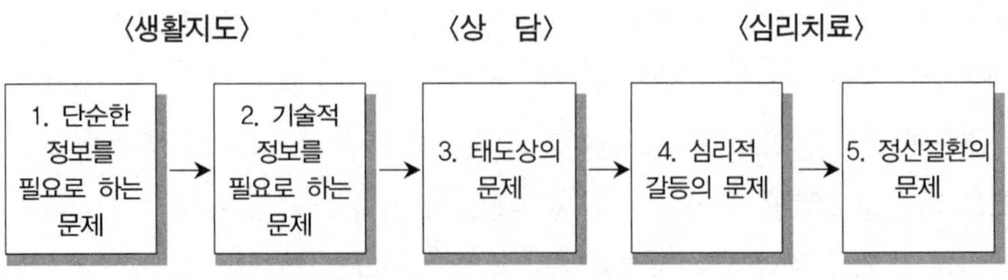

비교적 생활지도는 단순한 정보와 기술적 정보를 필요로 하는 문제를 다루는 경우이고 상담은 기술적 정보를 필요로 하는 문제와 태도상의 문제, 심리적 갈등의 문제를 다루며 심리치료는 심리적 갈등의 문제와 정신질환의 문제를 다룬다. 따라서 생활지도는 학교 장면에서 절대적으로 필요하고 포괄적인 교

육지도의 한 부분으로서, 담당자는 학교에서의 일반교사, 상담교사(교도교사), 교감 및 교장 등 전체 교직원이 동원되어 지도할 수 있는 영역이며 분야라고 할 수 있다.

상담과 심리치료와의 차이점은 첫째 내담자 또는 학생의 문제의 정도에 따라 구별하려는 관점으로(정원식 · 박성수, 1982) 단순한 정보를 제공하는 것에서 만족스러운 해결을 얻을 수 있는 문제에 가까울 때는 상담, 정신질환의 문제 쪽으로 기울어질 때는 심리치료라고 보는 견해이다.

그러나 상담활동에서는 정상의 문제를 다루는 편이고, 심리치료에서는 비정상의 문제를 다루는 것으로 실제로는 명확하게 구분하기 어렵다. 왜냐하면 정상적인 문제도 이상심리적인 경향이 어느 정도 개입되어 있고, 비정상적인 문제도 정상적인 심리 상태가 있기 때문에 내담자 또는 학생의 문제를 정상과 비정상의 기준으로 나누어 생각하는 것은 무리가 있다.

둘째, 상담이란 내담자가 직면하는 현실적인 문제나, 내담자가 의식하고 있는 문제를 주로 다루는데 반해 심리치료는 성격적인 문제나 무의식의 문제를 다룬다. 또한 상담은 교육, 직업, 결혼 등의 선택과 결정의 문제를 다루는데 반해 심리치료는 지속적이고 반복적인 정서적 갈등을 다룬다.

셋째, 상담과 심리치료는 목표가 다르다고 보는 관점도 있다.

상담은 성장과 발달을 촉진하며 예방에, 심리치료는 장애를 제거하거나 완화시키는 것으로 치료와 교정에 역점을 둔다.

넷째, 상담과 심리치료를 적용하는 기법이나 방법의 차이로 구별하려는 경향이 있다. 상담은 무의식의 세계를 표현하지 않고 은폐하는 방법을 사용하고 심리치료는 무의식의 세계를 파고들어 심리적 갈등을 해결하는 비은폐적 방법을 사용한다. 또한, 상담은 생각과 의견을 주로 다루는 인지적인 방법을 적용하는데 반해 심리치료는 증오, 애정, 충동 등과 같은 감정이나 본능을 주로 다루는 정서적인 방법에 의존한다.

그 외에는 상담은 학교, 기업, 상담소 같은 곳에서 상담자가 수행하며 심리치료는 의학이나 임상심리 분야에서 훈련받은 심리 치료자가 병원에서 수행하고 있다.

위에서 살펴본 상담과 심리치료는 명확히 구별하기보다는 같이 중첩하여 사용하는 것이 좋을 것 같다.

상담과 심리치료 모두 내담자의 문제를 해결하고 나아가 개인의 성장과 발전을 촉진한다. 그러나 내담자를 다루는 모형을 교육적 모형과 의학적 모형으로 구별한다면 교육상황에서 이루어지는 상담은 의학적 모형에 근거하는 것보다 교육적 모형에 근거하는 것이 바람직하다고 하겠다.

2. 상담의 목표

상담의 궁극적인 목표는 내담자의 성장과 발달을 촉진하는 과정으로 볼 수 있다. 이것을 보다 구체적인 목표로 다섯 가지를 제시하였다.

1) 행동변화의 촉진

상담의 목표는 내담자를 보다 생산적이고 만족한 삶을 영위할 수 있는 행동의 변화를 가져오는데 있다고 제시한다. 변화가 필요한 행동이 어떠한 것인가를 구체적으로 표현할 수도 있다.

Rogers(1965)는 상담의 결과로 위협을 덜 느끼고 불안을 덜 느끼며 이상적인 자아와 지각된 자아 사이에 조화를 이루는 것이라고 하였다.

2) 적극적인 정신건강의 증진

상담은 정신질환의 원인이 되는 여러 가지 병리적인 요소를 제거하거나 정상적인 방향으로 치료해 줌으로써 적극적인 정신건강을 유지하는데 초점을 둔다. 정신적으로 건강한 사람은 책임감이 있고 독립적이며, 인격적으로 성숙하다. 그러므로 상담에서는 정신질환의 원인이 되는 여러 가지 병리적인 요소를 제거하거나 수정해야 할 필요를 강조하는 경향이 있다.

모든 사람이 성격적으로 좀더 현실적이고 합리적이고 생산적이 되도록 하는 것이 결국 정신건강을 증진하는 것이라 하겠다.

3) 문제의 해결

상담의 목표는 상담관계가 가져오는 문제가 무엇이건 이를 해결하는 것에 있다고 본다. 상담자를 찾아오는 내담자는 무엇보다도 자신의 문제를 해결함에 있어서 상담자가 자기에게 무엇인가 도움을 줄 수 있다고 믿기 때문에 상담이란 내담자의 문제해결을 목표로 해야 된다는 것이다. 문제의 해결을 자아의 실현과 동일시하는 것도 가능하여 자아실현은 궁극적으로 개인의 행복을 가져와 참된 삶을 추구할 수 있으므로 상담은 무엇이든 내담자들이 당면한 문제를 체계적이고 과학적인 방법을 통하여 해결해 나가는데 초점을 둔다. 문제해결을 상담의 목표로 하는 경우 가족 또는 가정문제, 학교문제, 교우관계 문제, 경제적인 문제, 행동이나 습관의 문제, 심리적인 문제 등으로 구분하여 생각할 수도 있다. 문제해결을 상담의 목표로 규정할 경우, 내담자가 지니고 있는 문제를 우선 해결하는 것에 중점을 두어야 한다.

4) 내담자의 잠재력 촉진과 개인의 효율성 증진

상담이 내담자의 능력과 흥미를 이용하여 극대화할 수 있는 방법을 터득할 수 있는 기회를 제공함으로써 내담자의 성장과 발달을 증진한다는 관점에 동조하지 않는 사람도 있다. 이와 같은 목표는 개인의 효율성을 증진하는 것 중의 하나로 간주할 수 있다.

Blocher(1966)는 첫째로, 상담은 내담자 자신과 환경에 제공된 범위 내에서 개인의 가능한 자유를 극대화하는데, 둘째로 상담은 내담자가 환경을 극복함으로써 개인의 효율성을 확대하는 데 그 목표가 있다고 제시하고 있다.

효율적인 인간은 경제적, 심리적, 신체적 모형을 구성하고 이를 위해 시간과 정력을 투자하기 위해 자신을 헌신할 수 있으며, 문제를 인지하고 해결할 수 있고, 좌절 · 적개심 그리고 애매성에 대해 적합한 반응을 할 수 있다고 한다. 이러한 견해는 결국 생산적 사고를 증진하고 적응적인 인간관계를 형성하고 다양한 문제 상황을 효과적으로 대처하는 능력을 기르는데 두는 것이다.

5) 의사결정의 증진

상담의 목표란 내담자 자신의 신중한 의사결정을 하도록 돕는데 있다고 본다. 상담자는 스스로 어떠한 결정을 내리지 않으며 결정은 어디까지나 내담자 자신이 해야 한다는 점을 밝혀 둔다. 또한 의사결정이 이루어질 때 왜 그러한 결정을 하는 것이며, 그러한 결정을 어떻게 수행할 수 있는지에 관해서도 내담자 스스로가 명백하게 알고 있어야 한다. 내담자는 상황에 관련된 가치의 범주를 탐색하고 이와 같은 가치들을 의사결정 과정에 충분히 의식하도록 해야 한다.

상담에서는 개인이 선택하고 결정하기 위해 필요한 정보를 제공하고 의사결정에 개입하는 정서적인 문제나 심리적인 특성을 확인하고 분석하며 장애가 되는 측면을 극복하도록 한다. 이러한 관점에서 상담은 의사결정이 효율적이고 합리적으로 이루어질 수 있도록 원조하는 것을 목표로 한다고 할 수 있다.

Reaver와 Reaver(1965)는 상담의 주요한 목표를 개인이 자기 선택을 위해

평가하고 실행하고 수용하며 받아드릴 수 있도록 자극하는 행위라고 언급하고 있다. 결과적으로 상담은 전반적인 의사결정 과정을 배우도록 도와 잠정적으로 자신의 의사결정을 하도록 돕는데 있다. 이와 같은 방법을 통하여 내담자는 독립할 수 있고 상담자에 대한 계속적인 의존을 피할 수 있게 된다.

위에서 언급한 다섯 가지 목표는 상담의 가능성을 모두 제시하지는 못한다. 그것들은 용납되지 않은 것도 있고, 내담자에게 균등하게 적합한 것도 있으며 특별한 경우에만 적용될 수 있는 것도 있다.

Byrne(1963)는 상담의 목표를 궁극적, 중간적, 즉흥적 목표로 나눈다. 궁극적 목표는 개인이 충분한 잠재력이나 자아실현의 목표를 깨닫도록 도울 수 있는 목표를 포함시키고 있다. 중간적 목표는 상담을 찾는 이유와 관련되어 있고 성취할 수 있도록 여러 번의 상담시간을 요구하고 있다. 상담이 효과적으로 진행된다면 합리적으로 이루어질 수 있는 결과가 그것이다. 예를 들면, 개인이 적절한 발달수준을 유지하도록 돕고, 건설적이고 잘 적응하며 행복하고 정신적으로 건강한 사람이 될 수 있도록 도우며, 그리고 개인이 자신의 잠재력을 개발할 수 있도록 돕는 활동을 포함하게 된다.

마지막으로 즉흥적 목표는 순간순간마다 내담자의 의사를 표시한다. 이 목표의 예로는 내담자에게 표현되지 않은 느낌을 말로 나타내도록 격려하게 되는 것이다. 여러 상담자들이 강조하고 있는 상담의 목표는 아마도 차이점보다는 유사성이 더 많은 것 같다. 확실히 말해서 모든 이론가들은 내담자들에게 보다 높은 수준에 이르도록 작용하며 많은 성취와 잠재력에 알맞는 생활을 돕는다고 인식하는 것 같다. 결국 상담목표가 이루어지는 방법의 차이는 상담자와 내담자를 도우려는 방법의 차이에 따라 결정된다.

3. 상담의 기본원리

상담은 개인이 가진 문제를 해결하고 적응활동을 증진시킴으로써 건전한 자아형성을 통한 성장을 돕는 것이다. 전문적 소양을 가진 상담자가 상담을 진행할 때 반드시 일정한 기본적인 원리에 바탕을 두고 실시하는 것이 좋다. 그러기 위해서는 인간의 기본적 욕구를 정확히 이해하고 있어야 한다. 또한 상담자로써 지녀야 할 기본적인 태도와 기술을 지니고 상담에 응해야 한다. 상담의 기본원리는 주장하는 전문가에 따라 조금씩 달리 생각할 수 있으나 여기서는 김흥규(1984)가 제시한 Biestek의 이론을 요약 · 정리해 보고자 한다.

1) 개별화의 원리

개별화는 내담자의 독특한 성질을 알고 이해하는 일이며, 적응을 잘 할 수 있도록 각 개인을 원조함에 있어서 상이한 원리나 방법을 활용하는 것이다.

따라서 개별화란 인간을 개별적 차이를 지닌 특정한 인간으로써 취급해야 한다는 것이므로 소위 내담자의 권리와 욕구로서의 개별화라고 표현할 수 있다. 개별화의 원리를 지키려면 다음과 같은 전제가 필요하다.

① 상담자는 편견과 선입관이 없어야 한다.

② 내담자의 말을 경청하고 세밀히 관찰해야 한다.

③ 내담자의 보조에 맞추어 진행해야 한다.

④ 인간의 감정변화를 민감하게 포착할 수 있어야 한다.

⑤ 내담자와의 견해차가 있을 때 앞을 내다보는 능력을 갖추어 적절한 선택

을 하여야 한다.

2) 의도적 감정표현의 원리

내담자가 그의 감정 특히 부정적 감정을 자유롭게 표현할 수 있어야 한다. 이처럼 자신이 의도한 생각이나 감정을 표현할 수 있도록 보장받아야 하며, 또한 온화한 분위기를 조성해 주어야 한다. 따라서 내담자가 의도한 감정을 자유롭게 표현하도록 하기 위해 갖추어야 할 조건은 다음과 같다.

① 압력이나 긴장으로부터 내담자를 완화시켜 준다.
② 내담자 자신의 문제점을 이해하게 해 준다.
③ 허용적인 태도를 조성하기 위해 내담자의 감정표현을 경청해야 한다.
④ 내담자의 감정표현을 적극적으로 자극하고 격려해야 한다.
⑤ 비현실적인 보장이나 너무 빠른 초기의 해석을 삼가야 할 것이다.

이상의 몇 가지 조건을 잘 갖추어야 하며, 특히 상담자는 내담자의 감정표현을 비난하지 말고 낙심시켜서도 안 되며 오히려 끝까지 경청해야 한다.

3) 통제된 정서 관여의 원리

상담은 주로 정서적인 면에 관련되어 있으므로 상담자는 내담자에게 그 감정을 말로 표현하도록 권고하여야 한다. 내담자의 감정에 대해 상담자는 민감해야 하고 감정의 의미를 이해해야 한다. 그런데 정서는 통제되어 있는 것이므로 개별적인 상담의 목적과 내담자의 욕구변화에 따라 또는 상담자의 전진적이고 진단적인 사고에 따라 그 방향이 결정된다. 즉 상담자는 내담자의 정서변화에 민감하게 반응하고 이해해야 하며 적절한 대응책을 마련할 태도와 자세를 갖추는 적극적인 관여가 필요하다.

4) 수용의 원리

수용이란 내담자의 장 · 단점, 바람직한 성격과 그렇지 못한 성격, 긍정적인 감정과 부정적인 감정, 건설적, 파괴적 태도나 행동 등을 있는 그대로 이해하며 그의 존엄성과 그 인격의 가치에 대한 관념을 유지해 나가는 행동상의 원칙을 말한다. 따라서 수용의 대상은 선한 것이나 옳은 것, 좋은 것만이 아니고, 진정한 것, 있는 그대로, 일관성 있는 것으로 현실 그 자체이어야 한다. 상담자가 권위적이거나 강압적인 자세로 상담에 임하면 상담관계는 깨어지고 만다. 그러므로 내담자 중심으로 욕구나 원리를 존중하며 감정이나 태도를 이해할 수 있어야 한다.

5) 비심판적 태도의 원리

내담자의 잘못이나 문제에 대해 결과를 나무라거나 책임을 추궁하거나 잘못을 질책해서는 안 된다. 그들은 죄책감, 열등감, 불만감, 고독감 등을 가지고 있기 때문에 타인의 비판에 예민하여 그들 자신을 방어하여 안전을 추구하려고 하는 것은 당연한 일이다. 따라서 상담자는 내담자를 객관적으로 그의 행동, 태도, 가치관 등을 평가하여야 하며, 어떠한 문제에 대하여 '나쁘다', '책임져야 한다'는 등의 과격한 표현을 해서는 안 될 것이다. 그러므로 비심판적 태도의 원리가 지켜지려면 다음과 같은 자세가 필요하다.

첫째, 상담자가 선입관의 지배를 받아서는 안 된다. 상담자도 인간이므로 어떤 유형의 사람은 좋아하고 어떤 유형의 사람은 싫어할 수도 있다. 싫어하는 유형의 사람에게 비심판적이고 호의적으로 대하기란 쉬운 일이 아니다. 그러나 상담자는 선입관을 버리고 색안경을 쓴 채 내담자를 주관적으로 보지 않도록 노력하여야 한다.

둘째, 내담자의 보조에 맞추어 상담을 진행해야 한다. 내담자의 발언이나 행동 및 성급한 결론에 대해 상담자가 판단을 내리거나 이끌어 나가서는 안 되며, 가급적 내담자의 입장을 따라가면서 상담을 진행해 나아가야 한다.

셋째, 분류화시키려는 자세를 취해서는 안 된다. 내담자를 어떤 유형의 틀로 나누어 집어넣거나 비교하려는 인상을 가져서는 안 된다.

넷째, 내담자가 상담자에 대해서 적의와 같은 부정적 감정 표현을 할 수 있다는 것을 상담자는 알고 있어야 한다.

내담자가 어느 특정인에게 전이시키려는 현상을 볼 수 있다. 그러므로, 내담자의 그 같은 감정표현도 그를 이해하고 문제를 해결하는데 도움이 된다는 자세를 가지고 여유 있게 내담자의 문제에 대해 객관적으로 바라볼 수 있어야 한다.

6) 자기결정의 원리

내담자 스스로 자기가 나아갈 방향을 결정하고 선택하려는 결정을 존중하며 그 같은 욕구를 결정할 수 있는 잠재적 힘을 자극하여 활동하게 할 수 있도록 지도해야 한다. 이를 위해서 상담자는 다음과 같은 원칙을 지켜야 한다.

① 상담자는 내담자가 자기수용을 할 수 있도록 도와 주어야 한다.
② 상담자는 내담자의 잠재능력, 즉 장점과 능력을 발견, 활용함으로써 인격적 발전을 도모할 수 있게 자극해 주어야 한다.
③ 상담자는 내담자가 자기결정을 할 수 있도록 분위기를 조성해 주어야 한다. 수용적 태도나 심리적 지지를 보내는 것도 그 한 가지 방법이다.
④ 상담자는 내담자가 자신의 문제를 해결해 나갈 수 있도록 보조하는 역할을 해야 할 것이다.
⑤ 상담자는 내담자를 강제적으로 설득하는 것이 아니라 내담자가 자발적으로 참여하고 의사결정하도록 도와 주어야 한다.

7) 비밀보장의 원리

상담과정에서 명심해야 할 것은 상담자가 내담자의 대화의 내용을 아무에게나 이야기하는 습관을 버리고, 비밀을 지켜야 한다. 비밀보장은 상담자에게 있어서 직업적, 윤리적인 의무라고 할 수 있다. 내담자의 명예가 훼손되거나 누를 끼치는 일을 이야기해서는 상담자로서의 자질에 의심의 여지가 있을 만큼 중요한 점이다. 따라서 어떠한 경우라도 내담자의 개인적 권리는 존중되어야 하고 지켜져야 하므로 상담자는 비밀을 꼭 보장해 주어야 한다.

4. 상담의 필수조건

상담활동은 일대일의 만남에서 이루어진다.

만남의 기본적 조건은 지식이나 기술의 문제라기보다는 인간관계를 형성하는 태도라는 것을 많은 학자들이 주장하고 있다. 대부분의 상담자들은 상담을 성공시키는데 다음과 같은 사항이 중요하다고 강조한다.

1) 수용

수용이란 상담자가 편견이나 비판없이 내담자의 견해, 태도, 존재가치에 관계없이 하나의 존귀한 인간으로 내담자를 받아주고 인정하는 것을 말한다. 수용은 인간의 가치와 존엄에 대한 인식에서 출발된다.

모든 인간이 경험은 인지, 정의, 행동 등의 복잡한 유형이 뒤얽혀져 있다는 사실을 도덕적 평가와 사회적 판단없이 받아들여야 한다는 것이다(정원식 외, 1982).

상담자의 수용적 태도는 상담의 성패를 가늠하는 중요한 관건이 된다. 상담의 전 과정을 통해서 편파적인 감정이나 태도없이 일관된 자세를 가져야 내담자는 확신을 가지고 상담에 응할 자세를 갖게 되는 것이다.

2) 공감적(감정이입적) 이해

개인의 인지, 정의, 행동의 과정이나 특징 그리고, 그 개인이 관계하고 있는 물리적 · 사회적 · 과업적 환경의 과정과 특징을 개념화하고, 내면화하는 것을 가리켜 공감적 이해라고 할 수 있다.

그러므로 상담자는 그 언어적 표현의 이면에 있는 왜곡되고 은폐된 의미를 이해하여야 한다. 내담자를 이해하기 위해서 상담자는 내담자의 입장에 서서 내담자가 뜻하는 감정을 느끼고 사고하며 행동을 상상적으로라도 해보는 인지적 측면과 감정의 영역을 강조하는 것으로 내담자가 경험하는 것을 충분히 이해할 수 있어야 한다. 이러한 것을 감정이입적 이해라고 한다.

상담자는 내담자의 입장이 되어, 그의 의사결정의 문제, 불안, 좌절, 환경적 압력 등을 이해해야 한다. 동시에 상담자 자신은 내담자가 아니고 그러한 압력이나, 문제가 내담자의 것임을 명심해야 한다.

공감하는 상담자는 내담자가 표현한 말 뿐만 아니라 그 밑에 깔려있는 중요한 감정, 태도, 신념 및 가치기준을 포착하여야 하며, 또한 이러한 것들에 관해 내담자와의 의사소통이 잘 되도록 노력해야 한다.

3) 진지성

진지성(sincerity)은 일치성(congruence) 또는 성실성(genuineness)이라고도 하는 것으로, 상담자가 말하고 행동하는 것이 그의 내면세계의 실제와 일치하는 것을 가리킨다. 다시 말하면 진지성이란 상담자가 내담자를 심리적으로 조력하는 과정에서 정직하고 성실한 태도를 지니는 것이라고 한다. 최근 경향은 진실성으로 표기하는 경향이다.

상담관계에서 진지하고 자발적인 언어표현이 이루어질 때 의도적으로 꾸며서 하는 역할놀이의 함정에서 벗어날 수 있게 된다는 것이다.

일치란 경험과 인식을 정확하게 합치시키는 것이다. 넓은 의미에서 일치는 경험, 인식, 의사소통이 모두 합치되는 것을 말한다. 이러한 일치 정도가 증가되면 그 만큼 상호의사소통이 증가될 것이고, 서로 상대방의 표현을 더 정확히 이해하고, 두 사람 모두의 심리적 적응과 기능이 향상될 것이며, 그 관계는 서로 만족하게 될 것이다.

4) 신뢰

상담과정이 원활하게 진행되려면, 무엇보다도 내담자가 상담자의 모든 면을 믿고 의지해야 하는데 이것이 바로 신뢰인 것이다. 내담자가 상담자를 불신하면 내담자는 자신의 감정, 사고, 문제와 갈등, 의견교환이 솔직하게 전달될 수 없으므로 효과적인 상담을 기대할 수 없다. 따라서 상담자는 솔직하고 믿음직한 감정과 태도를 보이고 인내와 협동으로 명랑하고 온순한 태도와 감정을 솔직히 털어놓을 수 있도록 개방적이어야만 내담자도 상담자와 상담상황을 신뢰하여 자신을 개방할 수 있게 되어 보다 적극적인 상담이 가능해진다.

5) 긍정적 존중

긍정적 존중은 상담자가 내담자의 생각이나, 감정, 태도 등을 판단하지 않으며 조건이 없다는 것이다. 즉 내담자를 선택적으로 평가하지 않으며 탐색, 동의, 반대, 권위적 해석 등을 가능한 한 피한다.

상담자가 진정으로 내담자를 돌보려면, 무조건적으로 긍정적 지각을 유지하여야 한다. 그러기 위해서 상담자는 내담자를 판단하거나 내담자의 행동 태도에 대하여 찬성 혹은 반대하지 말아야 하며 따뜻한 수용을 해 주어야 한다. 상담자는 내담자의 자기 이해와 긍정적인 변화를 위해 내담자가 지니고 있는 자원을 전적으로 믿어야 한다.

상담자가 내담자를 진지하게 신뢰하면 할수록 내담자는 더 자유롭게 자기 탐색을 할 수 있다.

그러한 관계를 통해 내담자는 그의 자아개념이 일치하지 않는 내적 경험과 그가 강하게 방어해 왔던 부분이 그의 의식과 행동으로 점차 받아들여 질 수 있다.

내담자가 이전에는 허용할 수 없었던 느낌을 말로 표현할 때, 그는 변화하는 새로운 자아의 긍정적 수용을 받게 된다.

5. 상담과정

상담은 상담자와 내담자가 만나는 첫 번째 접촉이며 만남은 대화를 통해서 이루어진다. 상담자는 내담자의 조력자로써 어떤 문제에 대하여 정보를 제공하여 문제를 해결할 수 있도록 도와 주는 사람이다. 상담은 상담자의 교육과 훈련, 상담의 이론적 배경, 상담자와 내담자의 욕구나 가치, 내담자가 가진 문제의 성격과 상황에 따라 조금씩 다른 모습과 양상을 보일 수 있다.

그러나 모든 상담의 진행과정에는 공통된 흐름이 있다. 여기서는 상담과정을 상담자와 내담자가 직접 면접하고 개입하는 과정에 중점을 두어 설명한 몇몇 학자들이 제시한 것을 중심으로 살펴보기로 한다.

1) Rogers의 상담과정 분류

인본주의 상담의 창시자 Rogers(1942)는 상담의 과정을 12단계로 분류하였다. 모든 내담자의 문제, 상담의 목적, 상담자의 특성에 따라 어떤 단계는 생략할 수도 있고 또한 순서가 조금 다르게 전개될 수도 있다고 한다.

(1) 단계 1 : 상담의 시작

상담에서는 내담자의 자발적 의사가 중요하다. 만약 선생님이나 부모의 강요 때문에 오게 되었을 때 상담자가 먼저 해야 할 것은 타인의 의도에 의한 상담을 내담자의 자의에 의한 상담으로 바꾸는 것이 필요하다. 타의에 의해 상담을 받으러 온 경우 내담자들이 수동적이어서 상담을 받으러 온데 대해 스스로 책임을 지지 않으려고 한다. 상담자는 상담이란 능동적으로 시작되어야 한다는 점을 지적하면서 내담자의 자발성을 강조해야 한다.

결국 내담자는 상담을 받겠다는 결정을 스스로 내리게 된다. 이러한 내담자의 자발성이 있어야 자기의 문제를 해결해 나가는데 대한 책임을 받아들이게 되며 상담이 순조롭게 진행될 수 있다.

(2) 단계 2 : 상담상황의 정의

첫 번째 상담에서부터 상담자는 내담자가 원한다면 상담자의 도움으로 자기의 문제를 해결해 나갈 수 있으며, 상담자가 미리 준비된 답을 가지고 있는 것이 아니라는 점을 이해시켜야 한다.

이 점을 이해시키기 위해 일반적으로 말로 설명할 때도 있지만 때로는 구체적인 결정으로, 예를 들면 약속시간을 지키는 책임이라든지 어떤 결정에 관한 책임을 쉬운 말로 규정할 수 있다. 그러나 말로만 하는 설명으로는 부족할 때가 있으므로 상담자는 되풀이해서 이점을 명백히 하고 내담자로 하여금 상담시간이야말로 자기문제를 자유롭게 생각하고 해결해 나갈 수 있는 시간이라는 것을 느끼게 해야 한다.

이 단계에서는 상담의 책임이 내담자에게 있다는 것을 명백히 하고 상담시간, 장소, 상담비용, 표현의 한계 등에 관한 것을 내담자에게 밝힌다.

(3) 단계 3 : 감정의 표현

내담자의 불만스러운 감정, 부정적인 감정, 불안, 스트레스 등의 감정을 모두 표현하도록 한다. 상담자는 내담자의 자기표현을 격려하고 어떠한 표현이라도 수용해 준다. 상담자는 내담자의 감정분출과 표현을 막지 않음으로써 내담자 속의 깊은 감정이 표현되도록 하는 것이다.

(4) 단계 4 : 내담자의 부정적 감정의 수용

상담자는 내담자가 표출하는 부정적인 감정을 받아주고, 알아주며 정리해 주는 것이다. 부정적 감정을 받아준다 함은 내담자가 무슨 말을 하는가를 지적으로 이해한다는 뜻 뿐만 아니라 이외에도 이러한 이해를 기초로 내담자의 느낌을 같이 느끼고 받아들인다는 의미이다.

상담자는 모든 노력을 다하여 내담자로 하여금 자신이 그러한 부정적인 감정을 가지고 있고, 그런 부정적인 감정도 자신의 일부분임을 수용하도록 함으로써 그러한 부정적인 감정이 타인의 것이라고 투사하거나 다른 방어기제 뒤에 숨어버리지 않도록 상담 분위기를 조성하여야 한다.

그러나 상담자는 그러한 감정의 원인을 해석해 주지 않으며 또한 그 감정이 어떻게 사용되고 있다고 설명하지도 않는다. 단순히 솔직하게 그런 감정이 있다는 것을 수용하고 명료하게 해 준다. 아무리 정확한 것이라 할지라도 내담자가 아직 표현하지 않은 감정을 앞질러 상담자가 말해서는 안 된다는 것이다. 내담자가 아직 의식하고 있지 못한 감정을 너무 빨리 앞질러 상담자가 표현하면 상담의 위기가 오기 쉽다. 또한 내담자가 이미 표현한 감정을 상담자가 인식하지 못하는 것도 상담의 진도를 느리게 하거나 상담관계에 위기를 초래할 수 있다.

(5) 단계 5 : 긍정적 감정의 출현

상담에서 표현했던 부정적 감정이 강렬하고 깊은 것일수록, 그리고 이러한 감정들이 인정되고 수용되면 긍정적인 감정, 예컨대 사랑받고 싶은 욕구, 다른 사람과 사귀고 싶은 욕구, 자존심, 성장에 대한 욕구도 강해진다. 상담자가 별도로 긍정적인 측면에 대해 이야기해 보라고 하지 않아도 초기의 부정적 감정이 강렬하게 발산되었으면 거의 반드시 긍정적인 시각으로 반전하는 전환기가 있기 마련이다.

(6) 단계 6 : 긍정적 감정의 수용

상담자가 내담자의 부정적 감정을 받아들인 것과 마찬가지로 긍정적 감정도 인정하고 받아들이는 단계이다.

긍정적 감정을 받아들인다는 것은 찬성하거나 칭찬한다는 뜻이 아니다. 상대방이 말하는 것에 따라 고개를 끄덕이고 찬성만 하는 것이 수용이 아니라, 수용이란 진실로 상대방의 마음과 감정을 이해하고 공감하고 받아들이는 것이다. 어떤 도덕이나 가치, 관습에 구애됨이 없이 내담자가 느끼는 분노, 수치, 자랑, 애정의 감정을 받아들인다는 의미이다. 부정적, 긍정적 감정 모두를 수용받은 내담자는 자신의 부정적 감정에 대하여 종전처럼 방어적이 될 필요도 없고, 긍정적 감정이라 해서 과대평가할 필요도 느끼지 않게 된다. 긍정적이든 부정적이든 자기감정의 일부라는 것을 자각할 때 진실한 자기이해의 토대가 마련되며 통찰이 일어나게 된다.

(7) 단계 7 : 내담자의 자기이해 및 통찰

내담자는 부정적 감정과 긍정적 감정을 경험하면서 자기이해와 자기수용 및 통찰을 이루게 된다. 결국 내담자는 감정으로 인해 올바르게 볼 수 없었던 현실 내지 진실을 보게 된다. 이 같은 통찰을 토대로 새로운 한 단계 높은 자신의 조절능력이 형성된다.

(8) 단계 8 : 대안의 탐색

통찰이 이루어지면서 여러 가지 의사결정을 할 수 있는 길이 선명하게 보이게 된다. 문제의 핵심을 보게 되면 내담자는 해결의 실마리를 찾게 된다. 그러나 문제해결의 방법이 하나가 아니기 때문에 이것이 내담자를 곤혹스럽게 만들기도 한다. 그러므로 상담자는 내담자로 하여금 여러 가지 해결 방법을 보다 선명하게 볼 수 있도록 도움을 주어야 할 것이다.

(9) 단계 9 : 긍정적 행동표출

처음에는 매우 작은 일에서부터 시작하나 그 의미는 매우 중요하다. 상담자는 내담자에게 어떤 독촉이나 압력을 가하지 않았다. 예를 들면, 어떤 친구가 생일잔치에 자신을 초대하였는데 가지 못하고 여러 가지 핑계를 대면서 자신은 갈 수 없다고 말하였다. 심지어 상담이 끝날 무렵이 되어서도 다른 친구가 자기집에 놀러 가자고 해도 응하지 않을 것을 밝혔다. 상담자는 내담자에게 어떤 독촉이나 압력을 가하지 않았다. 초대에 응하는 일이 매우 용기를 필요로 하는 일이라는 것을 공감적으로는 이해하면서 한편으로 그 내담자가 그런 용기를 가졌으면 하고 바라지만 그런 행동을 할 힘이 없다는 것을 이해하였다. 그러나 그 내담자는 결국 초대에 응하게 되었으며, 결과도 좋아 자신감이 약간 생기게 되었다. 앞으로 그는 그러한 기회를 통하여 자기성장의 길로 들어서게 될 것이다.

(10) 단계 10 : 심화된 통찰과 성장

내담자가 상담한 정도의 통찰을 달성하고 두렵지만 감정적이나마 긍정적인 행동을 취할 수 있게 되면 보다 깊은 성찰과 성장이 뒤따라오기 마련이다. 더 많은 통찰을 할 수 있게 되면서 자신을 바로 볼 수 있는 용기를 가짐에 따라 한층 더 깊이 있고 정확한 자기이해가 가능해진다.

(11) 단계 11 : 긍정적 행동의 증가

내담자는 보다 잘 통찰되고 정돈된 긍정적 행동을 점점 더 많이 하게 된다. 의사결정을 하는데 두려움이 적어지며 자신이 시작한 행동에 대해 더 자신감을 가지게 된다.

이 기간이 되면 상담자와 내담자의 관계에 새로운 차원이 더해진다. 대체로 내담자는 처음으로 상담자를 한 인간으로서 알고 싶어하며 그의 신상에 대해 물어 보고 진정으로 호감을 나타낸다. 여전히 어떤 행동을 시작하는데 대해 약간의 주저함은 있지만 전과 같은 두려움이나 의존성은 보이지 않는다. 아직 약간의 부적응 문제가 있으나 그 문제를 다룰 수 있다는 자신과 능력을 가진다.

(12) 단계 12 : 상담의 종결

이제 내담자는 도움을 받을 필요를 덜 느끼게 되고 내담자는 상담을 종결해야겠다는 생각을 하기에 이른다. 상담자의 시간을 많이 빼앗아서 미안하다고 말하는 내담자도 있다. 상담자는 내담자의 상담종결에 대한 감정을 수용해 주면서 종결에 대해 준비시킨다. 상담의 종결시기는 자연스럽게 정해지고 서운하지만 필요할 때마다 다시 상담을 재개할 수 있다는 약속을 하며 성숙하고 건강한 분위기에서 상담은 끝난다.

2) Brammer의 상담과정 분류

Brammer(1973)는 상담과정의 단계를 돕는 과정으로 보고 모두 8단계로 분류하고 있다.

(1) 단계 1 : 준비와 시작

상담을 시작하는 단계이다. 이 단계에서 내담자가 준비하고 관계를 개시하는 것은 내담자에게 커다란 용기와 결단을 요구하는 일이다. 내담자들은 대개 상담을 받으러 올 때 착잡하게 얽힌 감정과 생각들을 가지고 있다. 상담자가 이야기해 주는 모든 것을 그대로 받아들이기를 원하면서도 또 다른 한편으로는 심리적 조력을 받거나 문제를 해결하기 위한 변화에 강력히 저항한다. 왜냐하면 다른 사람의 도움을 받는다는 것은 무능함의 표현이며 어떤 일이든 혼자서 해결할 수 있기 때문이다. 또한 자신의 문제를 해결하기 위해서는 문제에 직면해야 하고 감정과 사고 및 행동 등이 변화되어야 하는데 대부분의 사람들에게 변화란 결코 쉬운 일이 아니기 때문이다. 그러므로 내담자들은 문제해결을 바라면서도 변화를 두려워하고 저항하는 역설적인 현상이 나타난다. 상담자는 저항을 최소한으로 줄이고 상담자에 대한 신뢰감을 가지도록 하는 것이 중요하다. 신뢰가 증가하면 저항은 감소된다. 만약 내담자가 자신의 이야기를 잘 풀어 나가면 차분하게 경청을 하는 태도가 필요할 것이고, 내담자가 자신의 이야기를 하기 어려워한다면 그 어려워하는 마음을 공감해 주는 태도로 임해야 한다.

(2) 단계 2 : 명료화

이 단계에서는 내담자의 문제가 명백하게 된다. 즉 내담자가 상담을 요청하게 된 원인과 문제의 배경이 밝혀지는 것이다. 내담자들은 대부분 자신의 문제를 잘 알지 못하는 경향이 있다. 그러므로 상담자는 질문을 통하여 문제와 상황을 명백히 밝히고 싶은 욕구가 많다. 따라서 상담자는 내담자의 이야기 흐름을 방해하는 질문보다 내담자가 표현하는 감정과 생각을 주의깊게 경청하고 반영해 주어야 한다.

상담자는 내담자로 하여금 자유롭게 자신의 이야기를 하도록 하면서 그의 문제는 무엇이며 누구의 문제인지를 파악하여야 한다. 아동상담의 경우에 있어서도 문제를 파악한 결과 아동의 문제가 부모의 문제, 즉 부부의 문제가 클 경우가 있다. 이 경우 아동상담 만으로는 해결이 어렵고 문제의 원인이 되는 부부간의 갈등이 해결되어야 아동의 문제나 증상도 해결될 것이다.

(3) 단계 3 : 구조화

구조화는 심리적 조력관계의 본질, 제한점, 상담의 목표와 방향을 제시하고,

상담자와 내담자의 역할, 책임 그리고 가능한 약속 등에 대해 명백히 하는 것을 의미한다. 상담관계의 일반적 원칙이나 단계를 내담자가 알도록 하면 내담자의 상담에 대한 잘못된 기대나 혼란, 불안을 줄일 수 있으며, 내담자에게 상담관계가 합리적인 계획을 가진 체계적인 활동이라는 점을 느끼게 한다. 내담자는 자신이 상담과정에서 어디에 있는지, 상담자가 어떤 사람인지 그리고 자기가 왜 현재와 같은 방식으로 이야기하고 있는지 분명히 이해할 필요가 있다.

상담에서는 내담자가 자유롭게 자신의 행동을 결정하는 것이 원칙이지만 선택의 방향을 무제한으로 주기보다는 어느 정도 한계를 주면 오히려 행동하기가 용이해진다. 요컨대, 구조화는 상담에서 성취할 수 있는 것의 범위와 제한점에 대해 내담자를 교육시키는 것이라고 말할 수 있겠다.

구조화의 일반원칙은 ① 상담자와 내담자가 서로 편안하게 느낄 수 있는 수준에서 최소한으로 이루어져야 하며, ② 구조화는 적절한 시점에서 이루어지되 절대로 내담자를 처벌하는 식으로 이루어져서는 안 되며, ③ 면담시간 약속 및 내담자의 행동규범에 대해서는 구체적으로 명백하게 의사소통이 되어야 한다는 것이다.

(4) 단계 4 : 관계심화

심리적 조력이 보다 잘 이루어지기 위해서는 상담자와 내담자의 관계를 더 심화하고, 내담자가 상담자를 신뢰하고, 자신의 문제를 해결하기 위해 상담과정에 더욱 헌신하게 되는 것이 이 단계이다. 박성수와 유효순(1995)에 의하면 상담자가 어떤 이론적 입장을 가지는가에 상관없이 내담자의 행동변화와 문제해결은 거의 대부분 두 사람의 관계가 어느 정도 깊어졌는지에 따라 결정된다고 하였다.

상담자와 내담자 관계가 더욱 심화되기 위해서는 상담자의 수용, 공감적 이해 및 순수성 같은 기본요소 뿐만 아니라 상담자의 전문적 자질과 조력방법에 대해 신뢰를 갖는 것이 필수적이다.

관계의 심화는 내담자가 자신의 감정을 자유롭게 표현할 수 있고 자신의 내면적인 감정이나 생각이 가치판단을 당하지 않고 그대로 수용된다고 느낄 때 쉽게 이루어질 수 있다. 그리고 내담자가 표현한 생각이나 감정이 지니는 의미에 대해서는 물론 그런 생각이나 감정에 의해 초래되는 결과에 대해서도 자유롭게 토의하는 것이 필요하다. 이처럼 자유롭게 내담자의 감정, 생각, 행동, 타인과의 관계, 여러 가지 종류의 일에 대해 표현하고 새로운 의미를 찾을 수 있다는 가능성이 제시될 때 상담자와 내담자의 관계는 더욱 심화되는 것이다.

(5) 단계 5 : 탐색

내담자의 문제가 밝혀지고 상담자와의 관계가 심화되면서 상담자는 내담자의 문제를 해결하기 위해 더욱 적극적으로 개입하게 되면서 탐색의 단계로 들어간다.

이 단계에서는 내담자의 문제를 해결하기 위해서나 행동수정을 위해 어떤 변화가 일어나야 하는가와 도달하려는 목표를 성취하기 위해 어떤 방법이나 절차가 이용될 수 있는가라는 두 가지 질문에 관련된 활동이 전개된다.

탐색단계와 그 이후에 이루어지는 심리적 조력은 내담자의 문제와 상담자의 이론적 배경, 경험 및 기술에 의해 달라진다.

Brammer는 탐색단계에서 성취하여야 할 목표로 다음 8가지를 들었다(이춘실, 1978).

① 관계를 유지하고 촉진시킨다.
② 목표달성에 방해가 되는 감정요인을 확인하고 처리한다.
③ 내담자로 하여금 자신의 문제, 감정, 사고를 좀 더 탐색하도록 도와 명료화하고 구체화한다. 이렇게 함으로써 내담자의 자각이 확대된다.

④ 내담자로 하여금 자신의 목표를 명백히 하고 구체화하도록 돕는다.
⑤ 문제해결에 도움이 될 수 있는 사실에 대한 정보를 수집한다.
⑥ 상담을 지속할 것인지, 중단할 것인지를 결정한다.
⑦ 내담자가 목표를 성취할 수 있도록 방법과 절차를 가르친다(시범, 표본제시, 교수).
⑧ 내담자가 목표를 성취할 수 있도록 과제를 부과하고 활동을 전개한다(실행, 평가).

탐색의 과정에서 어떤 내담자들은 자기문제에 대해 부분적인 이해만 하고도 충분하다고 생각하거나 감정의 탐색단계에서 경험하게 되는 심리적 고통 때문에 상담을 중단하려고 하기도 한다. 그러므로 문제에 대한 단순한 이해나 한두 번의 성공적인 행동으로 문제해결이 충분히 이루어지는 것이 아니라는 점을 내담자에게 이해시킬 필요가 있다.

(6) 단계 6 : 견고화

탐색이 끝난 후 가장 적합한 대안방법, 사고, 행동 등을 결정하여 이를 실천해 나가는 견고화 단계 역시 상담의 결실기로서 중요한 단계라고 볼 수 있다.

이 단계에서는 이전에 재기되었던 많은 대안들 중에 적절한 것을 선택하여 실제로 활용해 나간다. 구체적인 행동의 변화가 목표인 상담에서는 이 견고화 단계에 많은 시간을 투자한다. 어떻게 행동하겠다고 결정을 내렸어도 그 목표를 달성하기 위해서는 여러 가지 다양한 조건과 환경에 따르는 어려움에 대해 상담하면서 환경적 · 개인적 장애를 극복해 나가고 변화시키기 어려운 조건이 있으면 계획을 다소 수정하여 실천 가능한 것으로 만드는 작업이 필요하다.

(7) 단계 7 : 계획

상담이 종결된 이후에 내담자 혼자서 실천할 계획들을 수립하는 단계이다. 이 단계에서는 표현되었던 감정이나 사고의 내용이 모두 명백하게 정리되고 새로운 감정이나 사고의 표현은 억제되어야 한다.

인지적 측면이 강한 진로상담의 경우에는 이 단계가 길어질 수 있다. 왜냐하면 계획을 달성하기 위해서는 많은 행동단계들이 구체화되어야 하기 때문이다.

(8) 단계 8 : 종료

이 단계에서는 상담을 통해 성취한 것들을 목표에 비추어 평가하게 된다. 만약 목표가 성취되지 못하였다면 왜 그렇게 되었는지 토의한다.

상담관계의 종결은 대체로 문제가 완전히 해결된 다음에 이루어지기보다는 처음에 기대했던 해결 및 행동변화와 상담과정에서 도달한 한계와의 타협점에서 이루어진다고 볼 수 있다(이장호, 1995). 즉 내담자가 호소하는 문제가 해결되면 상담은 종결에 이르게 되는데 이 때의 종결은 상담자나 내담자가 자연스럽게 인식하게 되면서 표현될 수 있다. 이 때는 종결에 대한 충분한 논의가 이루어져야 할 것이다. 그러나 상담에서의 조기종결은 상담자나 내담자에게 있어서 매우 당황스러운 일이라고 할 수 있다. 내담자 측에서 상담이 더 이상 진행되는 것을 불편하게 여기거나 처음의 상담동기가 약화되었거나 상담에 투자하는 시간과 돈에 불만을 가졌을 때 종결을 원하게 된다. 상담의 종결은 상당히 어려운 일 중의 하나이다.

한편 상담자의 종결 제안은 내담자를 당황하게 하기 쉬우며 일단 맺은 관계를 끝낸다는 것이 자신에 대한 거부로 느껴져 힘들어 하는 내담자가 적지 않기 때문이다.

따라서 종결을 원만하게 하기 위해서는 상담 초기에 어느 정도까지 미리 언급을 해두는 것이 좋다. 상담을 진행하면서 어느 정도 목표가 달성되었다는 생각이 들거나 상담을 계속해 보아도 더 이상 진전이 없을 것이라는 판단이 생기면 종결의 문제를 거론하는 것이 바람직하다.

이때 상담자는 반드시 상담 종료 2~3회전에 종결의 시기와 종결 이유에 대해 언급하면서 내담자가 자신의 감정과 생각을 충분히 표현할 수 있도록 도와야 한다.

종결하는 방법에는 여러 가지가 있다. 먼저 지금까지의 과정을 상담자가 직접 요약하거나 내담자로 하여금 요약하게 할 수 있다. 만약 많은 계획들을 실천하였다면 이를 글로 적어 보게 하는 것도 좋은 방법이다.

상담자는 요약과 함께 상담에서 성취한 것들에 대해 이야기하면서 초기에 동의하였던 시간제한에 대해 언급하여 자연스럽게 종결을 유도한다. 요약 후에도 계속 종결에 부담을 가지는 내담자에게는 갑자기 상담을 끊기보다는 지금까지 주 1회씩 상담을 왔으면 2주에 1회, 그 다음에는 한 달에 1회 정도로 점차 상담의 간격을 늘이는 것도 좋은 방법이다.

6. 상담자의 역할과 자질

1) 상담자의 역할

상담자의 역할은 다음과 같다.

① 상담자는 성장해가는 내담자의 자기이해와 자기수용을 도와 주어야 한다.

② 상담자는 내담자의 자기이해에 영향을 주는 제반 문화적 변화에 예민한 반응을 보여야 한다. 상담자는 내담자가 자기성취감을 얻을 수 있고 자기

의 생산성을 발휘할 수 있는 교육적 · 사회적 · 직업적 환경을 발견하도록 도와 주어야 한다.

③ 상담자는 내담자가 현재의 자기와 앞으로 그렇게 되기를 바라는 자기에 대한 지각을 명료화시켜 줌으로써 교육적 · 직업적 · 신앙적인 선택을 현명하게 하도록 도와 주어야 한다.

④ 상담자는 내담자에게 집단 학습의 경험을 제공함으로써 타인의 반응 속에 비친 내담자 자신을 볼 수 있는 기회를 마련해 주어야 한다.

⑤ 상담자는 내담자가 자기의 결정에 대한 책임을 지게 함으로써 성숙해질 수 있도록 자기 책임감을 높여 주어야 한다.

⑥ 상담자는 내담자의 잠재된 능력의 다양성을 수용하고 고무시켜 주어야 한다.

2) 상담자의 자질

상담자는 상담자의 성격과 상담에 대한 경험 및 훈련을 통해 내담자에게 영향을 미친다. 상담자의 자질은 인간적 자질과 전문적 자질로 나눌 수 있다.

상담자의 전문적 자질은 상담이론에 대한 광범위한 지식과 실습경험과 훈련, 그리고 자격있는 수퍼바이저의 수퍼비전을 받으면서 수행한 상담경험에 의해 이루어진다.

상담자의 인간적 자질은 원만한 성품에 소신이 있고 인간의 문제에 대한 예민한 관심이 있어야 하며 모호한 것에 대한 인내심 · 감수성 · 이해력과 내담자와의 의사소통 능력이 필요하다. 모호성에 대한 인내심이란 내담자의 감정 및 생각과 문제의 양상이 당장은 분명하지 않아도 기다릴 수 있는 태도를 가리킨다. 인간의 마음과 생활조건의 불확실성에 불안해하지 않고 적절히 수용해 나가고 대처해 나가는 능력을 의미하는 것이다.

이상에서와 같이 상담자의 역할과 자질을 종합하여 제시해 보면 다음과 같다.

① 인간의 성장 · 발달 가능성에 대한 확고한 신념은 물론 인간애, 즉 인간에 대한 깊은 애정과 관심을 가지고 있어야 한다.

② 상담자는 자기 자신에 대한 객관적인 이해를 하고 있어야 하며 긍정적인 자아개념을 가지고 있어야 한다.

③ 진취적이며 의욕적이고 능동적인 상태에서 살아가는 태도, 즉 자발성 또는 순수성을 지녀야 한다.

④ 내담자의 감정을 명료화시켜 줄 수 있는 상담의 기술을 지녀야 한다.

⑤ 자유로운 개방성, 관대한 이해성과 수용성을 지녀야 한다.

⑥ 상담에 사용되는 심리학적 도구나 기술에 숙달되어 있어야 한다.

⑦ 상담자는 자기에 대한 정체의식을 확립하여 심리적으로 성숙하고 자신이 하고 있는 일에 대한 확신있는 방향의식이 정립되어 있어야 한다.

⑧ 변화하는 사회와 세계문화에 뒤지지 않고 앞을 내다볼 줄 아는 능력을 지녀야 한다.

⑨ 상담자는 상담이론은 물론 상담과 관련된 넓은 영역에 걸친 학문적 지식을 구비하고 있어야 한다.

제2장

아동상담의 유형별 접근

1. 지시적 상담
2. 비지시적 상담
3. 정신분석적 상담
4. 합리적 · 정서적 상담
5. 형태주의적 상담
6. 현실요법적 상담

상담활동에서 취급해야 될 과제는 상담자의 개인적 · 전문적 소양의 상담기술이 있어야 하며 경우에 따라서 내담자를 인도할 때에 부작용이 없도록 적재적소에 알맞은 상담이론의 바탕을 참작하여 사용하여야 한다. 상담이론은 학자에 따라 그 분류하는 방법이 각각 다르기 때문에 이들 이론을 적용할 수 있어야 할 것이다.

상담이론의 분류는 크게 두 가지로 구분될 수 있는데 그의 하나는 전인교육의 영역인 교육목표 분류방식에 따라 인지적 · 정의적 · 행동적 영역을 중심으로 분류한 다음 그 안에 관련된 구체적인 상담이론의 접근과 상담학자를 포함시켰고, 둘째로는 대부분 상담학자 중심으로 그들이 주장하는 상담접근법을 제시하는 방향으로서 인물중심의 상담방법으로 나누어져 있음을 알 수 있다. 여기서는 상담심리학자의 개인 견해를 중심으로 전개한 방법을 소개하기로 한다.

1. 지시적 상담

1) 기본개념

지시적 상담은 흔히 특성 · 요인 상담(trait and factor counseling), 임상적 상담(clinical counseling), 상담자중심 상담(counselor-centered counseling), 이성적 지시적 상담(rational directive counseling), 의사결정상담(decision counseling) 등의 여러 가지 용어로 호칭되고 있다.

지시적 상담은 교육 및 직업상담을 기초로 하고 있기 때문에 상담을 받는 사람들의 특성을 직업적 또는 교육적으로 부적응을 겪고 있는 것으로 생각한다. 또한 상담자와 내담자의 상호관계는 교사와 학습자의 관계와 같으며, 이는 고도로 인격화된 교수와 학습과정이다. 상담자의 역할은 내담자에게 좀 더 적합한 행동으로 대치하도록 가르치거나 도와 주는 것이다. 따라서 상담이란 상담자가 내담자의 교육적 또는 직업적 적응행동을 도와 주는 것으로 본다.

Williamson은 교육의 기본 목적이 학생의 지적 훈련 뿐만 아니라 학생이 타고난 가능성의 범위 내에서 사회적 · 문화적 · 정서적 성장수준을 높이는데 도움을 주는 것이라고 말했다. 따라서 교육과 상담은 동일한 목표를 가지고 있다고 볼 수 있다. 즉 교육과 상담의 목표는 각 개인으로 하여금 개인적인 목표들을 선택하게 하여 이를 성취시키기 위해 성장하도록 도와 주는 계획에 공동 참여하여 지적인 훈련에 있어서 뿐만 아니라 각 개인이 전인적 인간으로서 최적의 발달을 도모하도록 하는 것이다(Williamson, 1950).

2) 상담의 과정

상담을 진행하는 과정을 살펴보면 Williamson은 상담과정을 6단계로 제시하고 있으나 그 순서가 엄격하지는 않다. 따라서 상담자가 내담자의 상황에 맞도록 상담을 진행할 때 아래 제시한 단계를 적절히 활용하는 것이 좋다(Williamson, 1975, 1980).

(1) 분석(analysis)

내담자에 관한 정보와 자료수집으로 이루어진다. 내담자를 효과적으로 상담하기 위하여 적성, 흥미, 동기, 신체건강, 정서적 균형 등 학교와 직장에서의 적응을 촉진하거나 억제하는 특징들을 진단할 근거가 되는 신뢰성 있고 타당성 있는 적절한 정보를 내담자와 상담자는 수집해야 한다. 분석을 위한 도구로는 누가기록, 면접, 시간 할당표, 자서전, 일화기록, 심리검사 등의 도구를 들 수 있다.

1 누가기록

생활기록부와 비슷한 것으로 내담자의 인적사항, 학습습관, 출결상황, 수상경력, 오락적 흥미, 습관을 포함한 광범위한 기록으로 구성한다.

2 면접

상담자는 내담자의 얼굴표정, 몸짓, 언어사용, 상담에 임하는 태도 등의 정보도 중요한 분석자료로 사용할 수 있다. 분석단계의 면접은 오직 정보수집의 도구로써 의미가 있는 것이며 문제해결이나 치료의 상담면접과는 성질이 다르다.

3 시간 할당표

내담자가 하루 24시간을 어떻게 보내고 있는지 알고, 유용하게 보내는 시간과 그렇지 못한 시간의 비율, 많은 시간을 차지하는 활동 등을 알아봄으로써 내담자의 문제를 해결할 수 있는 유용한 정보를 알아낼 수 있다.

4 자서전

내담자의 과거, 가족관계의 사실이나 느낌을 문장으로 진술하게 하는 방법이다. 현재의 행동은 과거와 관계가 있으며 내담자의 경험이나 느낌을 알아보는 것도 중요한 자료가 된다.

5 일화기록

내담자의 행동을 객관적으로 묘사한 것으로 구체적인 행동들을 간결하게 누가적으로 관찰 기록한 것이다. 이 때는 객관적인 사실만을 기록하며 주관적인 해석이 들어간 기록은 바람직하지 않다고 본다.

6 심리검사

내담자의 심리적 특성을 표준화된 심리검사에 의해 실시하여 타당하고 신뢰로운 객관적 정보를 얻는 방법이다.

(2) 종합(synthesis)

분석단계에서 수집한 자료를 종합단계에서는 실제 상담과정에서 유용하게 활용할 수 있도록 배열, 정리하는 단계이다. 내담자에 관련된 정보를 분류하여 적응 · 부적응의 상태를 분석할 수 있도록 자료를 요약하고 구조화시키는 것이다.

(3) 진단과 예후(diagnosis & prognosis)

지시적 상담의 효과를 크게 좌우할 수 있는 단계로 진단이 잘못되면 상담전체가 잘못된다고 볼 수 있다. 내담자의 당면한 문제와 자질 및 경향성에 비추어 자료를 해석하고 추론하는 과정으로 진단을 위한 단계이다. 진단은 ① 문제의 확인, ② 원인의 발견, ③ 진단과 예후의 3단계를 포함한다.

1 문제의 확인

사회학적인 진단범주, 즉 직업, 교육, 경제, 가정의 문제 또는 신체상의 문제 등과 심리학적인 진단범주, 즉 의존적인 성격, 자신감 결핍, 정보나 지식부족, 기술부족, 정서적 자아갈등, 대인적 갈등, 심리적 불안 등이 있다. 내담자의 특징을 분석하면서 문제의 증상 또는 신호가 될만한 자료를 수집하여 어떤 종류의 문제를 가지고 있는지 찾는다.

2 원인의 발견

증상의 원인을 이해하기 위하여 과거나 현재의 문제를 살펴보며 이러한 증상을 낳게 한 요인을 찾는다. 그러나 과학적이고 합리적인 원인이 발견되지 않을 때에는 직감이나 육감에 따라 추측하게도 된다. 그러나 이러한 추측은 상담이 진행되면서 언제든지 바뀔 수 있다는 것을 알고 있어야 한다.

3 진단과 예후

진단과 예후는 둘 다 내담자가 성취하려고 하는 목적과 관련된 것이지만 진단은 과거 및 현재와 관련된 반면 예후는 미래와 관련된 예측인 것이다. 예후는 대부분 진단에 포함되어 나타난다. 문제의 정도나 조건이 앞으로 어떻게 진전될 것인지 예측하는 것으로 그 문제의 해결 가능성과 변화의 용이성을 충분히 고려해야 한다.

(4) 상담(counseling, treatment)

상담자가 내담자로 하여금 현재 및 미래의 일상생활에 최적의 적응을 할 수 있도록 도와 주는 지도 및 조언과정이다. 이 과정에서 상담자는 내담자의 문제해결을 위하여 암시, 격려, 충고, 설명, 지시 등 모든 기술을 동원하게 되며, 많은 부분에서 면접의 형식을 사용하게 된다. 상담에서는 첫째, 자기이해를 위한 안내된 학습이라 할 수 있는 관계가 포함된다. 둘째, 내담자가 자기생활에 적응하고 개인적 목표를 달성하는데 필요로 하는 재교육 또는 재학습이 포함된다. 셋째, 상담에는 내담자가 자기 자신을 이해하고 또 일상생활에 어떤 원리와 기법을 적용시킬 수 있는 기술을 숙달하는데 상담자가 주어야 할 개인적인 도움이 포함된다. 넷째, 상담이라는 말에는 치료 효과를 낳을 수 있는 기법 또는 관계가 포함되어 있다. 이와 같이 상담이란 치료효과 그 이상의 것으로 생활에 적응하기 위한 일반화된 방법이라고 말하고 있다.

(5) 추수지도(follow-up service)

상담을 종료한 후 상담의 효과를 확인하는 평가과정이라고 할 수 있다. 또한 내담자에게 상담했던 문제가 재발생했을 때 또는 새로운 문제가 발생하였을 경우 추가적인 조력이 요구될 때 내담자를 도와 주는 것이다.

3) 상담의 기술과 기법

상담을 실시하는 기술로는 아래 제시한 다섯 가지 상담의 기술 중에서 상담 진행 과정에 필요하다고 생각하는 가장 적절한 기술을 선택하여 사용하면 된다.

첫째, 동조를 요구하기(forcing conformity)이다. 이는 상담자가 내린 결정을 내담자가 동조해 줄 것을 요구하는 것이다. 상담자의 의견이 적절한 것일지라도 내담자는 강요받는다는 느낌이 강하므로 충고로 끝날 위험이 있다. 상담자는 자신의 결정이 내담자의 결정이 될 수 있도록 설득시키는 것이 중요하다.

둘째, 환경을 변화시키기(changing the environment)이다. 상담목표 달성에 도움이 되도록 내담자의 환경을 변화시키는 것을 말한다. 여기서 말하는 환경은 물리적인 환경뿐만 아니라 개인의 어떤 행동특성도 함께 포함되는 것이다.

셋째, 적절한 환경을 선택하기(selecting the appropriate environment)이다. 내담자가 목표로 하는 행동에 대한 장·단점의 정보를 모두 갖게 함으로써 적절한 의사결정을 내리도록 하는 것이다. 스스로의 환경 선택을 했다면 단점의 수용도 관심을 갖도록 한다.

넷째, 필요한 기술을 습득시키기(selecting the appropriate environment)이다. 내담자는 잠재력을 실현할 수 있는 각종 기술을 습득할 수 있는 정보제공, 여건 등을 만들어 준다. 대인관계 기술, 독서기술, 자격훈련 등이 여기에 해당된다.

다섯째, 태도 바꾸기(changing attitude)이다. 내담자의 욕구와 환경의 요구가 조화를 이루도록 내담자의 이성적인 판단으로 합리적인 행동을 하도록 한다.
상담을 효과적으로 실시하기 위한 상담의 기법은 다음과 같은 것이 있다.

(1) 래포(rapport) 형성하기

친밀한 관계를 수립하는 기법은 모든 상담에서 중요시되고 있는 기법이다. 상담자와 내담자가 어느 정도 친밀한 관계를 맺었느냐에 따라 상담의 효과가 나타난다고 해도 과언이 아니다. 상담자는 내담자의 마음을 편안하게 해 주는 표정이나 행동을 해야 하며 내담자의 복지에 진실한 관심을 보인다는 분위기를 유지해야 한다. 래포 형성에 중요한 요인은 상담자가 보이는 개인적인 온화함과 내담자를 이해하려는 감정이다. 또한 내담자를 존중하는 마음과 진정한 동조의식을 가지며 비밀을 유지하는 것도 친밀한 관계를 형성하기 위한 요인이다.

(2) 자기이해 증진을 돕기

내담자 자신을 보다 객관적으로 정확하게 이해하도록 해 준다. 여러 가지 검사결과나 자료 또는 상담 과정을 통해 도움을 줄 수 있다. 내담자의 자기이해를 위한 자료의 분석에서 내담자에게 우울감과 실망감을 줄 자료를 사실적으로 알리기보다는 말로 설명하는 것이 더 좋다. 내담자는 상담자가 자료에 대한 결과를 해석하고 설명하는 것을 이해하고 있는가에 대해 확인하면서 천천히 말해야 한다. 내담자가 자신의 장점을 알고 단점을 극복할 수 있는 계획이 수립되도록 최선을 다하여 도와 준다. 내담자는 자기이해를 바탕으로 한 계획의 실천에 최상의 만족을 느끼게 될 것이다.

(3) 조언과 활동 계획 수립하기

내담자의 교육, 직업적 선택, 사회 정서적 습관, 목표, 태도의 진단에서 나온 다양한 자료에 대해 증거를 대면서 계속 유지할 것과 바꾸거나 변화시켜야 할 것 들에 대해서 조언하며 그래야 하는 이유에 대해서도 설명해 준다. 이 때는 내담자가 자기 자신을 이해할 수 있도록 조언을 해 주어야 한다. 상담자는 자신의 견해를 명확하게 진술하고 설명을 통해 내담자를 일깨워야 하며 내담자가 받아들이지 않을 때는 독선적인 태도를 취하지 않고 시간을 주도록 한다. 또한 상담자의 권위에 따라 내담자가 쉽게 받아들이는 경우도 있지만 이때 상담자는 내담자에게 조언하였던 것의 결정은 내담자 자신이 스스로 내려야 한다는 사실을 일깨워 주어야 한다. 따라서 자신의 조언은 절대적인 것이 아니며 다른 방법들에 대하여도 생각해 볼 수 있도록 하는 것이 좋다. 조언의 방법에는 직선적 조언, 설득적 방법, 설명적 방법 등이 있다.

(4) 계획의 실행

계획의 실행으로 내담자가 자신의 계획을 확인하여 실행하도록 도우며 다음 단계를 제시해 준다. 상담자는 훈련과 경험에 따라 특정 문제를 다루는데 도움을 줄 수 있지만 모든 문제를 다 다룰 수는 없다. 따라서 자신의 지식과 경험의 능력 밖이라고 여겨지거나 부분적인 어려움에 부딪히면 내담자의 동의를 얻어 다른 전문가에게 의뢰할 수 있다(Williamson, 1980, 한국대학카운셀러연구회 편, 1993).

2. 비지시적 상담

1) 기본개념

비지시적 상담(nondirective counseling) 이론은 Carl R. Rogers(1902~1987)에

의해 발전된 상담의 한 접근방법이다. Rogers는 그 당시 주된 세력이었던 정신분석학과 지시적 상담의 입장에 반대하고 비지시적 상담을 표방하면서 새로운 상담의 원리를 제시하였다. 이 상담은 처음에는 비지시적 상담(1940)으로 불리우다 후에 내담자중심 상담(client-centered counseling, 1951)으로, 그리고 최근에는 한 개인의 긍정적인 성장 가능성을 중시한다는 입장에서 인간중심 상담(person-centered counseling, 1974)으로 이름이 바뀌면서 오늘에 이르게 되었으며 현상학적 접근 혹은 자아이론 접근이라고도 한다.

인간중심 상담이론에서는 소위 정상이든 비정상이든 모든 인간은 각자의 계속적인 성장에 궁극적 관심을 갖고 있으며, 인간은 누구나 이와 같은 계속적인 성장의 잠재능력을 갖고 있다는 신념을 갖고 있다. 따라서 상담이란 이처럼 개인 속에 이미 존재하고 있는 잠재능력을, 제약되고 왜곡된 상태로부터 해방시킴으로써 충분히 역할을 수행할 수 있는 성숙한 인간으로의 성장을 조력하는 것으로 보고 있다. 이 상담의 관계는 하나의 독특한 인간관계로 '상담자'의 태도 면에서 진실성, 무조건적인 긍정적 수용, 공감적 이해 등과 같은 친밀하고도 진지한 일치성이 있는 특정한 조건이 존재한다면 그로 인해 '내담자'의 문제해결이 이루어지며 더 나아가 성장적인 변화가 일어날 것이라는 점이다(Atwater, 1983).

그의 임상경험에 의하면 인간은 기본적으로 자유로우며 자신의 행동에 책임을 지고, 자신 속에 자기를 이해하고, 자아개념의 기본적인 것을 변형시킬 수 있는 방대한 자원을 가지며, 합리적이고 건설적인 방향으로 지속적으로 성장해 나가는 미래지향적인 존재이므로 이런 선천적인 잠재력을 발휘할 수 있는 조건들만 적절히 제공되면 무한한 성장과 발달이 가능하다고 결론지었다.

인간은 또한 실현 경향성을 가지고 있는데, 그 중에서 가장 중요한 것이 자아실현의 경향성이다. 개인으로서의 인간은 심리적 부적응 요인들을 지각하는 능력과 부적응의 상태에서 벗어나 심리적 적응의 상태로 향할 능력과 경향성을 갖고 있다. 이런 경향성과 능력은 상담관계에서 길러진다. 적응하려는 경향성은 자기실현을 하려는 경향성이다. 따라서 상담은 이미 개인에게 존재하는 능력을 활용케 하는 것이라 보고 있다. 그래서 상담의 주도권을 내담자에게 맡긴다. 상담자는 상담과정에서 최선의 해결책을 다 알고 있는 권위적인 존재로 임하지 않으며, 내담자 역시 상담자의 지시에 따르는 수동적인 존재라는 생각을 갖지 않는다(김형태, 2003).

2) 상담의 본질과 목표

비지시적 상담에서 문제시되는 부적응행동이란 개인의 자아(경험에 대한 자각)가 왜곡된 결과라고 할 수 있다. 그러나 개인은 심리적인 부적응 요인들을 자각하는 능력과 부적응의 상태에서 벗어나 심리적 적응으로 향하는 경향성을 가지고 있으므로 상담자는 개인에게 성장할 수 있는 합리적인 조건들을 제공하면 타고난 잠재능력을 건설적으로 발달시킬 것이라고 본다. 따라서 상담자는 상호 신뢰적인 분위기를 조성하여 내담자가 거리낌 없이 자기를 표현하도록 함으로써 자신의 내면세계를 이해하고 자신의 문제를 파악할 수 있게 한다. 이런 관계 속에서 내담자는 자신의 왜곡된 지각을 수정하고 현실적 경험과 자아개념간의 조화를 이루며 능력과 개성을 발휘하여 자아실현을 통해 완전히 기능하는 사람이 되도록 하는데 상담의 목표가 있다.

3) 상담의 진행과정

- **단계 1 :** 내담자는 상담자의 도움을 받기 위해 온다. 상담을 청하는 것은 내담자이다. 자신의 책임있는 행동을 스스로 의도적으로 진행하는 것이 중요하다. 그가 자의로 온 것을 부정할 경우 그런 타의 결정을 자의로 바꾸는 것이 우선되어야 한다. 상담을 청한 것이 자기 책임이라

는 것이 확실해지면 내담자는 자기문제를 해결해 나가는 책임을 받아들이게 된다.

- **단계 2 :** 내담자 스스로 문제를 해결해야 함을 알게 하여 상담이라는 상황을 정의한다. 상담자가 문제에 대한 해답을 가지고 있는 것이 아니며 상담자의 도움으로 스스로의 문제를 해결해 나갈 수 있다는 점을 이해시켜야 한다.
- **단계 3 :** 상담자는 내담자 자신의 문제에 대한 감정을 자유롭게 표현하도록 북돋워 준다. 상담의 분위기는 상담자의 우호적인 태도, 관심을 기울이는 태도, 받아들이려는 태도에 의해서 조성된다. 내담자의 적개심, 불안, 죄책감, 양가감정 등의 흐름이 쏟아져 나오는 것을 막지 않으며 그로 하여금 상담시간은 자기의 시간이며, 자기가 활용하는 데 성과가 달렸다는 것을 알게 하는 것이다.
- **단계 4 :** 상담자는 내담자가 표출하는 부정적 감정을 수용하고, 알아주고, 정리해 주어야 한다. 내담자의 말이 내포하고 있는 감정을 진정으로 이해하고 받아들이는 것으로 그의 느낌을 같이 호흡하고 느끼는 것이다. 상담자는 내담자로 하여금 자신이 그런 부정적인 감정을 가지고 있고 그런 부정적인 감정도 자신의 일부라는 것을 수용함으로써 상담의 분위기를 조성한다.
- **단계 5 :** 부정적인 감정을 완전히 표현할 수 있게 된 후에는 미약하고 잠정적이기는 하지만 성격 성장에 보탬이 되는 긍정적 감정과 충동이 드러나게 된다. 전에 표현했던 감정이 맹렬하고 깊을수록 이런 감정이 인정되고 수용되는 한 뒤따라 오는 긍정적인 감정, 즉 애정, 사람과 사귀려는 충동, 자존심, 성숙해지려는 욕구 등도 더 확실해진다.
- **단계 6 :** 상담자는 내담자의 부정적 감정을 받아들임과 동시에 긍정적인 감정을 인정하고 받아들인다. 상담자는 내담자의 감정에 동의를 하라는 것은 아니다. 그는 그저 내담자가 느끼는 분노, 수치, 자랑, 애정 등의

감정을 이해하고 받아들인다는 뜻이다. 부정적인 감정이든 긍정적인 감정이든 모두 수용되고 있다는 느낌에서 내담자는 자신의 부정적인 감정에 방어적이 되지도 않으며 긍정적인 감정을 과대평가하지도 않게 된다. 긍정과 부정이 공히 자신의 감정세계라는 것을 지각할 때 진실한 자기 이해의 토대가 마련되며 통찰이 자연적으로 나오게 되는 것이다.

- **단계 7 :** 부정적 감정과 긍정적 감정을 모두 경험하면 자기이해, 자기수용, 자기 통찰이 나타난다. 이 같은 통찰을 토대로 하여 내담자는 새로운 차원의 통찰을 이루게 된다.
- **단계 8 :** 통찰과 함께 여러 가지 의사결정을 할 수 있는 길이 선명하게 보이게 된다. 상담자는 내담자로 하여금 여러 가지 길을 보다 선명히 볼 수 있도록 도움을 주며 앞으로의 전진에 대한 공포나 주저를 인정해 주어야 한다.
- **단계 9 :** 내담자는 긍정적 행동을 취하게 되며, 생활 장면에 대해 더욱 정확하고 완전한 분별을 하게 된다. 처음에는 부분적이나마 긍정적인 행동을 하다가 시간이 흐름에 따라 보다 적극적인 행동을 하게 된다.
- **단계 10 :** 긍정적인 행동을 하게 되면 점차로 통찰이 확대 심화되어 정확한 자기 이해를 할 수 있게 된다. 내담자가 상당한 정도로 통찰을 달성하고, 두렵지만 감정적으로 긍정적 행동을 취할 수 있으면 그 나머지는 더한층의 성장이 오게 마련이다. 따라서 더 많은 통찰을 할 수 있게 되며 자기의 언동을 더 깊이 보는 용기를 가지게 되면서 정확하게 자기이해를 할 수 있게 된다.
- **단계 11 :** 내담자는 보다 잘 통찰되고 정돈된 긍정적 행동을 점점 더 많이 하게 된다. 의사결정에 어려움이 적어지며 자신의 행동에 자신감을 가지게 된다. 약간의 비적응과 문제가 잔재하고는 있지만 그것을 다룰 수 있는 자신과 능력을 가지게 된다.
- **단계 12 :** 내담자는 이제 도움을 받을 필요를 덜 느끼게 되고 내담자는

상담관계를 종결해야겠다는 생각을 하기에 이른다. 이런 내담자의 생각을 수용하면서 상담 면접의 종결시기가 자연적으로 정해지고, 서운한 기운이 돌겠지만 성숙하고 건강한 분위기 속에서 상담이 종결되게 된다.

4) 상담의 기법

비지시적 상담의 기법은 상담자와 내담자와의 상담관계 형성이다. 내담자에게 도움이 되거나 변화하고 성장하게 하기 위해서 스스로 자신 속에 있는 능력을 발견하도록 만드는 것이 중요한 상담관계이다. 효과적인 상담자의 특성은 공감, 진실성, 수용적인 태도로(Canaff & Hutto, 1995) 내담자와 함께 생각하고, 느끼고 탐색하여 내적 준거체제를 발전시키도록 해야 한다.

(1) 무조건적 긍정적 수용

내담자를 전적으로 신뢰하고 수용하여 내담자 자신이 자기이해 및 긍정적인 변화에 의해 잠재력이 있음을 깨닫도록 한다. 상담자는 내담자를 갈등과 부조화, 좋은 점과 나쁜 점을 모두 갖추고 있는 그대로의 개인으로서 수용한다. 이러한 태도는 중립적으로 수용하는 것 이상을 말하는데, 즉 내담자를 가치있는 인간으로 받아들이는 것이다. 또한 내담자에 대해 관심을 가지거나 온정으로 대하는 것까지도 포함한다. 내담자의 행동이 가치의 유무에 상관없이 비판적인 행동을 보이지 않으며 내담자를 있는 그대로 받아들이며 무조건적 긍정적으로 존중하는 것을 말한다.

(2) 진실성

진실성은 상담자와 내담자의 관계에서 나타내는 반응의 순간순간 그의 내적 경험과 합치되는 상태를 말한다. 상담자로서의 역할 수행을 위한 가식적인 모습으로서가 아니라 인간으로서의 자신의 모습을 진솔하게 나타내는 것을 말한다. 이런 의미에서 진지성(realness), 진솔성(authenticity), 일치성(congruence)이라는 용어로도 쓰인다. 진실성이 있는 상담자는 속으로 생각하고 느끼는 것과 드러나는 언행이 같다. 그는 자신의 마음 속의 느낌을 각성하고 받아들이며 그것에 맞추어 적절한 언어적, 비언어적 의사소통을 정확하게 구사할 수가 있다. 진실성이 중요한 이유는 다음의 몇 가지로 설명될 수 있다.

① 공감 및 무조건적 긍정적 배려와 마찬가지로 진실성은 내담자로 하여금 상담과정을 더 쉽게 신뢰할 수 있게 해 준다. 내담자가 상담자의 진실성을 수용한다면 개방적이고 정직한 것임을 알게 된다.
② 내담자는 자신의 약점까지도 기꺼이 나타낼 수 있으며 자기를 수용할 수 있는 가능성이 그만큼 커지게 된다.
③ 내담자가 상담자의 진실성 반응을 경험하게 되면 자신도 보다 더 진실된 사람이 되고자 노력하는 효과를 보게 된다.

(3) 공감적 이해

공감이란 내담자의 생각, 감정, 경험에 대하여 내담자의 입장에 따라 그대로 이해하는 것이다. 즉 상담자가 내담자와 "더불어 함께 하는" 과정이라고 할 수 있다. 상담자가 내담자의 내면세계를 정확하게 그리고 감정이입적으로 이해하는 것을 뜻한다. 즉 자기 자신을 잃지 않고 내담자의 내적 세계를 마치 자신의 내면세계인 것처럼 느끼는 것이다. 상담자의 이와 같은 이해는 내담자가 자연스럽게 그리고 깊이 그 자신을 생각하고 자신에 대한 이해를 증진시킨다. 공감적 이해를 촉진하기 위한 몇 가지 방법으로 주목하기, 공감적 이해를 언어로 표현하기, 공감적 표현을 비언어적으로 표현하기 등이 포함된다.

3. 정신분석적 상담

1) 기본개념

Freud의 정신분석 이론은 인간의 성격발달에 관한 본성 이론을 제시하였고 오늘날 상담과 심리치료의 기초가 되고 있다. 정신분석학은 인간행동에 대해 결정론과 무의식이라는 두 가지 개념을 가정하여 제시하였으며 기본적으로 심적 에너지와 유아기의 경험에 의해 결정된다고 본다. 또한 무의식적 동기와 갈등이 현재 행동의 중심이 된다. 인간은 비합리적인 힘이 강하며 성욕과 공격 충동에 의해 움직이므로 성인의 성격상의 문제는 과거 어린 시절에 잘못 발달된 성격에서 발생하는 것으로 유아기에 억압된 갈등의 근원을 둔다.

정신분석학 이론에서의 정상적인 성격발달은 유아기의 성공적인 결정과 발달단계에서의 심리성적인 단계의 통합에 의해 이루어진다. 잘못된 성격의 발달은 어린 시절의 부적절한 생활경험에서 발생하는 외상(外傷 : trauma)의 결과이다. 원초아, 자아, 초자아가 성격의 기본 구조를 이루게 되는데, 원초아와 초자아 사이의 차이가 크면 불안이 발생한다. 즉, 불안은 기본 갈등을 억압하는 결과이며 자아방어는 불안을 통제하기 위해 발달된다.

2) 상담의 목표

무의식을 의식화함으로써 개인의 기본성격을 수정하고 행동이 보다 현실적으로 되어 본능적 충동에 따르지 않도록 자아를 강화시키는 것이다. 정신분석에서는 의식되지 않으나 마음 속에 잠재해 있는 갈등이 해소되지 않으면, 심리적 긴장상태로 남아 있거나 심한 경우에는 여러 가지 증상으로 나타난다고 본다. 이 무의식적 갈등 및 불안정의 배경을 언어표현을 통해 의식화시키면, 긴장에 사용되던 에너지가 그만큼 자아기능을 원활하게 하는데 사용되므로 개인의식 및 행동과정이 원활하게 될 것이라고 여긴다.

상담자는 내담자로 하여금 과거의 경험과 그 때의 감정을 거리낌 없이 자유롭게 털어놓도록 격려하고 주로 듣는 입장을 취하며 내담자가 나타내는 심리적 저항에 관심을 갖고 이야기가 불일치되는 점을 주목한다. 상담자는 내담자가 자신을 보다 더 이해하고 자신에 대하여 솔직해지도록 도와 준다.

3) 상담의 기법 및 진행과정

상담에 사용되는 주요기법은 자유연상, 해석, 꿈의 분석, 저항의 분석, 전이의 분석이다. 이 모든 것들은 내담자가 그의 무의식적 갈등을 자각하도록 돕는 기법인데 이것은 통찰과 자아에 의한 새로운 융합으로 이끄는 기법이다(Hjelle & Ziegler, 1981).

(1) 자유연상

내담자의 마음에 떠오르는 대로 말하게 하는 방법으로 상담자는 내담자의 감정이나 주의를 집중시켜 기억과 사고를 일으키도록 한다. 내담자가 가능한 한 마음을 비우고 아무리 고통스럽고 꺼림직하고 혹은 부끄럽고 사소한 것일지라도 떠오르는 대로 남김없이 모두 이야기하도록 한다. 내담자는 자유연상을 통해 과거를 회상하고 충격적인 상황 속에서 느꼈던 여러 가지 감정을 발산하게 된다. 이러한 감정적 정화는 일시적인 위안을 줄 수는 있지만 커다란 치료효과는 볼 수 없다. 내담자가 자유연상을 하는 동안 상담자는 연상의 계열이나 흐름을 살펴서 무의식 속에 억압되어 있는 주요 자료를 찾아 낸다. 자유연상에서 정서적 문제에 대한 무의식적 동기나 원인이 되는 단서를 얻을 수 있다. 그리고 그것을 내담자에게 설명해 줌으로써 무의식적 심리과정을 점차 이해할 수 있도록 도와준다.

(2) 해 석

꿈이나 자유연상, 저항, 상담관계 등에서 나타난 내담자 행동의 의미를 상담자가 지적하고, 설명하고, 때로는 가르치기도 하는 기법이 상담의 기본절차이다. 해석은 다음과 같은 원칙들에 따라 이루어져야 한다. 첫째, 해석을 시도하는 시기의 적절성이다. 적절치 못한 때에 해석을 하면 내담자가 거부반응을 일으킬 수 있기 때문이다. 둘째, 내담자가 소화해 낼 수 있을 정도의 깊이까지만 해석해야 한다. 셋째, 저항이나 방어의 저변에 깔려 있는 무의식적 감정 및 갈등의 의미를 해석하기에 앞서 그 저항과 방어가 어떻게 나타나고 있는지를 먼저 지적해 줄 필요가 있다. 또한 해석은 명료화 해석, 비교 해석, 소망·방어 해석의 세 범주로 볼 수 있다.

(3) 꿈의 분석

수면 중에는 방어가 약화되므로 억압된 욕망과 감정이 의식표면에 떠오르게 된다. 이 꿈 속에서 상징적으로 나타나는 동기와 갈등에 초점을 두고, 무의식적으로 억압된 욕구를 찾아 내어 내담자로 하여금 해결되지 않은 문제들에 대한 통찰력을 얻게 하는 중요한 절차이다. Freud는 꿈은 무의식에 이르는 왕도라고 했다. 자아가 용납할 수 없는 욕구는 억압되고 상징적 형태로 꿈 속에서 표현된다. 따라서 꿈에 나타난 그대로의 현재몽(顯在夢)과 그 현재몽이 상징하고 있는 잠재몽(潛在夢)으로 나눌 수 있는데 자아가 의식하기에는 고통스러운 잠재몽을 덜 위협적인 현재몽으로 바꾸는 작업을 꿈의 작업이라고 한다. 상담자는 현재몽 속에 숨겨져 있는 잠재몽으로의 접근을 시도하여 정체를 밝혀

내는 것이다. 꿈에 대해 분석해 가면서 내담자는 자신의 문제 행동에 대한 인식을 갖게 된다.

(4) 저항의 분석

저항은 상담의 발전을 저해하고 상담자에게 협조하지 않으며 내담자가 무의식적인 욕구를 표출하는 것을 방해한다. 이렇게 내담자가 저항하는 이유는 자신의 억압된 충동이나 감정을 알아 차렸을 때 느끼게 되는 불안으로부터 자신을 보호하기 위해서이다. 상담자는 이러한 저항을 지적해야 하며 내담자는 이런 저항에 직면해야 한다. 내담자가 보이는 가장 큰 저항에 내담자의 주의를 환기시킨 다음 내담자가 수용할 수 있도록 배려하면서 해석을 가해야 한다.

(5) 전이의 분석

내담자가 과거의 중요한 인물에게 느꼈던 감정을 상담자에게 옮기는 것이다. 전이단계는 상담과정 중 가장 중요한 고비이며 상담자들은 중립적이고 객관적이며 비교적 수동적인 자세를 취함으로써 내담자의 전이를 유도한다. 전이에 대한 해석은 어렸을 때의 주요 정서적 갈등까지 해결하는 계기가 될 수 있다. 상담자는 내담자의 전이를 이해하고 분석해 주어야 하며 내담자의 전이감정이 해소되면 내담자는 과거의 영향으로부터 벗어나게 되며 보다 정서적으로 성숙한 인간이 될 수 있다. 한편 상담자 입장에서 나타나는 전이를 역전이(counter-transference)라고 하는데 이것은 내담자에 대한 상담자의 싫은 감정이나 지나친 애착이나 관여 때문에 갖게 되는 것이다. 내담자가 애정이나 분노를 표현했을 때 거기에 맞춰 자기감정을 표현하는 경우를 말한다.

(6) 공 감

상담자는 분석 장면에서 심층적인 공감을 위해 노력해야 하며, 적당한 상황에서 해석하기 위해 기다릴 수 있어야 한다. 공감이라는 것은 다차원적이고 다각적인 경청을 통해서 가능해진다. 내담자가 의식적으로 체험하는 것을 같이 느끼는 공감이 있고, 그와 반대로 무의식에 숨겨진 것과 동일시하여 표면과는 다르게 공감이 일어날 수도 있다. 흔히 겉으로 드러나는 말에만 반응해서 '공감'하려는 것은 표층만을 두드리는 것에 불과하다. 따라서 전체적인 의미와 맥락 속에서 종합적으로 이해할 때 상담자는 심층적 공감을 할 수 있다(김형태, 2003).

정신분석 상담의 과정은 내담자의 문제 및 상담의 접근법에 따라 다양하기 마련이나 그 진행과정의 대략적인 특징은 다음과 같이 정리할 수 있다.

① 내담자가 갈등이나 부정적 감정(불안, 죄의식) 등 도움을 필요로 하는 심리적 불편을 말하기 시작한다.
② 상담 장면의 행동에서 내담자가 신경증 증세를 보인다.
③ 상담자는 자유연상, 꿈의 분석과 같은 기법으로 내담자의 신경증적 갈등을 탐색한다.
④ 상담자가 내담자의 언어내용에서 갈등의 핵심, 주제내용과 관련된 행동측면을 추리한다.
⑤ 상담자는 전이 현상이 나타날 때 내담자의 갈등이 표면화되도록 한다.
⑥ 상담자는 내담자의 저항적 언어반응을 해석한다.
⑦ 상담자는 그러한 해석에 대한 내담자의 반응 및 수용을 격려한다.
⑧ 신경증의 감소 및 제거가 시작된다.
⑨ 내담자의 부정적인 감정이 해소되고 정신에너지가 해방된다.
⑩ 내담자에게 보다 적절한 언어반응과 함께 자아통찰이 생긴다.

4. 합리적 · 정서적 상담

1) 기본개념

인간의 신념이나 생각 등 인지적인 면들이 정서와 행동에 영향을 미친다는 점을 강조한 대표적인 이론인 합리적 · 정서적 상담(Rational Emotive Therapy : RET)은 Albert Ellis에 의해 창시되었다. 그에 의하면 비합리적인 생각이 부적절한 정서로 이어지고, 또한 부적절한 정서는 결국 부적절한 행동으로 이어지므로 합리적인 생각을 하도록 하여, 그러한 합리적인 생각이 적절한 정서와 행동으로 바뀌도록 하는 것이 RET의 핵심이라고 하였다. 어떤 사건에 대해 우리가 경험하는 정서나 행동은 그 사실에 대해 우리가 가지고 있는 신념이나 생각에 의해서 결정된다고 보고 있다. 따라서 내담자의 비합리적인 생각을 합리적인 생각으로 대치시키거나 최소화시켜서 내담자가 보다 합리적이고 융통성 있는 인생관을 가질 수 있도록 하는데 강조점을 두고 있다.

인간은 합리적이고 올바른 사고를 할 수도 있고, 비합리적이고 왜곡된 사고를 할 수도 있다. 사람들은 자기보존, 행복, 사고, 언어, 사랑, 다른 사람과의 대화, 성장과 자기실현 등의 경향을 가지고 있다. 동시에 그들은 자기파괴, 나태, 실수의 끝없는 반복, 미신, 완벽주의와 자기비난, 그리고 성장 잠재력을 무시하는 경향성도 가지고 있다. 인간은 오류를 범하지 않을 수는 없다고 인정하기 때문에 RET는 사람들을 계속 실수를 하면서도 좀더 평화롭게 사는 방법을 배울 수 있다는 사실을 인정하도록 도우려고 한다.

RET에서는 사고의 결과로 정서가 나타난다고 본다. 우리가 어떤 것을 나쁘다고 생각하면 우리는 그것에 대해 나쁘다고 느낀다. Ellis는 정서적 장애는 개인이 믿는 비합리적이며 비논리적인 신념에서 발생된 것이며, 그 결과 자기패배적인 감정이나 행동을 나타낸다고 주장한다. 따라서 RET는 내담자에게 합리적인 생각을 갖도록 도와서 보다 적절한 정서와 행동이 이루어지도록 하는 것이 핵심 과제이다(Ellis, 1979; Corey, 1982).

정서는 적절한 정서와 부적절한 정서로 구분한다. 적절한 정서는 "~하기를 좋아한다." "~하기를 바란다." "~하기를 더 좋아한다"라는 생각들과 관련된 정서로써, 이 정서에는 긍정적인 정서와 부정적인 정서가 있다. 긍정적인 정서는 자기가 좋아하거나 원하는 것이 이루어졌을 때 생기는 행복, 호기심, 사랑 등과 같은 것이며 부정적인 정서는 자기가 좋아하는 것이나 원하는 것을 이루지 못했을 때 생기는 불쾌감, 걱정, 초조 등과 같은 정서를 말한다. 부정적인 정서도 적절한 정서라고 할 수 있다. 왜냐하면 이러한 감정이 있음으로써 앞으로 행동하는데 더 나쁜 결과를 초래하는 것을 방지하며, 자기가 더 바라는 바를 더 잘 성취할 수 있도록 하고, 자기가 바라지 않는 것을 더 줄일 수 있도록 주의하고 조심하게 해 주기 때문이다. 부적절한 정서는 "반드시 ~을 해야 한다." "반드시 ~이어야 한다." "절대로 ~해서는 안 된다."라는 식의 절대적인 명령이나 요구와 관련되는 정서이며 자기가 좋아하거나 원하는 일이 이루어지지 못할 때 느끼는 불안, 모욕감, 우울감, 절망감, 적대감, 무가치감 등과 같은 격렬한 부정적 감정을 말한다. 이 정서는 자기패배적인 생각, 즉 "나는 ~때문에 쓸모가 없는 사람이다." "~은 끔찍하고 두려운 일이다." "~은 참고 견딜 수가 없다." 등과 같은 생각과 관련되는 정서이다. 이런 정서에 극단적으로 집착하는 것은 나쁘다. 이들을 부적절한 정서라고 하는 이유는 이러한 정서가 바람직하지 못한 상황을 바꾸는데 전혀 도움을 주지 못할 뿐 아니라 오히려 악화시키거나 목적 달성에 방해가 되기 때문이다.

2) 상담의 목적 및 목표

상담의 목적은 내담자의 핵심적인 자기 파괴적 생각을 최소화하고 삶에 있어 더욱 현실적이고 관대한 철학을 갖도록 한다. 삶에 있어 바람직하지 못한 결과가 나왔을 경우 자기 자신이나 다른 사람에 대한 비난을 줄이며 자기 자신과 사회에 대한 관심을 촉진시켜 관용성 및 융통성을 기른다. 또한 불확실성과 자기 자신을 수용할 수 있도록 하며 유토피아적 생각을 갖지 않고 과학적으로 생각할 수 있도록 한다. 이처럼 합리적 생각을 지니는 동시에 어떤 일을 모험적으로 실행할 수 있도록 한다.

RET상담의 목표는 내담자가 지니고 있는 문제행동의 제거에 역점을 두기보다는 문제행동의 배후에 있는 핵심적인 자기 패배적인 신념과 비합리적 사고를 극소화시키고 삶에 대하여 보다 현실적이고 합리적인 가치관을 갖게 하는데 있다.

3) 기본절차(A-B-C-D-E 모형)

(1) A : 선행사건(Activating event)

개인에게 사고나 정서적 혼란을 일으키는 어떤 사건을 말한다. 가령 시험에 떨어졌거나, 실직하게 되었다든지, 여러 사람 앞에서 상사로부터 꾸지람을 들었다든지와 같이 인간의 생각과 정서를 유발하는 어떤 사건이나 행위를 의미한다.

(2) B : 신념체계(Belief system)

문제 장면에 대한 내담자의 관점 또는 신념, 활동, 행동 또는 사건에 대한 개인의 신념으로 이성적, 현실적, 합리적 신념(rational beliefs : rB)과 비이성적, 비현실적, 비합리적 신념(irrational beliefs : iB)이 있다.

(3) C : 결과(Consequence)

선행사건에 접했을 때 비합리적 태도 내지 사고방식을 가지고 그 사건을 해석함으로써 느끼게 되는 정서적 결과를 말한다. 비합리적인 사고방식을 지닌 사람들은 대개의 경우에 지나친 불안, 원망, 비판, 죄책감 등과 같은 감정을 느끼게 되고, 정신 장애와 질환을 앓게 되기 쉬우며, 주로 방어적 태세를 취하는 경향이 있다. 문제가 발생한 것을 내담자가 보고하는 신념에 대한 정서적, 인지적, 행동적 결과나 반응(consequence)으로 이성적, 현실적, 합리적 결과(rational consequence : rC)와 이성적, 비현실적, 비합리적 결과(irrational consequence : iC)가 있다.

(4) D : 비합리적 신념을 바꾸도록 돕는 과학적 방법을 적용하는 논박(Dispute)

자신이 가지고 있는 비합리적인 신념이나 사고에 대해서 도전해 보고 과연 그 생각이 사리에 맞는 것인지를 다시 한 번 검토해 보도록 상담자가 촉구하는 것을 말한다. 상담자는 논리적인 원리들을 제시하여 내담자의 그릇된 신념들을 논박하여 내담자가 자기 패배적인 생각을 바꾸거나 포기하도록 도와 준다.

(5) E : 논의 또는 논쟁하여 획득하는 효과(Effect)

내담자가 가진 비합리적인 신념(iB)을 철저하게 논박함으로써 합리적인 신념(rB)으로 대치한 다음에 느끼게 되는 자기수용적인 태도와 긍정적인 감정의 결과를 지칭한다. 논박의 효과에는 논박을 통하여 이성적으로 생각하게 되는 인지적 효과와 바람직한 정서로 바뀌는 정서적 효과 및 바람직한 행동을 나타내는 행동적 효과의 세 가지가 있다(Ellis, 1979; Shertzer & Stone, 1980; Baker, 1981).

4) 상담의 과정

Ellis는 "내담자의 중심된 자기 패배적 견해를 줄이고 더 실제적이며 아량있는 인생 철학을 습득하는 것"을 상담이라고 했다. 내담자들에게 그들 자신의 언어화는 정서적 혼란의 주요 원천(source)이 되어 왔고 아직도 그렇다는 것을 증명하는 것이 상담자의 주요 목표라야 한다는 것이다. RET는 인간문제는 철학적인 것에 근거한다는 가정을 기반으로 하여 철저히 철학적이고 관념론적인 재평가를 추구한다. 그러므로 RET는 일차적으로 증상의 제거에 목적이 있는 것이 아니라, 오히려 내담자의 가장 기본적인 가치관을 비판적으로 검토하도록 설계된다. 만약 내담자가 당면하고 있는 문제가 결혼의 실패에 대한 공포심이라면, 단지 그 특수한 공포심의 감소에 있는 것이 아니라 일반적인 실패에 대한 내담자의 과장된 공포심의 제거에 함께 노력하도록 시도한다. 요약해 보면 상담 과정은 비합리적인 것을 합리적인 것으로 변화시키는 과정으로 이루어진다(Corey, 1982; Patterson, 1980).

(1) 상담자는 내담자에게 문제점을 질문한다.

RET를 사용하는 상담자는 적극적인 자세로 임함으로써 내담자의 문제를 곧바로 해결하는 치료방식을 사용한다. 내담자의 문제점이 정확하지 않을 경우에는 상담을 통하여 얻고자 하는 것이 무엇인가 알아본다. 1단계에서 상담자는 내담자가 자유롭게 이야기할 수 있는 분위기를 마련해 주어야 한다. 내담자의 문제를 정확히 알아야 상담목표를 설정할 수 있는데, 그러기 위해서는 내담자가 자신의 문제를 부담없이 이야기할 수 있게 해야 한다. 물론 RET에서는 상담자와 내담자 사이의 온정적 관계가 필요조건이나 충분조건 또는 필요충분조건으로 보지는 않는다. 그렇다고 내담자가 자신의 문제와 관련하여 부담없이 말할 수 있는 분위기를 조성하는 것 자체가 무의미하다는 것은 아니다.

(2) 문제점을 규명한다.

내담자가 자신의 문제와 관련하여 자유롭게 이야기하는 가운데 상담자와 내담자는 함께 내담자의 문제를 분명히 밝힌다. 특히 그 문제와 관련하여 내담자가 현재 경험하는 정서와 구체적인 행동을 밝힌다. 예를 들어, 여러 사람 앞에서 이야기하게 될 경우 불안하여(정서), 말을 이어가지 못한다(행동).

(3) 부적절한 부정적 감정을 알아본다.

이 단계에서는 문제발생으로 인하여 야기되는 부적절한 감정의 결과(C)에 대하여 이야기해 본다. 그리고 그것을 견딜 수 있는가? 그리고 그러한 감정을 갖게 됨으로써 어떤 소득이 있는가를 평가해 보도록 한다.

(4) 선행사건(A)을 찾아 내고 평가한다.

구체적으로 내담자에게 어떤 사건이 있었는가를 간단하게 집약적으로 알아보도록 한다. 그리고 한 번에 한 가지 사건씩만 다루도록 한다.

(5) 이차적 정서문제를 규명한다.

때로는 내담자가 안고 있는 일차적 정서문제에 대해 이차적 정서문제를 가질 수 있다. 앞에서 인용한 사례를 예로 들자면, 대중 앞에서 실수한 이후로 매우 불안한 감정을 경험하였다고 하자. 이것이 일차적인 정서의 문제다. 그런

데 내담자는 발표를 하려고만 하면, 또 다시 불안해질까봐 걱정하여 만성적인 불안감에 시달리고 있다. 이 때의 불안감은 이차적인 정서문제가 된다. 이와 같은 경우에는 이차적 정서문제를 먼저 다루어야 한다.

(6) 신념(B)과 결과(C)의 연관성을 가르쳐 준다.

자신의 신념이나 사고에 의해 행동 결과를 가져올 수 있다는 것을 내담자에게 가르쳐 준다.

(7) 비합리적 신념(irrational beliefs : iB)을 평가 확인한다.

기본적인 비합리적 신념 중에 구체적으로 어떠한 것을 내담자가 가지고 있는가를 알아본다. 예컨대, "키가 작고 얼굴이 못생겨서 친구 사귀는데 소극적으로 임할 때마다 너는 무슨 생각을 하느냐?" 등의 질문을 내담자에게 던진다.

(8) 비합리적 신념체제와 결과를 연관시켜 비합리적 신념을 확인시킨다.

상담자는 B−C(비합리적 신념으로 인한 부적절한 정서와 행동)의 연관성을 내담자가 이해하도록 유도한다. 내담자에게 비합리적인 생각과 대치되는 합리적 생각과 정서를 지니도록 자기언어로 진술해 보도록 한다.

(9) 비합리적인 신념을 논박한다.

부적절한 정서와 관련된 생각이 아무런 합리적 근거가 없음을 밝히는 것을 말한다. 이 경우 비합리적 생각에 대해 의문문으로 진술한 후 그 근거를 찾아보려고 노력한다. 비합리적인 신념을 논박하는 구체적인 방법은 다음과 같다.

가령 "나는 기어코 성공해야만 한다"고 생각하고 괴로워하는 내담자가 있다고 하면 다음과 같은 질문을 한다. "반드시 성공해야 한다는 논리적 근거는 무엇인가", "세상의 모든 사람이 성공하고 있는 증거가 어디 있는가", "기어코 성공해야 한다는 생각을 고수함으로써 야기되는 결과(이득이나 손해)는 무엇인가" 등에 대한 지나친 집념에서 탈피하도록 논박한다.

(10) 합리적 신념체제를 내담자가 학습하고 심화하도록 한다.

미약한 신념은 변화를 촉진시켜 주지 못하므로 합리적인 신념을 더욱 강화시켜 주도록 한다.

(11) 새로 학습된 신념체제를 실천에 옮기도록 내담자를 격려하고 연습시킨다.

내담자에게 부적절한 정서와 행동을 경험하게 하는 비합리적 생각과 대치되는 합리적 생각에 근거한 합리적 자기언어를 짧은 문장으로 구성하여 진술해 보도록 한다. 이때 합리적 생각과 자기언어의 합리성을 내담자 자신의 논리로 상담자에게 설명해 보도록 한다. 즉 내담자의 자기언어가 그 나름의 논리성을 갖추어야 하며 그렇게 할 수 있도록 상담자가 내담자를 도와 주어야 한다. 상담자가 일방적으로 내담자에게 강요한 합리적 생각이나 자기언어는 내담자가 수용하기 어렵기 때문에 효과가 적을 가능성이 크다.

비합리적 생각과 대치된 합리적 생각과 그러한 합리적 생각에 근거한 합리적인 자기언어를 적용할 수 있도록 한다. 즉 하고자 하는 행동을 하기 전이나 도중에 합리적 생각이나 자기언어를 진술하면서 행동한다. 처음에는 큰 목소리로 하다가 점차 마음 속으로만 한다.

(12) 합리적 인생관을 확립하게 한다.

상담자는 내담자가 제기한 정서나 문제행동과 관련된 비합리적 생각이나 자기언어를 합리적 생각과 자기언어로 바꾸는데 그치지 말고, 이를 보다 일반화시킬 수 있도록 도와야 한다. 그래서 결국은 내담자가 합리적인 생각과 자기언어에 근거해서 자신의 삶도 살아갈 수 있도록 돕는다.

5) 기법과 절차

(1) 인지적 기법

1 비합리적 신념에 논박하기

RET에서 가장 많이 사용되는 인지적 방법은 상담자가 내담자의 비합리적인 신념을 적극적으로 반박하는 것이다. 상담자는 내담자들이 어떤 사건이나 상황 때문이 아니라 이 사건들에 대한 자신의 지각과 진술의 성질 때문에 장애를 입고 있다는 것을 그들에게 알려 준다. 상담자는 "너의 신념에 대한 증거가 어디 있느냐? 삶이 네가 원하는 식으로 되어 가지 않는다고 해서 곧 그것이 끔찍하고 무서운 것인가? 네가 상황을 이겨낼 수 없다는 것이 어디에 쓰여져 있는가? 왜 당신이 생각하는 가장 나쁜 상황이 일어난다고 해도 정말로 그것이 끝장인가?"와 같은 질문을 함으로써 그 비합리적인 신념을 즉각적으로 공격한다. 일련의 반박을 통하여 상담자는 내담자의 의식을 보다 더 합리적인 수준으로 끌어올린다는 점에서 도구적이다. 내담자가 일상생활에서 체계적인 방식으로 중요한 비합리성을 반박하도록 돕는 것이 좋다. 내담자들이 비합리적인 신념을 버릴 때까지 또는 적어도 신념을 약화시킬 때까지 구체적인 "해야 한다", "당연히 해야 한다", "절대로 하지 않으면 안 된다."라는 당위를 반복적으로 반박한다.

2 인지적 과제

RET내담자들은 자신의 문제 목록표를 만들고, 그에 대한 절대론적 신념을 규명하고, 그 신념을 논박해야 한다. RET에서는 내면화된 자기 말의 일부인 절대적인 "해야만 한다", "하지 않으면 안 된다." 등의 말을 경감시키기 위해 내담자들에게 과제를 부과한다. 숙제에는 RET의 A－B－C－D－E 이론을 많은 일상생활 과제에 적용하는 것도 포함된다. RET의 자기 도움 문항들을 채우기도 한다. 내담자들이 자기의 제한적 신념에 도전하는 모험을 하도록 격려한다.

3 내담자의 언어를 변화시킴

부정확한 언어가 왜곡된 사고와 신념체계의 한 원인이라고 주장한다. 상담자들은 사고는 언어를 조성하고, 언어는 사고를 조성한다고 보기 때문에 내담자들의 언어패턴에 특별한 주의를 기울인다. 내담자들은 "해야만 한다, 당연히 해야 한다, 하지 않으면 안 된다."라는 절대적인 말들을 "그렇게 되면 더 낫다."라는 상대적인 말로 대치할 수 있다는 것을 배운다. 무력하고 자기 징벌적인 언어양상을 버리고 내담자들은 새로운 자기진술의 언어패턴을 학습할 수 있다.

4 유추의 기법을 사용

항상 미루는 습관이 있다거나 지각하는 습관이 있는 사람은 그러한 행동이 자신의 어떤 행동특성 때문에 나타나는지 추적해 보도록 내담자에게 촉구한다. 이 기법을 사용하는 목적은 내담자로 하여금 자신의 특성을 이해하여 불행한 습관의 원인들을 깨닫도록 해 주는데 있다.

(2) 정서적 기법

1 합리적 정서 상상

내담자는 그들이 실제생활에서 생각하고 느끼고 행동하기를 원하는 방식으로 생각하고 느끼고 행동하는 자신을 상상한다. 그들에게 일어날 수 있는 가장 최악의 것들 중 하나를 상상하는 방식과, 이러한 상황에 대해 부적절한 혼란감을 느끼는 방식, 그리고 나서 경험을 적절한 감정으로 변화시키는 방법을 볼 수 있다.

2 역할연기

문제행동과 관련된 장면에서 어떤 일이 일어났는지 알기 위해 역할 놀이로써 그 장면의 행동을 시도해 본다.

3 수치감-공격 연습

사람들이 어떤 행동에 대한 비합리적인 수치감을 제거하는 연습을 하는 것이다. 자신을 주위사람들이 어떻게 생각할지에 대한 두려움으로 하지 못하는 행동이 있으면 실제로 해 보도록 한다.

4 유머의 사용

내담자가 너무 진지하거나 과장된 사고를 함으로써 겪고 있는 정서적 혼란에 대하여 일상생활에 대해 유머를 잃지 않도록 한다. 때때로 적절한 속담이나 유머가 효과적이라는 것을 설명한다.

(3) 행동적 기법

이 기법은 내담자에게 어떤 행동을 하게 하여 그의 신념체계를 변화시키고,

이 변화된 신념체계를 통해 혼란된 정서를 벗어나게 하며, 역기능적인 증상에서 보다 생산적인 행동을 할 수 있도록 돕는 기법이다. RET는 인지적 · 행동적 상담의 한 형태이기 때문에 조작적 조건화, 체계적 둔감법, 도구적 조건화, 생체 기기 제어, 이완 등의 행동적 상담기법을 모두 사용할 수 있다. 그러나 행동적 기법에서는 내담자의 생각이나 정서와는 상관없이 행동의 변화에만 초점을 두지만 RET에서는 행동의 변화뿐 아니라 생각 또는 더 나아가 정서까지도 변화시키려는데 주안점을 둔다.

5. 형태주의적 상담

1) 기본개념

형태주의란 독일어의 Gestalt라는 용어에서 사용된 것으로 전체(whole) 또는 형태(configulation)를 의미한다. 이 상담의 기초원리를 세운 Fredrick Perls는 이 말을 부분들이 지각적 전체로 통합되는 독특한 양식이라는 뜻으로 사용하였다(Perls, 1969). 인간은 사고, 정서, 행동의 전체성과 통일성을 추구하는 존재이며 과거의 경험이 현재의 장에서 어떻게 영향을 미치는가를 인식할 수 있는 능력을 갖고 있다고 보는 현재 중심적 인간관이다. 따라서 내담자가 현재 해결하지 못한 문제에 대해 지각을 촉진하도록 하는 것이다. 치료장면으로 내담자가 지금－여기에서 "무엇을" "어떻게" 느끼는가를 강조하는 것으로 전체로서의 유기체를 다룬다. 즉 전체로의 통합과정은 인간유기체의 기본적 기능으로서 유기체와 환경(물리적, 사회적)간의 통합에 대한 유기체의 자각이 중요시된다.

형태주의 상담은 현재의 성격발달에 영향을 주는 미해결 과제와 감정을 강조하는 지금－여기에서의 느낌과 경험을 자신이 스스로 자각하도록 하여 자신의 존재를 충분히 경험하도록 하는 방법이다.

내담자 자신의 각성의 질과 양에 따라 전체 상담의 성패가 달려 있다고 볼 수 있다(Shilling, 1984). 인간은 환경의 일부로서 단순한 반응자(reactive)가 아니라 자신이 창조하고 행하는 자(proactive)이다. 그러므로 그는 외부자극에 대한 자기의 반응을 스스로 결정할 수가 있다. 또한 인간은 과거와 미래가 아닌 오직 현재에서만 자기를 경험할 수 있고 본질적으로 선하지도 않고 악하지도 않은 존재이다(Passons, 1975).

모든 유기체는 전체 혹은 완성을 지향하는 경향이 있다. 전체(Gestalt)를 방해하거나 파괴시키는 것은 유기체에게 해롭다. 그러므로 인간의 모든 측면들은 하나의 형태를 형성하는 방향으로, 즉 미완성된 상태에서 완전한 완성의 상태로 나아가게 된다. 만약 이것이 실패하면 인간의 성격의 전체성은 파괴되며 개개의 측면들은 의미를 상실하게 되고 또 부적응이 일어나게 된다. 부적응, 불균형을 경험하게 될 때 인간에게는 다시 그 균형을 회복하려는 동기가 일어난다. 이처럼 미완성 상태 또는 불완전한 상태는 두 가지의 측면이 관계될 수 있는데 그것은 자아조절(self-regulation)과 외부조절(external-regulation)이다.

건강한 사람은 타인의 욕구나 요구, 사회규범의 구속과 같은 외부의 힘에 의한 외부조절로부터 간섭을 받지 않고 대신 스스로에 의한 자아조절이 가능하다(Schultz, 1977). 성격은 자아(self), 자아상(self-image), 존재(being)의 세 가지로 구성되며, 성격은 개인의 지각된 환경과의 상호작용을 통해서 형성되어 간다고 한다(Hansen et al., 1977, Shilling, 1984).

부적응 행동의 원인을 살펴보면 다음과 같다.

(1) 각성의 결여

자기가 무엇을 원하고 어떻게 해야 할지 보다는 다른 사람에 의해 형성된 자아상에 따라 행동하는 경우다. 이로 인해 환경에 적응하고 대처할 수 있는 창조적인 능력을 상실하고 되는대로 살아가게 된다.

(2) 책임의 결여

자신의 문제를 스스로 해결하기보다는 타인에 의존하는 경향이 강하다.

(3) 환경과의 접촉상실

삶을 유기체와 환경간의 상호작용으로서 환경은 끊임없이 변화하므로 개인도 이에 맞추어 변화해야 하나 그렇지 못할 때 환경과의 접촉상실이 유발된다. 즉 외부환경으로의 유입을 허용하지 못할 때 접촉상실감을 느낀다.

(4) 형태의 미완성

개인은 선입관이나 충동적 행동, 근심, 기타 자기 파괴적인 행동들로 괴로움을 당한다. 이와 같이 미완성된 혹은 미해결된 일들이 개인으로 하여금 계속적으로 그 일들을 마무리짓도록 충동한다. 미완성된 일들로 사로잡혀 있는 개인은 현재 상황에 필요한 충분한 각성을 할 수 없다.

(5) 욕구의 부인

사회적으로 용납될 수 없는 욕구들을 아예 인정하지 않고 없는 체하려 한다. 욕구로부터 생성되는 힘을 건설적인 행동으로 바꾸려고 하는 대신에 욕구의 존재 자체를 부인함으로써 그 욕구로부터 발생될 수 있는 힘을 상실한다.

(6) 자아의 양극화

자신을 지각하는 모습이 강하거나 약하거나, 또는 남성적이거나 여성적이거나, 강력하거나 무기력한 것 등과 같이 양극화되는 것을 말한다. 이와 같이 자아의 양극화는 갈등을 계속해서 겪게 됨으로써 부적응 현상을 일으키고 유기체가 끊임없이 변화하는 환경과의 접촉을 통해 상호작용해야 하지만 그렇지 못할 때에는 신경증적인 장애를 유발할 수 있다.

2) 상담의 목표

인간이 성장하기 위해서는 자신의 생활양식을 발견하고 책임감을 수용해야 한다. 내담자로 하여금 현재의 느낌과 경험을 자신이 스스로 어떻게 방해하는지를 자각하도록 하여 여기에서 현재적 자신의 존재를 충분히 경험하도록 하는 한편 원인과 목적에 대한 어떠한 인지적 설명이나 해석은 가능한 한 피한다. 내담자가 순간순간의 경험을 자각하도록 돕고 내담자로 하여금 외적인 지원에 의존하지 않고 내부적인 지원을 위한 책임성을 수락하도록 도전하게 한다(Corey, 1982).

상담자는 내담자에게 해석해 주지는 않지만 자신이 스스로 해석하는 방법을 배우는 것을 돕는다. 내담자는 현재의 기능을 간섭하는 과거의 미해결과제를 확인하고 해결하는 작업을 하는 것으로 과거의 외상경험이 마치 현재에서 다시 일어나고 있는 것처럼 재경험하는 것이다. 내담자가 자신과 세계를 조직화하는 과정에서 갈등이 양극 사이에 존재하는데 이 양극을 통합하는 것이 기본적인 치료 목표이다. 이렇게 하여 내담자로 하여금 소외되었던 자기 자신이 되고자 노력할 때 변화가 나타난다.

내담자 자신이 사회나 환경에 맞추어 가도록 하기보다는 오히려 그러한 환경 속에서 자신을 발견하도록 도와 주는 것이기 때문에 상담의 목표는 사회에의 적응으로 보지 않는다. 구체적으로 말하면 내담자의 각성을 증진시킨다. 각성을 통해 외부에 의한 조정에 좌우되지 않고 자아를 조절함으로써 진실된 자기가 되며 자아통합이 가능해진다. 또한 지금－여기(now and here)의 삶을 살아가도록 돕는 것이다. 인간이 과거나 미래에 집착해서 살게 되면 자신의 삶에 대한 책임을 운명이나 다른 사람들에게 전가시키게 된다는 것이다. 그러므로 '지금－여기'가 우리에게 유일한 진실이므로 순간순간 마다 완전히 자신의 느낌에 몰두하고 그 경험에서 무엇인가 얻어 낼 수 있어야 한다. 내담자로 하여금 지금－여기의 순간순간의 경험에 유의하도록 도우려고 하는 것이다.

3) 상담과정과 전략

상담과정이란 지금－여기에서 상담자와 내담자가 함께 경험함으로써 내담자가 자기를 충분히 각성하여 자기의 부적응 행동의 본질과 그것이 어떻게 자기의 삶을 방해해 왔는지를 알도록 돕는 과정이라고 할 수 있다. 치료 장면에서 감정과 행동을 실제로 실연하는 실험을 통해 개인 생활에서의 어려움을 직면하도록 한다. 이러한 전략은 다음과 같은 것이 있다.

(1) 상연(enactment)

내담자의 문제 본질의 어떤 측면을 극으로 표현하여 미해결된 과제나 특성, 양극성 등이 자료가 된다. 이에 대한 자각(또는 통찰)은 내담자의 '아하(Ahha)' 하는 경험으로 표현한다. 개인의 문제와 대화하도록 함으로써 소외되었던 자아의 부분들을 경험하는 경험적 이해형태로 통찰이 오게 되는 것이다.

(2) 지시행동

상담자는 내담자의 의식으로부터 차단된 행동 측면을 밝히는 어떤 일을 하도록 지시하는 것이다. 지시행동(directed behavior)을 통해 깊은 자기자각을 얻게 되고 새롭고 창조적인 방법으로 행동할 수 있다.

(3) 환상의 실연

환상은 저항된 사상, 감정, 개인적 특성, 미해결된 상황과 접촉하면서 실행하게 된다. 미해결된 상황이 완성되어 해방감을 느끼게 된다.

(4) 꿈의 작업

꿈에서 나타난 인물이나 사물들은 모두 내담자의 소외된 자기 부분들이 투사되어 상징적으로 나타난 것이라고 본다. 꿈을 다루는 방법을 내담자로 하여금 투사된 것들을 동일시하게 함으로써 이제까지 억압하고 회피해 왔던 자신의 욕구와 충동, 감정들을 다시 접촉하고 통합하도록 한다.

4) 상담의 기법

내담자의 자각을 촉진시키기 위한 다양한 기법들은 다음과 같다.

(1) 현재각성 기법

내담자로 하여금 항상 현재를 경험하도록 한다. “당신의 손에서 지금 무엇을 느끼고 있습니까?”, “화가 나면 어떻게 합니까?”라는 단순하고 직접적인 질문을 통해 내담자의 각성을 촉진하고 내면의 세계에 접하도록 한다.

(2) 대화 놀음

대화 놀음은 내담자가 자신의 부정적인 성격 측면을 수용하여 통합된 기능을 하도록 하기 위해 이용된다. 개인의 분리된 양극성(상전 대 하인, 공격성 대 수동성, 남성성 대 여성성, 선한 사람 대 악한 사람)에 적용하여 이런 분리된 부분들이 서로 대화할 수 있도록 한다. 즉 내담자가 빈 의자를 앞에 놓고 어떤 사람이 실제 앉아 있는 것처럼 상상하고 상상인물의 반응을 예상하면서 이야기를 하는 것이다.

(3) 책임 놀음

내담자가 어떤 행동에 대하여 진술하게 한 뒤 그 행동에 대해 책임을 지겠다고 진술하도록 한다. "난 싫증이 났어요. 그 싫증에 대해서 책임을 지겠어요." "난 지금 무슨 말을 해야 할지 모르겠어요. 그리고 그것에 대해서 책임을 지겠어요." 이 기법은 자각의 연속선을 확장시켜 주며 자신의 감정을 다른 사람에게 투사시키는 대신에 그 감정을 인식하고 받아들이는 것을 돕도록 고안되었다.

(4) 투사 · 연기하기

내담자가 자기의 투사에 대해 의식하지 못할 때 다른 사람이 잘난 체한다고 비난한다면 그 스스로가 잘난 체하는 행동을 해 보도록 한다. 내담자가 "나는 당신을 신뢰할 수 없소"라고 했을 때, 치료자는 내담자의 내적 갈등이 어디에서 연유되었는지를 발견하기 위해 내담자에게 타인을 신뢰하지 못하는 사람의 역할을 해 보도록 한다. 내담자가 그런 사람과 같은 태도를 보이면 이를 다시 재연해 보도록 한 후, 그와 같은 태도가 바로 내담자의 특성이 아닌가

질문한다.

(5) 신체표현으로 활용하기

자신의 신체적인 행동을 각성시키고 촉진시키기 위하여 그의 신체적인 표현을 관찰하고, 그것에 초점을 두는 방법이다. 예를 들어, 내담자가 고개를 숙이고 손을 만지작거리고 있다면 그것을 지적해 주고 행동이 무엇을 의미하는지 말해 보게 한다.

(6) 역전기법

외형적으로 나타나는 행동이 내재적 욕구(잠재적인 충동)와 정반대 방향으로 표현될 수 있음을 내담자에게 자각하도록 함으로써 문제되는 징후에 접근하는 방법이다. 예를 들어, 소심하고 말이 없는 내담자에게 적극적으로 말을 해 보도록 하거나 소심한 증상을 노출하는 사람의 역할을 하도록 요구한다. 이러한 방법을 통해 오랫동안 숨겨져 온 내면적 부분과 접촉이 가능하게 한다.

(7) 빈 의자 기법

내담자로 하여금 그가 지니고 있는 감정들은 빈 의자(또는 빈자리)에 투사하게 함으로써 그 감정을 스스로 확실히 체험하고 각성할 수 있도록 하는 것이다. 예를 들면, 내담자가 자기 어머니에 대한 불만과 원망을 갖고 있다면 빈 의자에 어머니가 앉아 있다고 생각하고, 자신의 감정을 표현해 보도록 한다. 반대로 자신이 어머니 입장이 되어 어머니의 역할을 하게 할 수도 있다. 이는 일종의 역할연기(role play)인데 이렇게 해 봄으로써 자신이 미처 파악하지 못한 점이나 부정적이었던 내면세계와 접할 수 있게 될 뿐만 아니라 자기를 객관적으로 바라볼 수 있게 된다.

(8) 언어적 접근 기법

일상 언어 중에서 일정한 부분을 바꾸어 사용하게 함으로써 자신에게 책임이 있다는 것을 각성하도록 하는 기법이다.

1 일인칭 대명사로 바꾸기

자신으로 하여금 구체적인 책임감을 느끼도록 일인칭을 사용한다. 그것 → 나, 당신 → 나, 우리 → 나

2 동사 바꾸기

자신의 생각과 의지를 각성하게 하는 방법이다. 예를 들면, '할 수 없다'를 '하지 않겠다', '필요하다'를 '원한다'로 바꾸기, 수동태를 능동태로 바꾸기 등이다.

3 문장을 바꾸기

예를 들면, '그러나'를 '그리고'로 바꾸기, '의문형'의 문장을 '진술문'으로 바꾸기 등이다.

4 기타 언어적 접근

'왜'를 '어떻게'와 '무엇'으로 질문하기 등이다.

9) 과장 놀음

내담자가 신체적으로 나타내게 되는 행동이나 언어를 좀 더 과장되고 격렬하게 표현해 봄으로써 내담자가 무심코 또는 습관적으로 보여주는 행동의 의미를 분명히 파악하게 한다.

6. 현실요법적 상담

1) 기본개념

현실요법은 정신과 의사인 W. Glasser가 선택이론을 배경으로 고안한 상담이론으로 정신분석이론의 정반대의 입장을 취하는 이론이다. 선택이론에서는 정신병의 개념을 인정하지 않으며 신경증이나 정신병 등의 부적응적인 행동은 내담자가 자신의 욕구 충족을 위해서 선택한 행동이라고 간주한다. 내담자의 욕구 충족 방법을 더욱 풍요롭게 하여 성공적인 정체감을 갖도록 돕는다. 이때 내담자는 자신의 욕구 충족을 위한 행동선택과 책임을 갖게 된다.

따라서 상담자는 현실 상황에서 내담자가 원하는 것을 실행하고, 그것을 자신이 평가해 보도록 하여 계획을 짜서 행하도록 하는 과정으로 R-WDEP (Reality, Want, Doing, Evaluation, Plan)라고 한다.

즉 선택이론은 우리가 어떻게, 그리고 왜 어떤 특정한 방법으로 행동하는가를 설명한다.

Glasser는 교육, 산업현장에서 선택이론의 개념을 전파함으로써 인간이 내적 통제력을 더욱더 많이 가질 수 있도록 도와서 보다 책임있는 인간이 되도록 하는데 적극적인 활동을 하고 있다.

Glasser에 의하면 인간은 개인의 내면적인 동기에 의해서 행동을 한다. 개인은 끊임없이 개인의 욕구 충족을 위해서 창조적인 욕구 충족 방법을 고안하고 실행하며 성공적으로 욕구 충족이 이루어지게 된다.

따라서 욕구 충족의 방법이 풍요로울수록 행복감을 느끼게 된다. 현실요법은 현실 적응 과정에서 원하는 만큼의 만족을 얻지 못하는 사람에게 전문적으로 훈련을 받은 사람이 촉진자로서 안내해 주는 과정을 말한다.

선택이론은 모든 생명체의 생리적이고 사회 심리적인 행동을 설명해 주는 생물학적 이론이다. 즉 모든 생물들이 어떻게, 그리고 왜 행동하는가를 설명하는 이론으로 자신의 삶에 성취감을 북돋워 주고 또한 자신의 삶을 통제하는 긍정적인 개념으로 사용한다.

선택이론은 현실을 각각 다르게 받아들이는 이유가 각자에게 독특하고 중요한 좋은 세계(quality world) 때문이라고 설명하고 있다. 이 세계는 태어나자마자 우리의 기억 속에 만들어지기 시작해서 일생동안 창조하고 재창조하는 세계이다. 이 세계는 기본적 욕구 중의 하나 또는 그 이상의 욕구를 가장 잘 충족시켜 주는 것들로 이루어져 있다.

2) 상담의 목표

현실요법에서는 내담자가 보다 자율적이고 효율적인 욕구 충족 방법을 선택하고 실행하도록 도와서 책임있는 행동을 선택하고 보다 성공적인 정체감을 갖도록 돕는 것이다. 내담자 자신이 원하는 것이 현실적으로 실현가능한 것인지, 그리고 그러한 행동이 자신의 욕구 충족과 관계에 있어 유용한지의 여부를 평가하도록 돕는다.

또한 변화에 대한 책임을 자신이 수용할 수 있도록 행동 선택의 주체자로서의 경험을 강조한다. 달리 말하면 내담자로 하여금 자신의 욕구 충족을 위한 새로운 행동을 선택함에 있어서 책임과 옳고 그름, 그리고 현실성을 갖춘, 즉 3R의 개념을 고려한다.

이처럼 내담자가 자신의 욕구를 충족시킬 수 있는 합리적이고 효율적인 행동을 배우거나 계획함으로써 성공적으로 현실을 살아 나갈 수 있는 방법 탐구에 초점을 두었다. 궁극적으로 내담자로 하여금 자기 통제력을 키워갈 수 있도록 도와주는 것이 상담의 목표이다.

3) 상담의 기술과 절차

현실요법 상담에서는 상담 환경 가꾸기를 통해서 내담자가 상담자와의 관계에서 욕구 충족이 이루어질 수 있도록 하며 무엇보다도 상담에 대한 기대와 자발적인 참여를 돕는 것이 중요하다.

(1) 상담 환경 가꾸기 : 친밀한 관계 형성하기

1 주의 기울이기

내담자에게 관심과 주의를 기울인다.

2 AB(always be)법칙 실시

항상 예의바르고 항상 신념을 가지고 임하여, 항상 열정적으로 확고하게 그리고 진실하기를 강조한다.

3 판단 보류하기

상담자가 전문적인 관계를 유지하기 위해서는 판단을 보류하는 것이 중요하다.

4 예상하지 않는 행동하기

문제를 다루고 고통을 덜어 주기 위해서는 직접적으로 그것을 다루기보다는 잠시 그 문제를 옆으로 밀어 두는 것이 도움이 된다.

5 유머를 사용하기

유머는 적당한 시기에 사용되어야 한다.

6 자기 자신이 되기

상담자가 자신의 인성에 맞게 조절해야 한다.

7 자기 자신을 개방하기

내담자를 상담자의 세계로 들어오게 하는 건강하고, 자발적이고, 진지하고, 순수한 의도의 표현이어야 한다.

8 은유적 표현에 귀 기울이기

은유적 표현은 이미 알려진 것을 이해하도록 하기 위해서 알려지지 않은 것에 더 많은 통찰력을 제공하기 위해서 심리적·정서적 강도를 표현할 수 있도록 하기 위한 목적으로 사용한다.

9 주제에 귀 기울이기

내담자들의 주제를 경청한 후 명료화하여 반영한다.

10 요약하기와 초점 맞추기

주제에 초점을 맞추며 내담자가 솔선해서 흩어져 있는 문제들을 처리하도록 한다.

11 자기 선택에 대한 결과를 책임지게 하기

결과가 위험하거나 생명의 위협을 받게 될 경우 상담자가 개입한다.

12 침묵을 허용하기

내담자가 침묵 후에 먼저 솔선해서 이야기하도록 허용하는 것이 효과적이다. 내담자는 자신의 전행동에 대한 책임을 지는 것은 물론 상담 전개과

정의 방향에 대해서도 책임을 질 수 있게 한다.

13 윤리적이기

진실한 내담자와의 관계는 상담자의 높은 수준의 윤리적 행동에 기초한다.

(2) WDEP 적용하기

1 욕구, 바람, 지각 탐색하기(Want)

내담자는 자신의 생활에서 무엇을 원하는지 구체적이고 명확하게 알도록 질문하고 내담자가 스스로 원하는 바를 탐색하도록 돕는다.

2 전행동과 행동 방향 탐색하기(Doing)

상담자는 내담자가 자신의 행동을 보다 내적으로 통제할 수 있도록 돕는 것이 효과적이다.

지금 현재에서보다 효과적으로 욕구 충족을 위한 행동선택을 할 수 있도록 스스로를 돕는 방법을 배우는 것이 필요하다. 현재의 전체 행동에 대한 인식을 획득하는 것에 있다.

3 바람, 행동, 계획에 대한 자기 평가하기(Evaluation)

내담자가 자기 평가를 할 수 있도록 돕는데 있다.

내담자는 자신이 원하는 것과 원하는 것을 이루기 위해서 지금 행동하고 있는 것이 정말 도움이 되는지 도움이 된다면 어떤 도움이 되는지를 스스로가 평가하도록 한다.

4 계획하기(Plan)

내담자의 계획하기는 내담자가 성공적인 정체감을 갖도록 돕는 것이다.

내담자는 자신의 욕구 충족을 위해서 자신이 스스로 할 수 있는 계획, 구체적인 계획, 측정 가능하고 반복적인 계획 등을 효율적으로 진행될 때 내담자가 성공적인 정체감을 갖도록 도울 수 있다.

제3장

집단상담

1. 집단상담의 의미

상담은 주로 개인의 문제를 해결하는 것으로 인식되어 온 것이 사실이다. 때문에 상담은 곤란한 사태에 직면하여 고민하는 사람이 경험이 풍부한 사람의 조력을 얻어 해결방법을 스스로 결정하는 과정으로 보는 개인 대 개인의 인간적, 역동적 관계로서 개별지도에 중점을 두어 왔던 것이다. 그러나 상담을 개인으로 하여금 적당한 환경을 선택하게 하거나 적응에 필요한 기능의 학습을 계획하게 하거나 주체의 태도를 전환시키는 지도방법이라고 하는 관점에서 보면 오히려 집단생활의 배경이 문제해결의 실마리가 될 가능성이 크다고 보겠다. 즉 개인으로 하여금 주어진 환경을 개조하도록 하는 방법과 주체의 태도를 전환시키는 방법으로 어떤 부분에서는 집단생활의 특징인 역동성을 적용하는 것이 효과적일 수 있다는 뜻이다.

집단상담이 치료절차로 인정된 역사는 길지만 보편화된 것은 최근의 일이다. 심리문제뿐 아니라 위기의 경험이나 자기인식의 문제, 대인관계의 기능의 수준을 높이려는 건강한 사람들 모두에게 다양한 집단상담이 이루어지고 있다. 집단의 종류에는 알코올이나 약물 중독자를 위한 갱생집단, 여성집단, 이혼 적응집단, 가족치료 집단, 아동집단, 자기주장 훈련집단 등이 있다. 또한 교류분석 집단, 게스탈트 집단과 같이 지도자의 이론적 지향에 따라서 집단의 특성을 구분하기도 한다(김충기 외, 2001).

Mahler는 집단상담은 깊은 자기이해와 자기수용을 보다 효과적으로 수용하기 위하여 집단의 상호작용을 적절히 유지하는 과정이라고 하였다. 여기에는 상호존경을 필요로 하며, 각 개인은 행동의 의미와 새로운 방식을 탐구하게 되는 것이다. 집단상담에서 다루어지는 문제는 병적인 장애나 현실적인 문제

보다 구성원의 발달과업에 초점을 맞춘 것이라고 한다(Mahler, 1969). 또한 자기 이해 뿐만 아니라 개인의 행동변화를 돕기 위해서 집단 상호작용을 이용하는 것이라고도 한다(George & Dustin, 1988).

집단상담은 한 사람의 상담자가 동시에 몇 명의 내담자들을 상대로 내담자 개인의 관심사 · 대인관계 · 사고 및 행동양식의 변화를 가져오는 노력이다. 상담에서 집단구성원은 여러 면에서 공동의 태도와 가치를 상호 수용하고 나누면서 서로 관련짓기를 하는 것이다. 집단 내의 구성원들은 집단의 규칙을 준수하고 서로 수용하는 가운데 집단원 의식이 형성되고 각자의 문제해결이나 인간적 성장을 꾀하게 된다. 그러므로 집단에 관심있는 내담자들은 집단에 참여하기 전에 집단이 자신에게 필요한지 또는 자신이 얻고자 하는 바가 집단의 목적과 부합하는가를 면밀하게 고려하여 집단참여 여부를 결정해야 한다.

집단과정을 통해서 집단에 참여하는 내담자 개개인의 행동이나 태도에 있어서 변화가 일어나려면 적어도 그 집단은 공동 목표를 수립하고 일정기간 지속적으로 모여야 하며 집단에 참여하는 내담자들이 의욕을 가지고 자발적이고, 적극적으로 참여함으로써 신뢰에 기초한 밀접하고 활발한 상호작용을 경험할 뿐만 아니라 내담자들이 준수해야 할 집단의 규준이 발달되어야 한다.

집단상담을 통해 내담자들은 상담자와 더불어 서로의 관심사와 느낌을 탐색함으로써 태도와 가치관을 수정하여 개인의 발달과 교육 환경에 보다 더 잘 적응할 수 있게 되는 것이다. 집단상담은 개인상담과 달리 여러 내담자들을 동시에 상담할 수 있기 때문에 상담자의 시간을 절약할 수 있어서 경제적이고 실용적이다. 상담자의 수가 한정되어 있는 실정을 감안할 때보다 많은 내담자들에게 상담지도의 혜택이 나누어질 수 있다는 점에서 매우 유용한 도구라고 하겠다.

집단은 개인상담과는 다른 치료적인 요소를 지니고 있다. 집단구성원 간에 눈에 보이지 않는 다양한 힘, 즉 치료적인 힘이 발생하게 되어 구성원 개개인이 건설적인 변화를 유발하게 된다. 집단의 치료적 요소에는 수용과 보살핌, 모험에 대한 의지와 신뢰, 응집력, 자기개방, 피드백, 직면, 희망과 기대감, 힘, 변화에 대한 책임감 수용 그리고 감정정화 등이 포함된다(Corey & Corey, 1997 ;

Yalom, 1995).

또한 집단원과 심리적 상호작용을 통해 자신의 사고와 행동 및 생활방식을 탐색할 수 있고, 안전한 분위기에서 새로운 행동을 시도해 보고 피드백을 받을 수 있다는 장점이 있다. 내담자들 간에 사적인 문제들을 함께 협의하면서 도움을 주고받게 되면서 보다 긍정적인 자아개념을 형성하게 되는 이점이 있다. 또한 내담자들의 경험 · 감정 · 관심 등을 알게 됨으로써 내담자 자신의 관심사나 문제를 보다 깊이 탐구할 수 있는 집단 내의 상호작용을 통해 자연스럽게 의사소통 기술이 향상되기도 한다.

그러나 집단상담의 한계도 있다.

① 내담자 중에는 기본적인 개인 문제를 해결해야 하는 경우가 있을 경우 상담자의 역할이 분산되므로 내담자 개인적인 문제는 등한시하게 될 수도 있다. 따라서 지나치게 소심해서 집단상황에 제대로 적응하지 못하거나 상담자의 개인적인 주목이 더 필요한 내담자는 개인상담이 더 효과적일 수 있다.

② 집단에 대한 신뢰감을 발전시키는 것이 어려울 수 있으므로 자신의 솔직한 감정, 태도, 가치관과 행동 등을 논의의 대상으로 제기하지 못할 수도 있다. 내담자들이 집단의 규준과 기대치에 부응하고자 하는 압박감을 느껴 자율성을 제한받을 수 있다.

③ 개인상담에 비해 많은 내담자들 사이의 역동성을 파악하고 다룰 수 있는 유능한 상담자를 확보하기가 쉽지 않다. 즉, 집단원들이 다수이기 때문에 지도자가 통제력을 잃을 경우 심리적으로 상처받기 쉽고 상당한 고통을 느낄 수도 있게 된다(Corey & Corey, 1977). 또한 어떤 내담자의 문제 유형이 집단상담이나 개인상담에 유리한지 아직까지는 정보가 많이 부족한 실정이다(Shertzer & Stone, 1974).

2. 집단지도 · 집단상담 · 집단치료의 비교

우리 나라에서는 1970년대에 들어오면서 학교와 산업체 등에서 집단상담에 대한 활발한 연구와 실제로 적용 추진되어 상당한 실효를 거두고 있는 상황이고 보면 앞으로 과학화, 기계화된 현대사회에서 더욱 필요한 문제해결 방법이 아닐 수 없다. 개인상담으로서는 현재 상담의 역할을 크게 기대할 수 없을 뿐만 아니라 과밀학급 등 수많은 학생들을 상담하기에는 너무나 벅찬 부담이 작용하므로 자연적으로 집단상담의 방향으로 돌려야 할 문제가 많다고 본다. 집단상담과 유사한 용어로는 집단지도, 집단치료가 있는데 이는 집단의 활동을 이용한 상담의 독특한 형태라고 볼 수 있다.

집단이란 두 사람 또는 그 이상의 사람들로서 그들 사이에 제도화된 심리적 상호작용의 양식이 이루어진 것을 집단이라 한다. 집단은 그 구성원들 및 다른 집단의 사람들과의 독특한 형태의 집단행동 때문에 하나의 실재(entity)로서 인정받고 있다. 집단지도의 성격을 분명히 하기 위해서 집단상담과 집단치료와의 차이점을 비교해 볼 필요가 있다.

Mahler(1971)는 집단지도 · 집단상담 · 집단치료 사이에는 상당한 공통점이 있으나 이 세 가지는 분명히 구별되는 면이 있다고 주장하고 있다.

1) 집단지도(group guidance)

집단지도는 주로 정보제공을 포함한 교육적 경험의 내용을 주제로 취급한다. 학교장면에서의 집단지도는 성인들의 생각에 학생들이 알아야만 한다고 인정되는 내용을 학생들에게 제공하는 방향으로 이루어진다. 즉, 학교라는 장소에서 학생들을 대상으로 하며 지도자는 집단의 관리, 방향, 활동, 조직에 대한 책임을 지며 교육적, 직업적, 사회적 지도와 여가활동, 성격문제와 관련된 프로그램, 심리교육, 직업알선, 이성교제 등에 관한 정보를 제공하여 예후지도도 하여야 한다는 점이다(김충기, 1990). 비록 집단지도에서 취급되는 주제들이 집단상담에서도 취급될 수는 있으나 집단지도에서는 정보제공의 모든 책임이 주로 교사에게 있다.

2) 집단상담(group counseling)

집단상담의 중심은 구성원 개개인 자체이다. 또한 집단상담의 주목적은 집단지도에서처럼 일반행동의 변화에 대한 정보제공이 아니라 성원 개개인의 실제적 행동의 변화이다. 한 사람의 상담자가 동시에 여러 사람의 피상담자와 상담관계를 맺으며 피상담자의 수는 6~8명이 적당하다고 보고 있다. 집단구성원간의 역동적 관계를 바탕으로 내담자 개개인의 문제해결 및 변화가 이루어지는 집단적 접근 방법이다(이장호, 1982).

집단상담은 훈련을 받은 전문가인 상담자와 비교적 적정범위의 적응수준에 속하는 사람들을 대상으로 그들의 태도를 수정함으로써 보다 능률적으로 발달된 문제가 취급될 수 있도록 상호간의 문제를 탐색, 조사하여 의식적 사고와 행동, 허용적 현실에 초점을 두어 상호 신뢰, 이해, 수용 등의 치료적 기능을 포함하는 역동적 대인간의 과정이라고 정의를 내릴 수 있다.

3) 집단치료(group therapy)

집단치료는 심리적 갈등을 가진 두 사람 이상의 개인을 동시에 치료하는 방법을 말한다. 집단치료에서 다루는 문제는 정상에서 이탈되었거나 성격이상이나 정신신경증과 같은 경우며 치료를 하는 사람은 임상심리학자나 정신의학자 등의 전문가이다. 즉, 집단치료에서는 무의식적 동기에 더욱 관심을 기울인다. 따라서 피상담자가 가지고 있는 문제의 심각성 때문에 치료의 과정은 수개월 혹은 수년간에 걸쳐서 진행될 수 있다. 이장호(1984)는 집단치료란 한 사람의 상담자가 동시에 4~5명 이상의 내담자들을 대상으로 심리적 갈등을 명료화하여 문제행동을 수정해 가는 일련의 집단면접이라고 정의한다.

주로 병원에서 이루어지는 집단치료는 다음의 네 가지 특성을 지니고 있다.

① 이 방법은 주로 치료적 목표를 갖는다.

② 보다 나은 자기 이해를 통해 심리적 긴장을 감소시킨다.

③ 치료자는 허용적이고 지지적 역할을 한다.

④ 부적응적 태도의 변화 및 심리적 문제해결에 직접적 관심을 둔다.

집단과정의 주목적이 정보제공에 있기 때문에 그 지도의 내용과 책임이 주로 교사나 지도자에게 있는 점이 집단지도의 주된 특색이라고 보겠으며 성원 개개인의 발달적 문제나 행동의 변화에 강조점을 두는 것이 집단상담의 특징이고, 무의식적 동기에 더욱 관심을 기울여 정서적 장애를 치료하는 것이 주목적으로 보다 장기간을 요하며 주로 의학적 환경과 관련된 점이 집단치료의 특징이다(이형득, 1983).

집단지도는 예방적이며, 정보제공의 기능이고, 집단상담은 예방과 치료의 중간 형태로서 자기이해, 정서적 문제해결이며, 집단치료는 병적인 문제, 심각한 정서장애를 오랜 기간을 통해 치료하는 과정으로 분류하고 있다(Gazda, 1971).

Gazda(1973)는 여러 집단과정과 접근을 예방적인 것에서 고정적인 것의 연속선상의 어떤 점에 있는 것으로 파악하였다. 연속선상의 한쪽 끝의 축에는 예방으로 집단생활지도, 인간관계훈련, 만남의 집단 같은 것을 들 수 있고 다른 쪽의 교정의 축은 집단 심리치료에 해당한다. 교정과 예방의 중간에 집단상담을 놓았다. 따라서 집단상담은 예방적이며 동시에 교정적이라고 할 수 있다. 이러한 Gazda의 접근방법은 상담과 심리치료를 구별하여 보는 것에 근거하고 있다. 집단상담이라는 개념 속에 집단심리 치료까지 포함할 수도 있다는 사실이다. 집단상담을 광의의 입장으로 정의하면, 집단정보제공, 집단심리교육, 집단행동관리, 집단심리치료까지 포함하는 경우가 있다(박성수, 1991).

집단지도 · 집단상담 · 집단치료를 명칭 · 크기 · 목표 · 지도형태 등의 구체적인 사례를 중심으로 해서 제시하면 〈표 3-1〉, 〈표 3-2〉와 같다.

표 3-1 집단지도 · 집단상담 · 집단정신치료의 특징

집단지도	집단상담(카운슬링)	집단정신치료
· 예방적임 · 발달론적임 · 개인과 관련된 정보의 제공 · 인지적임 · 환경을 강조함 · 문제의 제시, 설명 및 토의 유도함 · 지도일지 중심 · 과제 중심적 · 사전에 계획된 활동을 함 · 기술의 필요성 있음 · 참여자의 공동목표를 추구함	· 치료적 · 정상적인 계층을 대상으로 함 · 사고 · 감정 · 행동 등을 평가 · 문제해결 중심적 · 집단구성원의 자의적 결정의사에 초점을 둠 · 욕구에 의해 조직되는 사례 중심적 · 구성원 상호간의 인간관계를 중요시함 · 감정이입과 지지적인 태도가 강조됨 · 주로 공통의 문제해결 중심적임 · 언어적 표현기술을 중요시함 · 감정 및 욕구를 강조함 · 의식의 파악을 중요시함 · 지도자는 촉진적인 입장만을 유지함 · 여기-현재 중심적 · 비의료기관 및 시설에서 실시됨 · 대체적으로 상담 실시 기간이 단기적임	· 인격의 재구성 및 재교육 중심 · 인격의 변화를 유도함 · 과거의 기록을 중요시함 · 의식 및 무의식 파악을 중요시함 · 심한 신경증적인 갈등, 일탈행위, 심한 정서적 장애 문제 등을 취급함 · 내담자를 환자로 취급함 · 장기적인 치료기간이 필요 · 이질적(heterongeneous), 또는 동질적(homogeneous) 집단으로 구성함 · 집단구성원의 정서적 관여도(emotional involvement)를 높임 · 심오한 분석 및 탐색이 필요함 · 주로 언어적 표현을 중요시함 · 일차적으로 각 구성원의 개인적 성장 및 변화를 중요시함 · 집단구성원들의 욕구(need)에 의거하여 촉진, 진행시킴

* 자료 : Trotzer, J. P.(1977). The Counselor & the Group : Integrating Theory, Training & Practice Monterey : Books-cole Publishing Co., 1977. p. 20(김충기, 1996 : 재인용).

표 3-2

집단의 분류

차원 \ 범주	지도집단	상담집단	치료집단
1. 보편적 이름	토론집단 정보 제공 및 생활안내 집단 진료집단	집단상담	집단상담 집단심리치료
2. 집단성원의 종류	취급되는 영역에 있어서, 지식의 필요에 의해서 자진 또는 타인이 선발	변화의 필요성을 지각해서 자진 또는 타인이 선발	장애적인 행동 때문에 자진 또는 타인이 선발
3. 크기(인원수)	12~15	6~12	4~10
4. 초점	교육적 · 직업적 · 개인적 정보와 계획	관찰할 수 있는 행동, 집단성원의 상호작용의 유형, 여기-지금의 행동	집단 내외에서의 부적응 행동, 집단성원의 심리작용
5. 목표	의사결정을 돕기 위한 계획에서 환경적 · 개인적 경향에 대한 지식의 증가	자아탐색을 촉진하는 환경을 제공하고 대안적인 행동을 찾도록 함	성격의 변화 및 이상행동의 수정
6. 지도자	1명의 교사나 상담자	1명이나 2명의 상담자	정신치료자(임상심리학자, 정신과 의사, 사회사업가)
7. 지도형태	지도자가 집단의 방향과 내용을 정함	지시적 또는 집단 중심적으로 접근	치료자의 경험, 훈련, 환자의 문제에 따라 다르나 대체로 분석적 · 지시적
8. 집단의 기간	전달된 정보나 자료의 성질에 따라 다름	집단의 성격에 따라 다르지만 대체로 5~25회	집단과 문제의 성격에 따라서 몇 주부터 몇 년간 지속됨
9. 면접시간	10~55분	1~2시간 정도	1~2시간 정도
10. 장소	교육기관(중등학교 · 대학교)	교육기관, 종교기관, 지역사회	정신병원, 임상진료실, 정신과 의원

* 자료 : Shertzer, B. & Stone, S. C.(1980). Fundamentals of counseling(3rd ed.). Boston : Houghton Mifflin.

3. 집단상담의 목표

집단상담의 목표는 내담자로 하여금 자기 자신에 대한 이해와 대인관계의 능력을 향상시키고 당면한 문제를 해결하고자 보다 현명한 선택과 적응을 할 수 있는 능력을 기르려는 것이다. 집단상담의 목적에 대한 학자들의 견해는 다음과 같다.

Gazda(1967)는 집단상담의 목표를 다음과 같이 제시하고 있다.

① 학생의 중대한 발달적 욕구를 충족시켜 줄 수 있도록 한다.

② 학생의 동일성 추구과정을 조력할 수 있게 관계를 수립한다.

③ 자신에 대해 이해하며 자신의 생활과 행동을 보다 더 효과적으로 이루어지도록 기회를 제공해 준다.

④ 학생들은 자신이 지각한 것을 함께 이야기하는 방법을 익히며 점진적으로 자신의 행동에 대한 책임을 받아들이는 것을 배우도록 격려해서 자신에 대해서 생각하도록 한다.

⑤ 자기 자신 및 다른 사람의 행동에 대해서 단순한 표면적 관찰로는 만족하지 않는 태도를 배우게 된다.

⑥ 학생으로 하여금 자신의 감정과 태도, 그리고 그들 자신의 세계에 대한 개념을 검토할 수 있는 기회를 제공해 준다.

⑦ 다른 성원들의 견해가 자신과 일치하지 않아도 그들의 의견과 권리를 존중하도록 도와 준다.

이혜성(1979)은 집단상담의 목적을 각자가 가지고 있는 잠재력을 키워가는 것이라고 하였고 구체적인 목적으로 ① 자기긍정 ② 자기결정 ③ 자기동기 ④ 타인에 대한 이해의 확대 등을 제시하고 있다.

이장호(1982)는 집단상담의 일차적 목표를 ① 개인으로 하여금 자기이해를 시키고, ② 대인관계의 능력을 향상시키고, ③ 보다 건강하게 적응할 수 있도록 환경을 조성시켜 주는 것이라고 하였다.

Dinkmeyer & Muri(1979)는 초등학교 아동을 대상으로 하는 집단상담의 목표를 다음과 같이 설정하였다.

① 정체감 탐색과정을 통해 학생들의 자기이해를 조력하기 위해서이다.
② 자기를 이해하게 됨으로써 자기수용과 개인의 가치감을 증진시키기 위한 것이다.
③ 개인·사회적 영역에서 발달과업에 대처하기 위한 사회기술과 인간관계 능력을 향상시키기 위함이다.
④ 자기지도, 문제해결, 그리고 의사결정 능력을 개발하고 이러한 능력을 정규수업과 사회생활에 전이시킨다.
⑤ 타인의 욕구에 대한 감수성을 길러 줌으로써 아동 자신의 행동에 대한 책임감을 갖도록 하기 위함이다.
⑥ 상대방이 말하는 것을 경청할 뿐 아니라, 말 속에 내재된 감정에 귀 기울이는 공감적 경청자가 되는 법을 학습하도록 한다.
⑦ 자기와의 일치를 이룸으로써 실제로 자신의 생각과 신념을 정확하게 전달할 수 있게 한다. 자신이 의미하는 바를 말함으로써 정확하게 전달할 수 있게 한다. 자신이 의미하는 바를 말함으로써 일치된 송신자가 되기 위함이다.
⑧ 집단구성원 개개인이 행동으로 관찰될 수 있을 만큼 구체적이고 측정 가능한 목표를 설정할 수 있도록 돕기 위함이다.

이와 같이 집단상담은 개인상담과 비교할 때 자기에 대한 타인의 지각과 반응을 알고자 하거나 알아야 될 경우 특히 대인관계에서의 자신감과 사회적 기술의 경험이 필요한 경우에 더욱 효과적이라고 볼 수 있다. 집단상담은 대인관계간의 수용적 상호교류의 분위기를 형성하여 인간관계의 향상을 위한 노력을 가능하게 해 준다(이장호 외, 1992).

4. 집단상담에 대한 지도

집단상담은 상담자가 여러 명의 어린이를 동시에 면담하여 상담의 목표를 달성하려는 활동이다.

집단상담의 목표는 어린이들로 하여금 자신과 다른 사람 그리고 주변환경에 관하여 잘 이해함으로써 합리적이고 현실적으로 자아를 실현할 수 있도록 하기 위한 것이다. 유치원생이나 초등학교 학생들을 대상으로 한 집단상담은 흔히 인간관계에 관련된 문제나 개인적인 문제들을 해결하거나 예방하는 것에 목표를 두는 경우가 많다. 이러한 집단상담은 치료활동보다는 예방과 발달의 촉진에 중점을 두는 것이 바람직하고 효과적이다.

집단상담을 성공적으로 수행하기 위하여 유의해야 할 점은 다음과 같다.

첫째, 집단상담은 어린이의 자유의사에 따라 결정한다.

둘째, 참가 인원이 너무 많으면 원래의 목표를 달성하기가 어려워진다.

셋째, 집단상담은 자유로이 활동할 수 있는 분위기와 안락하고 조용한 장소에서 이루어져야 한다.

넷째, 집단상담을 받는 어린이들이 개인상담을 받고자 할 경우에는 쉽게 개인상담을 받을 수 있도록 해 준다.

다섯째, 상담교사는 학부모나 일반교사가 집단상담의 방법과 목표에 찬성하고 동의하여 협조할 수 있도록 한다.

5. 아동을 위한 집단상담의 유형

집단의 진행방식이나 발생기원에 따라 참만남 집단, T그룹, 게슈탈트집단, 행동주의적 집단 등으로 나누기도 한다. 집단구성원들의 특성에 따라 다양한 집단구성이 원칙인 집단이 있는 반면, 공통된 경험이나 고통을 가진 사람들끼리 모여 서로 돕고자 하는 자조집단도 있다.

여기서는 집단상담 유형 중 가장 널리 보급되고 적용되고 있는 유형들을 알아보기로 한다.

1) 훈련집단 및 감수성 훈련집단(T-group & sensitivity training group)

T－집단으로 약칭되는 이 집단은 1946년 미국의 K. Lewin과 R. Lippitt에 의해서 개발되었다. 이 집단은 소집단을 통한 훈련이 이 프로그램의 핵심을 이루기 때문에 T－그룹(훈련집단)으로 불려지기도 한다. 비구조화된 소집단에서 집단원 모두가 직접 참여하여 스스로의 목표를 설정하고 상호간에 피드백을 주고받고 집단활동을 관찰 · 분석 · 계획 · 평가하는 등의 직접적인 경험을 통하여 주로 인간 관계기술과 집단과정에 대해 학습하는 것이 이 모형의 특색이다. T-집단은 무엇보다도 참여자 개인의 잠재력 개발을 중요시하고 T－그룹을 요약하면 모호성과 비조직성에서 기인하는 욕구불만을 집단원들의 참여와 학습의 수단으로 삼고, 지금－여기의 직접 경험을 학습의 기본 요소로 하여

집단원들로 하여금 집단 내에서 다른 집단원들의 행동을 관찰한다.

2) 만남집단(encounter group)

이 집단의 형태는 T－집단 원리의 일부를 보완하여 개발시킨 모형이다. T－집단과 다른 점은 비언어적 표현과 가벼운 신체적 접촉(touching technique)을 사용한다는 점이다.

대면집단이라고 번역하기도 하는데 다른 사람과의 관계 및 예기, 자신에 대한 심리적 과정을 탐색 · 경험하는 훈련집단이다. 집단에서는 면 대 면의 상호작용이 강렬하게 일어날 수 있도록 6~20명 정도의 소집단 활동을 원칙으로 하며 지금－ 여기의 상황에 초점을 두고 개방성과 정직성, 개인의 맞닥뜨림, 자기노출 그리고 직접적인 강한 정서적 표현을 격려하며 지성화를 피하도록 한다.

정서를 이끌어 내고 정서를 충분히 표현하도록 함으로써 사람들로 하여금 현재에 살도록 하는데 초점이 주어진다. 타인과의 친밀감을 증진시키고 잠재력의 실현을 막고 있는 내면의 장애를 탐색할 수 있다. 이렇게 현재의 정서를 자각하고 표현하다 보면 더욱 활기차게 되고, 자발적이 되며, 더욱 총체적으로 경험을 자각하게 되어, 소외감을 극복할 수 있다.

참만남 집단은 원래 언어적인 방법에 주로 의존하였으나 최근에는 상호작용을 촉진하는 비언어적 방법을 사용하기도 한다. 신체적 접촉이나 환상을 이용하기도 하며, 특수하게 고안된 참만남 게임을 활용할 수도 있다.

3) 자조집단

공통의 관심사, 유사한 정서적 · 신체적 고통, 행동문제를 가진 사람들이 심리적 스트레스로부터 자신을 보호하고 인생을 변화시킬 유효한 요인의 가치를 제공할 수 있는 지지체계가 될 수 있는 집단이다.

자조집단에서는 집단구성원들 간의 상호작용이 변화를 위한 촉매가 아니다. 집단자체의 수용적 · 지지적 분위기가 더 중요하다. 집단구성원들은 공통의 관심사 또는 고통을 가진 사람들이며 지도자도 대체로 집단원들과 같은 문제를 가진 사람인 경우가 많다. 따라서 비전문가로서 집단원들과 유사한 고통을 겪었지만 현재는 극복한 상태에 있는 사람이 지도자가 되기도 한다. 집단원들끼리 서로 경험과 고통을 공유하며 문제해결을 위한 노력을 서로 지지하고 격려한다. 즉, 자조집단에서는 공통의 생활상황에 의한 공통의 정체감이 강조되며 그것이 바로 치료적인 요인이 된다.

4) 구조적 집단

구조적 집단(Structured group)에서는 집단의 목표를 달성하기 위해서 일정한 주제를 집단에서 다룬다. 예를 들면, 초등학교 입학을 앞둔 자녀의 교육이라든지 학습지체아 문제, 인생의 전환기인 중년을 맞이한 여성들의 문제, 스트레스 관리, 완벽주의(그 양면성) 같은 특수한 문제나 주제를 이해하거나 특수한 기술을 학습하기 위한 집단이다. 구조적 집단에서는 인생의 어떤 문제에 대한 자각을 증진시키고 더 나은 대처기술을 가질 수 있도록 돕는 것이다.

구조적 집단은 T-그룹이나 참만남집단에 비해 비교적 단기간(4회~8회 정도)에 끝나며 집단의 목적이나 지도자에 따라 다양한 형식이 있겠지만 대체로 처음에는 관련 주제나 문제에 대한 집단원들의 수준을 파악하기 위해 질문지에 응답하도록 하고 다음으로 관련된 구조화된 활동이 부과되며 과제가 주어진다. 끝으로 평가과정이 있다.

6. 집단상담의 과정과 실제

1) 집단상담의 단계

(1) 참여단계

집단상담에서 새롭고 의미있는 경험을 가지도록 이끌어 준다. 구성원들은 자유로이 각자의 의견과 느낌을 나누도록 격려한다. 이 시기에는 상담자의 적극적인 참여가 필요하지만 교사와 같이 가르치는 역할을 하는 것은 아니다. 상담자는 내담자들로 하여금 스스로 집단의 규범과 상호 협력적인 자세를 갖추도록 함으로써 효율적인 집단분위기를 만들 수 있다. 상담자 자신의 말과 행동은 집단상담의 분위기를 만들고 유지하는데 도움이 되는 것이라야 한다. 그렇게 하기 위해서는 상담자가 상담을 시작하기 전에 각 구성원들이 남의 말을 깊이 듣고 다른 사람이 말할 수 있도록 도우며 자기 문제에 관련된 감정을 공개하며, 바람직한 행동을 탐색 · 실천하는데 시간을 보내도록 제의할 필요가 있다. 상담자 자신은 인간행동에 대한 자기의 신념과 태도를 분명히 할 필요가 있다. 집단지도자 자신이 명백한 원리를 가지고 있을 때 내담자들도 다른 사람의 다양한 신념을 받아들이게 되고 신념과 견해의 차이를 존중하게 됨으로써 개인의 존엄성을 수용하게 된다.

(2) 과도기적 단계

참여단계에서 생산적 작업단계로 넘어가는 과도기적 과정인 것이다. 이 단계의 주요과제는 집단원들로 하여금 집단에 참여하는 과정에서 일어나는 망설

임, 저항, 방어 등을 지각하고 직면하도록 도와 주는 것이다. 자기의 행동결과에 대한 예측은 쉬운 일이 아니다. 상담자는 구성원들 간의 진정한 느낌이 교류되도록 격려하는데 노력을 집중해야 한다.

집단원들은 느낌과 지각내용의 상호교류가 얼마나 이로운가를 배우게 된다. 초기의 불안이 어느 정도 감소되고 나면 각 집단이 얼마나 집단을 잘 이용할 수 있을까에 대한 상담자로서의 '가벼운 불안'을 갖는 단계에 들어간다.

이 시점에서 상담자는 집단원들의 수용도 및 준비도에 따라 자신의 지도력을 적절히 그리고 제때에 발휘해야 한다.

(3) 작업단계

작업단계는 집단상담의 가장 핵심적인 부분이다. 앞 단계들이 잘 조정되면 작업단계는 매우 순조롭게 집행되고 지도자는 한 발 물러나서 집단원들에게 대부분의 작업을 맡길 수도 있다. 대부분의 집단원들이 자기의 구체적인 문제를 집단에 가져와서 활발히 논의하며 바람직한 관점과 행동방안을 모색한다.

집단원들이 자기 자신을 위해 어떻게 집단을 이용하며, 다른 사람들을 돕기 위해 어떻게 자기의 생각과 기술을 활용할 것인가에 대해 분명히 알게 되었을 때 작업단계에 들어섰다고 볼 수 있다. 집단원들은 상담자의 태도를 관찰 · 모방함으로써 문제 및 상황의 핵심적 측면에 대해 배운다.

상담자는 구성원들이 대인관계를 분석하고 문제를 다루어 나가는데 자신감을 얻도록 도와 주는 존재라고 말할 수 있다. 상담자는 다른 집단원에 의해서 내담자 스스로의 생각이나 선택이 좌우되는 것을 막아야 할 것이다.

작업단계는 행동변화를 위해 통찰과 행동의 실천이 필요하다. 이를 위해 집단원들로 하여금 실천의 용기를 북돋아 주고 특히 어려운 행동을 실행해야만 하는 구성원에게 강력한 지지를 보내도록 한다. 즉 한 개인이 직면한 문제를 다른 동료가 이해하고 공감해 주며, 각자의 비슷한 경험에 비추어 문제를 같이

해결하려는 노력이 이루어지기 때문이다.

(4) 종결단계

상담자와 집단원들은 집단과정에서 배운 것을 미래의 생활에 어떻게 적용할 것인가를 생각하게 된다. 집단원들은 각자의 첫 면접기록과 현재의 상태를 비교한 후 일정한 정도의 진전이 있다면 상담자는 종결을 준비한다. 이러한 판단은 적어도 집단에 참여할 때 약정되었던 목표가 달성되었을 때 가능하다. 다시 말하면 자신을 사랑할 수 있고 문제 상황에 융통성 있게 대처하며 자신의 가치를 신뢰하고 이를 추구하게 되었다면 집단상담을 종결시켜야 한다. 집단원들 간에 의미 있는 관계가 형성되었을 경우 종결을 섭섭하게 여기는 것은 당연한 현상이다.

종결단계에서는 대부분의 사람들이 집단의 구성원으로 참여했던 것에 만족해 하며 집단에서 자유스럽게 자기의 감정, 두려움, 불안, 좌절, 적대감 등 여러 가지 행동을 표현할 수 있었던 것에 만족해 한다. 상담자의 역할은 집단원들로 하여금 종결에 대한 준비를 시켜야 하며 상담의 전 과정에서 집단원들이 각자의 행동에 대한 자기 통찰을 향상하도록 훈련시키고 앞으로의 행동방향에 대해 경험하고 배운 것을 일상생활에 적용할 수 있도록 돕는 것이다.

2) 집단상담에서 상담자의 역할

① 집단활동의 시작을 돕는다. 상담을 처음 시작할 때 집단원들은 서먹함을 느끼고 어떻게 할 바를 모른다. 이때 지도자는 그들로 하여금 상호작용을 시작하도록 이끌어 주어야 한다. 지도자는 솔선하여 자신의 느낌을 먼저 털어놓음으로써 모범을 보여야 한다. 즉 지도자 자신이 가지고 있는 불안이나 집단에 대한 기대 등을 이야기함으로써 비교적 낯선 사람들이 처음 만나 느끼게 되는 불안 · 긴장 · 수줍음 · 갈등 등에 대하여 이야기할 수

있는 길을 터놓게 된다. 적당한 때에 지도자는 그 순간의 자신의 느낌을 이야기함으로써 그 침묵을 깨뜨려야 한다. 이를 통해서 집단원들도 각자의 느낌을 이야기하게 될 것이다.

② 집단의 방향을 제시하고 집단규준의 발달을 돕는다. 집단지도자는 집단의 초기단계에 그 집단이 나아갈 방향을 제시하고 일반적인 오리엔테이션을 제공해 줄 책임을 지고 있다. 집단상담이 효과적으로 운영되려면 적당한 집단규준을 발전시켜야 하는데 집단지도자는 솔선하여 그 규준의 발달과 유지에 도움을 주어야 한다. 집단 수준에서 볼 때 규준이란 집단원들이 그 집단에서 느끼고 행동해야 할 표준이다.

③ 집단의 분위기 조성을 돕는다. 집단상담의 주된 목적이 집단원으로 하여금 스스로의 문제를 스스로의 힘으로 해결함으로써 보다 생산적인 인간으로 성장·발달하게 하는데 있으므로 집단지도자의 과업은 주로 그러한 발달이 이루어지도록 도움이 될만한 집단 분위기를 조성해 주는 것이다.

④ 행동의 모범을 보인다. 바람직한 행동의 모범을 보이는 것이 집단지도자의 가장 중요한 기능 중의 하나이다. 집단원에게 바라는 그러한 행동을 지도자 자신이 먼저 시범을 보임으로써 집단원도 그렇게 하도록 돕는다. 만약 집단 과정이 최대한으로 효과적이 되려고 하면 집단원들 상호간에 터놓고 직접적으로 의사를 소통하지 않으면 안 된다. 그렇게 하기 위해서는 집단지도자가 먼저 행동의 모범을 보여야 할 것이다.

⑤ 의사소통 및 상호작용을 촉진시킨다. 집단지도자의 중요한 역할들 중의 하나는 집단으로 하여금 의사소통을 방해하는 요인을 극복하고 원활한 상호관계를 발달시키도록 도와 주는 일이다. 이를 위하여 집단지도자는 항시 집단원 간에 의사소통의 통로를 막고 있는 장애물을 찾아내도록 도와 준다. 때로는 의문을 제기하고 때로는 문제를 명료화하고 또 모든 집단원이 가능한 한 모두 참여하도록 도와 줌으로써 상호간의 이해와 의견의 일치를 발달시킬 수 있다.

⑥ 집단원을 보호한다. 집단지도자의 중요한 역할들 중의 하나는 심신의 위험으로부터 집단원을 보호하기 위하여 보살피는 일이다. 예를 들면, 만약 어떤 집단원이 어떤 활동에 참여하기를 원치 않거나 특별한 개인적인 문제를 깊이 파고드는 일을 꺼려한다면 지도자는 그의 거절의 권리를 인정해 주어야 한다. 그리고 집단원 중 몇 사람 혹은 전원이 그 집단원에게 부당하게 압력을 가할 때 집단지도자는 즉시 개입하여 그 집단원을 보호해 주어야 한다.

⑦ 집단활동의 종결을 돕는다. 집단은 약속한 시간에 시작하여 예정된 시간에 마쳐야 한다. 이를 통하여 집단원들은 정해진 사실을 지킬 줄 알게 된다. 집단원들이 집단에서 학습한 것을 실제 삶에 적용하는데 대한 시사를 주고, 모임과 모임의 사이와 집단 전체가 끝난 후에도 계속적인 노력을 기울이려는 계약을 맺게 하고 집단을 떠난 뒤에 그들이 직면하게 될 심리적인 문제를 위하여 준비를 시키며 추후지도를 위한 집단모임을 계획하게 하며, 추가적인 집단상담을 받을 수 있는 곳을 알려 주고 그리고 집단상담이 종결된 후에도 개인상담의 가능성을 시사해 주는 것이 바람직하다.

7. 집단상담을 유도하기 위한 사례

1) "문제사례"의 행동특징 유형과 원인

집단활동에 소극적으로 임하는 태도나 참여하지 않는 어린이들의 행동특징을 살펴보기로 한다(강문희, 2002).

① 집단활동에 참여하지 않고 다른 장난감이나 놀잇감을 활용하여 혼자 노는 아이
② 집단활동을 하는 친구들을 구경하면서 혼자서 중얼거리면서 즐거워하는 아이
③ 집단활동에 참여하지 않으면서 다른 친구들이 집단행동을 잘못하거나 주의를 기울이지 않을 때, 그 친구를 교사에게 일일이 지적해 주는 아이.
④ 집단활동에 선뜻 참여하지 않고 있다가 교사가 여러 번 권유할 때 억지로 참여하는 아이
⑤ 자신이 참여하지 않으면서 다른 친구들이 그 활동에 참여하고 있는 친구들을 유혹하여 활동을 방해하는 아이
⑥ 집단활동에는 참여하지 않고 그것과 같은 활동을 옆에서 혼자서 해본다거나 그 집단활동이 끝나고 난 다음에 뒤늦게 자신이 해 보겠다고 하는 아이

이러한 행동특징의 원인으로는 어린이들의 성별, 연령, 발달수준 등의 개인차, 성격적 요인, 신체적 조건 혹은 가정적 배경, 교사의 활동 제시방법 등 여러 가지가 있으나, 자주 나타나는 원인들을 살펴보면 다음과 같다.

첫째, 어떤 어린이들은 모든 일에 흥미를 가지지 못하여 자신에게 지시되는 활동에 참여하지 않으려 한다.

둘째, 몹시 수줍어하고 부끄러움이 많으며 조그만 자극에도 상처받기 쉬운 어린이의 경우에 거의 참여하지 않으려 한다.

셋째, 신체적으로 결함이 있거나 몸이 허약한 어린이 중에 집단활동에 불참하는 경우가 있다.

넷째, 지적 능력이 지나치게 낮거나 제시된 활동에 대해서 자신의 능력이 미치지 못하여 불참하거나 반대로 지적 능력이 높아서 제시된 활동에 흥미를 못 느껴 불참하는 경우도 있다.

다섯째, 어린이 자신은 그 활동을 할 능력과 흥미를 가지고 있지만, 교사나 주위 친구들의 관심을 끌기 위하여 불참하는 경우가 있다. 또 옆의 친구가 참여하지 않았을 때 그 친구와 동료 의식 때문에 같이 빠지는 경우가 있다.

여섯째, 집단활동의 기회를 많이 가지지 못하여 집단생활에서 자신이 지켜야 할 규율을 모르거나 혹은 자신이 집단 내에서 어떤 역할을 해야 할지를 몰라서 집단활동에 참여하지 못하는 경우가 있다.

이 경우는 연령이 낮을 때 나타나지만, 특별히 형제가 없는 가정에서 자랐다든지 동네 친구들이 없는 경우, 즉 사회성 발달이 덜 되었을 때 자주 나타난다.

일곱째, 집중력이 부족한 어린이의 경우, 어떤 활동이 제시되었을 때 잠깐 관심을 보였다가 그 활동을 제대로 해 보지도 않고 곧 빠져나간다(강문희, 2002).

2) 상담자의 역할

상담자는 어린이의 가정적 배경, 발달수준 및 개인차 등 여러 가지를 충분히 고려해야 하며, 각 원인에 따라서 적절한 지도가 이루어지도록 힘써야 한다.

상담자는 모든 일에 흥미를 잘 보이지 않는 어린이에게 단지 집단활동에 대한 흥미만을 가지게 하기보다는, 어린이가 일상 생활의 모든 활동에 흥미를 가져 적극성을 띠는 태도를 가지도록 지도해야 한다.

개개 사례의 문제점에 집착하여 치유하려는 것보다 그 개개인의 장점을 포착하여 그 장점을 활용하여 자신의 계획을 실천하도록 하여 자부심을 갖고 긍정적인 자세로 나갈 때 문제점은 자연적으로 해결되기 마련이다.

또한 상담자는 개개인의 능력이 미칠 수 있는 활동을 제시하여 어린이들이 솔선하여 참여할 수 있도록 유도해 줄 수 있게 해야 한다.

또한 각각의 어린이들에게 알맞은 기대수준을 제시하여 그것에 성취감을 맛볼 수 있게 할 것이며, 자신감과 흥미를 지녀 다음 활동에 참여하도록 돕는다.

이상의 각 원인에 따라 여러 가지 지도방법이 있겠으나, 특별히 상담자가 염두에 두어야 할 점은 다음과 같다.

첫째, 상담자는 각 어린이의 발달수준, 연령, 성별, 성격 및 가정환경을 충분히 파악해야 하며 각 어린이의 부모와 충분한 대화를 가져 상호 협력하여 지도하는 것이 바람직하다.

둘째, 상담자는 어린이들의 연령, 발달수준, 흥미에 적절한 교육활동을 계획해야 하며, 제시방법에 있어서도 어린이들의 흥미를 일으킬 수 있도록 노력하는 자세를 가져야 한다.

셋째, 상담자는 어린이의 감정과 생각을 어린이의 입장에서 함께 느끼도록 애써야 하며, 사랑과 인내로서 이들을 이해하고 수용하며 존중하는 태도를 보여 준다.

제4장

개인상담

1. 개인상담의 기초이해
2. 단기상담
3. 상담의 기술

1. 개인상담의 기초이해

1) 개인상담의 정의

상담은 도움을 필요로 하는 사람이 전문적인 훈련을 받는 사람과의 대면관계에서 생활과제의 해결과 사고, 행동 및 감정 측면의 인간적 성장을 위해 노력하는 학습과정이다(이장호, 2000). 이 정의에서 대면관계를 이룬다는 것이 중요한데, 대면이 도움을 제공받고자 하는 자와 도움을 제공하는 자의 수가 한 명인지, 아닌지에 따라 그리고 가족인지 아닌지에 따라 개인상담, 집단상담, 가족상담 등으로 나눌 수 있다. 그리고 상담에 사용되는 매체가 있는지 없는지에 따라 일반상담과 매체상담으로 나뉘며, 도움을 요청하는 사람의 연령에 따라 아동상담, 청소년상담, 성인상담으로 분류된다. 또한 상담자는 연령대에 나타날 수 있는 여러 특성을 이해하는 것이 선행되어야 한다.

2) 개인상담의 목표

상담의 궁극적인 목표는 내담자의 성장과 발달을 촉진하는 과정으로서 내담자의 행동변화를 촉진시키며, 건강하게 기능하는 측면을 구축하도록 돕고, 문제를 해결할 수 있는 능력을 갖추도록 돕는다. 그리고 상담자는 내담자의 잠재력을 개발할 수 있도록 촉진적인 역할을 하여 보다 더 효율적인 의사결정 능력의 증진을 돕는 것이다. 이러한 목표를 수립하고 달성하는 과정에서 특별히 고려해야 하는 사항은 연령에 따른 것이다. 연령이란 개인의 성장 · 발달

수준이 뒤따르기 때문에 그에 걸맞는 상담자의 능력을 갖추어야 하며, 그에 걸맞는 상담목표를 수립하는 것이 중요하다.

아울러 아동상담의 주요 목표는 아동이 자기 자신과 주위환경에 보다 성공적으로 대처할 수 있는 능력을 길러 주는데 있다. 그리고 아동이 좋은 상담관계를 경험하면 이 같은 목표에 더 쉽게 도달할 수 있으며 아직 주변 환경을 통제할 수 없는 연령이기에 아동의 행동변화를 촉진시키기 위해 주변환경을 개선시켜야 할 필요가 있다(이장호, 2000).

2. 단기상담

1) 단기상담의 정의

단기상담은 25회 이내에 종결하는 상담으로써 내담자가 호소하는 한두 가지 핵심문제를 중심으로 빠른 시간 내에 변화할 수 있도록 돕는 과정이다(이장호·정남운·조성호, 2005). 문제의 심각성에 따라 단기상담인지, 장기상담인지 구분할 것은 아니다. 특히 아동은 발달과업의 어려움을 겪고 있는 경우가 많으며 자신의 통제범위도 넓지 않으므로 주변환경의 자원을 적절하게 재구성하는 것과 상담자의 적극적인 개입으로 아동이 고통스러워하는 문제를 해결하여 보다 빨리 현실의 적응력을 갖추며 제반성장을 도모할 수 있도록 해야 한다.

2) 단기상담의 목표

단기상담의 목표는 상담의 필요를 원했던 그 문제를 해결할 수 있도록 돕는 것이다. 특히 단기상담에서는 내담자가 원하는 목표를 존중하여야 하고 내담자가 가장 절실하게 느끼는 불편함에서 벗어나도록 하고 합리적이고 적절한 수준에서 기능하도록 돕는 것이 가장 주된 목표이다(이장호 · 정남운 · 조성호, 2005).

3) 단기상담의 진행과정

(1) 초기

Sol L. Garfield(1989)는 단기상담에서는 상담의 초기가 매우 중요한데 이러한 이유는 초기에 잠정적이 계획을 수립하고 주요문제의 파악, 치료의 방향을 잡아가도록 돕기 때문이라고 하였다. 초기 회기의 성과, 행동패턴의 발견, 초기 인상의 수정, 문제에 대한 민감성, 과제부여와 자기검색, 접근의 유연성 등을 강조하였다(권석만 · 김정욱 · 문형춘 · 신희천 공역, 2002). 한편 이장호 등(2005)은 초기 진행에 있어서 주어지는 과제를 잘 파악하고, 내담자가 보여주는 부적응적인 행동패턴을 발견할 것이며 그로 인하여 내담자에 대한 견해를 수정하고 내담자에 대한 이해를 확장하는 것이 필요하다. 상담에서 드러나는 일반적인 문제 예를 들어, 약속지키기 등을 구조화하여 책임있는 상담관계를 맺도록 돕는다. 한편 상담의 효율성을 증진시키기 위해서 과제를 부여하는 것 등이 효과적임을 제시하고 있다. 구체적인 내용은 다음과 같다.

1 상담 초기의 과제

상담의 초기에는 상담의 계획을 수립하는 것이 필요하며, 이 때에는 내담자의 주요문제, 잠재적이나 효과적인 접근방법 및 절차, 상담에서 예상되는 어려움 등을 고려한다. 그리고 상담자는 개방적인 자세로 의사소통을 해나가야 하며 래포형성을 원활하게 수립하는 것이 중요하다. 상담자는 내담자와 명확한 구조화를 해야 할 것이며 그리하여 두 사람이 책임있는 규칙을 준수하는 결과를 도출해 낸다. 또한 촉진적인 상담관계를 형성하기 위해서 상담자는 내담자의 문제를 적극적으로 경청하고 공감하며 상담자와 내담자의 반응을 적극적으로 평가해야 한다. 이는 내담자의 호소문제를 듣고 설정했던 가설을 수정할 수 있기 위해서는 부가적인 정보를 수집하고 잠정적인 상담계획을 수립할 수 있으며, 향후 상담 진행에 대해서도 구체적이고 실제적인 대안을 모색할 수 있게 된다.

2 행동패턴의 발견

내담자들은 상담자와의 관계에서 매우 다양한 행동패턴을 보이는데, 상담자는 내담자의 행동을 관찰하고 한 개인으로서의 내담자에 대한 이해를 더할 뿐만 아니라 내담자의 문제 역시 더 잘 이해할 수 있게 된다. 내담자의 어려움은 많은 경우 그의 행동과 관련되어 있다.

또한 내담자의 행동패턴은 내담자의 문제행동과 관련이 있으므로 그러한 행동패턴을 직면시키는 것은 내담자의 문제행동을 교정할 수 있는 좋은 계기가 될 것이다.

3 내담자에 대한 견해의 수정과 확장

첫 상담에서 가졌던 내담자에 대한 인상은 상담이 계속 진행됨에 따라서 수정되어야 하는 경우들이 생기며, 이는 처음에 드러나지 않았던 내담자의 성격과 행동의 어떤 면을 고려해야 한다는 것이다.

4 상담 초기의 일반적 문제

상담 시간에 늦거나 일방적으로 약속을 취소하는 경우들에 있어서 상담자는 구체적인 사실을 확인하고 어떤 패턴이 나타나는지를 살펴보고 재구조화를 실시하는 것이 중요하다.

5 상담에서의 과제 부여

상담자는 내담자 자신에 대한 관찰, 즉 문제 발생의 빈도, 정서상태의 촉발요인, 감정을 명료화하여 기록하기 등의 과제를 줄 수 있다. 물론 과제는 구체적이어야 하고 내담자가 실현가능한 그리고 내담자가 과제를 중요하게 여길 때 효과가 있다.

(2) 중기

단기상담의 중기에는 상담자와 내담자는 상담 과정이 어떤 것이며 상담을 통해 무엇을 성취하기를 원하는지에 대해 보다 명확히 알게 된다. 그에 따라 내담자의 과거와 현재의 적응에 관하여 더 많은 설명과 해석, 정보제공, 역할연기, 인지적 재구조화, 이완, 숙제할당, 기타 다른 절차와 기법의 적용 등이 요구된다(Sol L. Garfield, 1989; 권석만 · 김정욱 · 문형춘 · 신희천 역, 2005).

1 상담 초기와의 연속성

상담의 진행과정에 따라 상담자와 내담자는 자신의 역할에 대해 안정감을 느끼게 된다. 내담자는 상담에 대한 긍정성과 상담자에 대한 신뢰감을 갖게 되며 죄책감이나 두려움을 느끼게 했던 문제와 경험들을 드러내게 된다. 즉 내담자는 자신의 감정, 생각, 경험을 자유롭게 드러내도록 허용한다. 상담자는 초기 상담에서 내담자가 제공한 자료들 중 설명되지 않은 여백에 주의를 기울여야 하나 단기상담에서는 내담자가 제시하는 문제와 현재의 생활상황에 관련된 화제에 초점을 맞추어야 한다.

2 상담 중기의 일반적 문제들

상담이 지속되면서 진행속도가 변화하는 것인데, 내담자의 변화가 가장 많이 일어나는 기간은 8-10회기 정도로 본다. 그러한 체험을 통해 내담자들은 종결을 짓게 되며 초기에 비현실적인 기대라던가 상담자의 적절한 미개입 등의 어려움으로 상담의 동기가 낮아지게 되는 경우도 있다. 따라서 상담자는 내담자의 상담에 대한 불평불만을 들을 수 있어야 하며 이때 내담자의 불평불만은 내담자 문제의 중요한 자료가 되는 것이다. 그래서 내담자의 비판적인 언급이나 질문들은 내담자와 함께 주의깊게 탐색해야 한다. 그리고 내담자의 삶에서 어떤 위기나 비극이 일어날 때는 거기에 최우선적으로 초점을 맞추어야 한다.

3 상담 진행의 평가

상담 진행에서 이루어지는 변화에 대한 평가는 지속적으로 이루어져야 하는데 상담의 진전이란 규칙적이고 일정한 비율로 일어나는 것은 아니다. 변화가 없을 경우에는 상담자의 평가와 내담자에게서 확인되는 정보에 따라 상담자의 상담활동을 조정해야 한다.

(3) 종결

상담의 시작과 마찬가지로 상담의 종결은 자연스러운 과정이며 종결방식은 내담자에 따라서 그 동안 상담의 흐름에 따라서 다양하다. 대다수는 특정한 종결 시점을 언급하지 않으며, 앞으로 얼마나 걸릴지에 대해서도 모호하게만 언급한다. 상담자는 내담자와 상담의 종결에 대한 논의를 해야 할 것이며, 그 시점도 가늠을 잘 해야 한다.

단기상담에서는 내담자가 상담자에게 강하게 의존하는 일이 적은데, 상담자는 내담자의 유형과 상담이 채워주는 내담자의 필요를 잘 인식하고 있어야 한다. 그리고 상담기간 내담자는 종결에 관한 문제를 직접적이거나 간접적으로 언급하거나 질문할 수 있으니 그런 언급에 대해서 기꺼이 논의를 해야 한다. 마지막 상담에서는 그 동안의 상담에서 논의되었던 것을 반드시 요약할 필요는 없으나 간략하게 찾아온 문제를 검토해 보는 것은 가치가 있는 일이다. 또한 앞으로 발생 가능한 어려움을 같이 예상해 보고 대처방법에 대해서 논의하는 것도 필요하다.

3. 상담의 기술

1) 주의집중과 관찰

주의집중이란 상담자가 내담자를 향하여 집중하고 있음을 나타내는 행동을 말한다. 주의집중의 목표는 내담자가 자신의 감정과 생각에 대해서 듣고 내담자가 힘들어 하는 것을 해결할 수 있도록 상담자가 개입하는 도움의 행위이며 태도이다. 상담자는 주의집중을 시발점으로 내담자에 대한 관찰을 하게 된다. 관찰의 목적은 상담의 진행과정에서 내담자의 경험이 어떻게 드러나는지를 통해서 내담자를 보다 잘 이해하기 위한 정보를 수집하는 것이다. 무엇보다도 관찰에는 비언어적인 행동의 관찰과 언어적인 행동의 관찰이 있다. 비언어적인 행동의 관찰을 통해서는 전반적인 외양(키, 체중 등의 신체적인 특징), 복장이나 옷차림이나 매무새, 얼굴표정, 눈맞춤, 눈빛, 몸짓, 동작 등을 살피고, 언어적인 행동의 관찰을 통해서 말하는 스타일, 언어의 유창성, 단어의 의미와 선택 등, 웃음, 웃음소리, 침묵 등을 살펴서 언어적 · 비언어적 행동의 상호작용을 파악한다. 즉 내면과 외면의 일치정도를 살피는 것이다. 불일치의 정보에서는 보다 적극적으로 경청함으로써 내담자의 경험을 더욱 명료화시키도록 돕게 된다. 경험의 명료화는 내담자의 행동에 대한 조화를 이루도록 한다.

이러한 관찰은 상담자 자신에게도 적용할 필요가 있는데 이는 내담자가 주변사람들과의 관계에서 주고받을 수 있는 반응을 이해하기 위한 것이며, 또 하나는 상담자가 내담자를 돕기 위한 적절한 도움을 주는데 방해가 되는 요인을 분별해 내기 위한 것이다. 이 과정에서 내담자의 전이요소나 상담자의 역전이 요소를 파악할 수 있으며 이러한 요소는 발견하여 제거할 수 있을 때 내담자의 문제해결을 촉진시킬 수 있기 때문이다. 전이요소는 내담자가 드러내고 있는 문제와 관련되었으며 해결되었어야 하나 해결되지 못하고 숨겨져 있는 감정을 상담자에게 드러난 것이기 때문에 치료적인 요인이 되는 것이다. 그리고 역전이는 내담자의 문제해결에 방해가 되는 상담자의 요인이다. 즉 지금 내담자의 문제해결을 촉진시키는 과정에 방해요소로 작용하게 된 상담자의 미해결된 감정을 말한다. 이러한 역전이는 상담 수퍼비전을 통해서 제거할 수 있으며, 또는 상담자의 자기분석을 통해서 제거할 수 있다.

2) 경청

경청은 내담자가 자신의 문제를 다룰 수 있는 기회의 제공 및 문제해결의 과정을 견딜 수 있도록 돕는 것이다. 경청함에 있어서 상담자의 감각을 잘 활용하는 것이 중요하다. 대체로 시각과 청각, 촉각을 사용하여 내담자에게 자세로 집중하고 내담자의 경험에 초점을 맞춘다. 그래서 내담자가 표현하는 모든 감정, 행동, 생각, 의도 등을 이해하려고 노력하는 것이 이루어질 때 내담자는 상담자가 자신을 도울 것이라는 믿음을 가지고 자신의 문제를 좀 더 명확하게 이해하고 해결하려는 적극적인 태도를 취하게 된다.

Egan(1994)에 의하면 공감적 경청은 내담자와 내담자의 말에 대한 이해를 높이는 데 필요한 관심 또는 주의집중, 관찰, 경청을 말한다. 상대방의 마음 속으로 들어가 함께 경험한다는 것은 형이상학적으로는 불가능한 일이지만, 이와 비슷한 것을 말한다. 그리고 내담자의 말을 경청한다는 것은 내담자의 이야기 속에서 내담자가 무엇을 경험하였는지, 즉 자신이 겪은 일을 통해서 어떤 느낌을 느꼈는지, 정서반응이라든지, 기분이 어떻게 변화되었는지를 듣는 것이다. 무엇보다도 주요 감정과 정서 기분을 듣는 것은 내담자의 정서적 동요는 내담자의 삶에 깔려 있으며, 내담자의 삶의 질에 큰 영향을 미치며, 내담자의 행동을 이끌어 나가는 원동력이기 때문이다(제석봉 · 유계식, 2003). 뿐만 아니라 상담자는 내담자의 문제와 관련된 일에 있어서 지니고 있는 관점을 이해하고 내담자가 무엇을 결정했는지, 또한 어떤 의향을 가졌는지 무엇보다도 내담자가 이 문제를 해결하기 위해서 지니고 있는 장점과 자원이 무엇인지를 듣는 것이 중요하다. 이와 같이 경청은 내담자가 스스로의 문제를 해결하기 위해서 스스로를 돕는 방법을 찾아가는 과정적 체험으로의 안내라고 할 수 있다.

3) 질문

상담에서의 질문은 내담자의 감정, 사고, 행동, 상호연관성을 탐색하도록 돕는 것에 일차적인 목적이 있다. 질문은 내담자의 호소문제를 해결하기 위한 정보의 탐색과 내담자의 자원 및 한계를 탐색하고 적절한 해결 방략을 모색하기 위함이기 때문이다. 즉 상담자는 내담자에 대한 이해를 돕고, 내담자는 질문에 답하면서 자신에 대한 이해를 촉진시키는 과정적 체험을 할 수 있다.

이장호(1997)는 상담자의 질문을 위한 조건을 다섯 가지로 제시하고 있다. 첫째, 상담자는 우선 자신이 질문하고 있다는 사실을 인식해야 한다. 둘째, 자신이 던진 질문이 바람직한 것인지에 대한 제고가 필요하다. 셋째, 상담자는 자신이 할 수 있는 여러 가지 질문이 무엇인지, 그 중에서 스스로 즐겨 사용하는 질문의 유형을 검토가 필요하다. 넷째, 다른 방법으로 질문을 할 수 있는지 연구해야 한다. 다섯째, 상담자는 자기가 기탄없이 질문을 하고 있는지, 혹은 자기의 질문이 내담자에게 어떤 의미를 전달하는지 파악해야 한다.

Bandler와 Grinder(1975)는 내담자의 변화를 위해 사용하는 질문을 분석하였는데 좀 더 자세하게 설명하고자 한다(김계현, 1995).

(1) 생략

내담자는 자신의 이야기를 할 때 겉구조를 사용한다. 겉구조란 더 완전한 표상, 즉 속구조로부터 나온 것인데 내담자의 입을 통해서 표현된 언어는 겉구조라고 한다. 이 겉구조에는 많은 것이 생략되었다. 이유는 함축적인 의사소통을 위해서, 또는 내담자가 세상에 대한 지각의 반영이기도 하다. 내담자의 내적 경험에 생략된 부분이 있을 때 곧 제한된 행동선택을 의미하며 생략되었던 부분들을 되찾을 때 비로소 내담자에게 변화가 일어나게 된다.

상담자는 내담자의 속구조가 완전히 드러났는지를 알아차리는 것이며, 이때 상담자는 경험을 바탕으로 한 고도의 직관과 직감을 사용하기도 한다. 특히 문장 구조상 흐름에 있어서 생략된 부분을 회생시키는 것은 내면세계에 대한 더 완전한 표현을 의미한다. 언어란 경험을 표상시키는 동시에 그 표상내용을 다른 사람과 의사소통하는 도구이기 때문에, 겉구조로부터 속구조를 드러내도록 하는 것은 내담자가 지니고 있는 완전한 언어적 모델을 찾아 내는 일이다. 그리고 그것을 내담자에게 이해시키는 것과 재조정하고 변화의 방향으로 안내하는 것이다.

(2) 왜곡

내담자는 과정적인 것을 사건으로 표현할 때 왜곡된 부분을 상담자가 직면시킬 수 있으려면 내담자의 겉구조에 나타난 명사화 현상을 빨리 알아차리는 것이 필요하다. 상담자는 내담자의 말을 통해 드러난 문장에서 동사 혹은 형용사로도 표현할 수 있는 비동사나 비형용사 단어가 있는지 체크해 보는 것이다. 발견이 된다면 내담자에게 이해시켜야 하며, 상담자는 이미 끝난 사건을 현재 진행 중인 과정으로 재조정하고 내담자의 변화를 위한 방향으로 연결한다.

(3) 일반화

내담자의 말에서 지칭하는 바가 명확히 밝혀지지 않았을 때 내담자의 메타모델에는 결핍이 일어난 것이며, 그러한 결핍된 내용은 내담자의 것이 아닌 일반화되어진다. 일반화에는 명사의 일반화와 동사 또는 형용사의 일반화가 있다. 상담자는 질문에 대해서 내담자가 답변한 내용은 곧 새로운 겉구조이며, 상담자는 이 새로운 겉구조가 충분히 명료하고 완전한지를 검토한다.

(4) 빈약한 모델을 다루는 기술

사람들이 세상에 관한 모델을 언어화해 나갈 때 필연적인 선택에 의해 세상의 어떤 부분은 포함시키고 다른 부분은 제외시키게 된다. 그래서 언어에 의한 완전한 경험의 표상인 속구조일지라도 그의 경험 자체와 다를 수 있다. 따라서 속구조는 경험 총체의 한 축소판이며, 이러한 축소는 우리 생활에 유용할 때도 있으나 우리의 모델을 빈곤하게 만들어 고통을 야기하기도 한다. 상담에서 상담자는 내담자에게 도움이 안 되는 고통을 야기시키거나 선택범위를 좁히는 기제와 직면시킨다. 완전한 언어적 표상, 즉 속구조를 재생시키는 기술은 훈련에 의해 습득될 것이며, 상담자의 일방적인 해결책의 제시나 조언보다는 내담자의 충실한 답변을 통해서 변화로 안내할 수 있을 것이다.

(5) 의미론적인 왜곡

의미론적인 왜곡은 내담자가 경험을 언어를 매개로 표상화하는 과정에서 어떤 식으로든지 경험의 본질과는 다르게 비틀어지는 것을 말한다. 결과적으로 내담자의 능력은 제한을 받고 고통을 받을 가능성이 증가하며, 이는 자기의 모델을 왜곡해서 고통의 통제가 자기 밖에 있다고 보기 때문이다. 이는 의미론적으로 문제성을 지니기 때문에 이 때의 상담자의 역할은 내담자로 하여금 자기감정에 대한 책임과 자체 조절 가능성을 받아들이도록 돕는 것이다.

4) 설명하고 해석하기

상담자는 내담자의 문제나 내담자가 의식할 수 있는 영역 밖에서 일어나는 갈등에 대해 통찰을 제공하는 해석이나 설명을 할 수 있다. 내담자의 질문에는 내면에서 걱정하고 두려워하는 것이 숨어 있다고 할 수 있다. 그래서 상담자는 그 질문에 적절한 답을 하는 것이 필요한데 그때 사용할 수 있는 기술이 설명이다. 그런데 상담자가 내담자에게 하는 설명은 유용한 정보제공이어야 한다. 또한 해석은 내담자가 어떻게 그런 행동, 반응, 타인과의 상호작용 패턴을 갖게 되었는지를 더욱 통찰하게 할 뿐만 아니라 감정의 근원에 대해 더 이해할 수 있도록 돕기 위한 목적으로 이루어진다(김창대, 2006).

해석이란 자신이 왜 그렇게 말하고 행동하는지에 대한 분명한 내면의 원인을 자각하도록 돕기 위한 상담자의 발언으로 다음과 같은 몇 가지의 특징을 갖는다(신경진, 2010). 첫째, 해석은 내담자의 내면에 원래 있었던 것이었으나 있는 줄 모르고 있었던 것을 알도록 도와주는 상담자의 작업이다. 둘째, 내담자가 진정으로 자신을 만나고 받아들이도록 돕는 작업이다. 셋째, 해석이란 상담자의 시각으로 새롭게 만들어 제시해 주는 것이 아니라 원래 내담자 속에 있는 것을 내담자와의 협동 작업으로 함께 발견해 내가는 과정이다. 넷째, 해석은 내담자와 협력하여 내담자가 직면하기 고통스러워 외면하고 회피하던 내면의 진실을 찾아서 만나고 화해하고 자기의 것으로 통합하도록 이끄는 상담자의 상담활동이다.

해석은 자기탐색 질문, 재언급, 요약, 반영의 형태를 이룬다. 그러나 해석은 내담자가 모르는 부분을 통찰하도록 하고 내담자의 전체역동 안에서 맥을 가지며 내담자의 통합적인 자기이해를 촉진시켜 주는 일련의 과정이다.

상담자는 내담자 자신의 해석을 촉진시키는 질문과 더불어 확약을 할 수 있다(김창대, 2006). 첫째 당신의 어린시절, 이전의 관계 또는 상담자와의 상호작용과 현재 간에 어떤 연관성이 있다는 것을 알 수 있나요? 둘째, 상황, 당신 자신 또는 감정을 더 잘 이해하기를 원하나요? 셋째, 왜 그렇게 자주 같은 종류의 감정에 빠지는지 생각해 봤나요? 넷째, 무엇 때문에 이런 식의 감정을 자주 가지게 되나요? 이런 방식으로 반응하는 것을 어떻게 배우게 되었나요? 등이 있다.

제5장

아동상담의 문제별 접근

1. 진로상담
2. 학업상담
3. 위기상담
4. 학부모상담

1. 진로상담

1) 진로상담의 개념

진로(career)란 한 개인이 생애 동안 일과 관련해서 경험하고 거쳐 가는 모든 체험을 의미하는 것으로 발달적인 개념에서 생각할 수 있다. 진로상담은 생애 발달 과정상에 나타나는, 즉 단순한 직업선택 뿐만 아니라 전 생애에 걸친 교육과 직업, 사회적 경험, 직업의 선택, 결혼, 이직, 퇴직 등 모든 것을 포함한다.

발달의 기본 논리는 인간의 다른 신체적, 정신적 발달과 마찬가지로 진로에 대한 지식, 태도 및 기능도 어려서부터 발달하기 시작하여 청년기에 성숙해진다는 것이다. 개인의 진로발달에는 다양한 개인적 특성과 심리적 변인 및 환경적, 상황적 변인이 복잡하게 영향을 미친다. 진로지도 및 진로상담에서는 무엇보다도 선행되어야 할 것은 학생들이 자신의 신체적 조건, 적성, 흥미, 성격, 능력, 가치관 등에 대해서 정확하게 이해할 수 있도록 도와 주어야 한다.

진로상담은 진로교육의 이론과 실제를 현실 적응에 필요한 실천적 활동으로 학생들의 정의적 성숙과 진로발달의 과정을 도와주는 체계적이고 전문적인 활동이라고 정의할 수 있으며, 여러 학자들은 비슷하고 또는 다르게 정의 내리고 있다. 진로상담학자인 이재창(2004)은 진로상담은 진로지도를 위한 수단의 하나로 개인의 가치관과 태도의 탐색뿐만 아니라 개인에 관한 정보와 자료가 일반상담보다 더 중시된다고 하였다. 한편 진로상담의 목표는 다섯 가지로 규정되어지는데, 첫째는 자신에 관한 보다 정확한 이해 증진, 둘째는 직업세계에 대한 이해 증진, 셋째는 합리적 의사결정, 넷째는 정보탐색 및 활용 능력 방안의 모색, 다섯째는 일과 직업에 대한 올바른 가치관 및 태도의 형성을 말한다.

진로상담에서는 모든 상담에서 상담자와 내담자의 관계가 중요하듯이 내담자와 상담자 간의 긍정적이고 생산적인 관계가 필수불가결한 조건이다. 내담자의 이야기를 들어주고 공감하는 기술이 특히 중요하다. 이는 상담자가 내담자의 욕구, 관심사, 가능성 등에 관심이 있음을 내담자에게 보여주는 것이다. 일단 긍정적이고 생산적인 관계가 수립되면 진로상담 전 과정을 통하여 발전시켜 나가야 한다. 인간에게 있어서 실제적인 도움의 효율성을 따져 본다면 신뢰관계가 형성되었을 때 효과적이다.

상담자는 내담자 자신만의 독특한 생존방법을 갖고 있으며 진로상담에서 이 생존방법을 알아내는 것이 중요하다. 특히 진로상담은 내담자가 처해 있는 상황에서 출발하여야 한다. 내담자가 다양한 연령대와 환경에 속해 있으므로 내담자가 제공하는 정보와 행동에 대한 이해력을 동반한 청취력이 필요하다.

① **진로**: 한 개인의 생애 동안 일과 관련해서 경험하고 거쳐 가는 모든 체험들이다.
② **직업**: 일반적으로 보수를 받는 것을 전제로 한 일을 의미한다. 그러나 경우에 따라서 무보수의 자원봉사, 복지사업, 가사 등도 포함된다.
③ **진로교육**: 개인의 진로선택, 적응, 발달에 초점을 둔 교육으로 각 개인이 자기 자신과 일의 세계를 인식 및 탐색하여 자기 자신에게 적합한 일을 선택하고 선택한 일을 잘 수행할 수 있도록 취학 전부터 시작하여 평생 동안 학교, 가정, 사회에서 가르치고, 지도하고, 도와주는 활동이다.
④ **진로상담**: 개인의 진로발달을 촉진시키거나 진로계획, 진로/직업의 선택과 결정, 실천, 직업적응, 진로변경 등의 과정을 돕기 위한 활동이다. 특히 아동기에는 직업선택에 필요한 초보적인 지식 및 기능을 습득할

수 있도록 하며, 자신의 가치관 및 일에 대한 가치관을 형성할 수 있도록 돕는 것을 목적으로 한다. 이에 아동의 진로상담은 아동의 인지발달과 사회성 발달을 고려하여 진행해야 할 것이며, Super(1953)의 진로발달 단계에 따르면 아동기인 초등학교 시기는 환상기, 흥미기에 해당되기 때문에 진로결정에 있어서 욕구가 지배적이고 환상적인 역할 연출이 중요하게 작용하거나 아동의 취향이 개인의 목표와 활동의 주요 결정요인이 된다(김봉환 외, 2000).

⑤ **진학상담**: 상급학교 진학과 관련하여 학교선택, 계열선택, 학과선택 등을 돕는 활동이다.

2) 진로상담의 목표

① 자신에 관한 정확한 이해를 증진시킨다.
② 직업세계에 대한 이해를 증진시킨다.
③ 합리적인 의사결정 능력을 증진시킨다.
④ 정보탐색 및 활용능력 방안을 모색한다.
⑤ 일과 직업에 대한 올바른 가치관 및 태도를 형성한다.

3) 진로상담의 과정

진로상담은 상담자의 내담자에 대한 신뢰 및 공감적 이해, 최종선택은 내담자 스스로 결정하도록 유도, 만성적 진로 미결정자의 조기발견, 내담자의 합리적인 의사결정 기법 획득 유도, 효과적인 진로관련 정보제공을 위한 상담자의 직업세계에 대한 숙지, 내담자의 결정수준에 따른 상담자의 차별적인 진단과 처지라는 기본원리를 바탕으로 진행되어야 할 것이다(이재창, 2004), 아동의 진로상담에 있어서 많은 경우 부모의 진로 미발달의 과업과 혼재되는 경우들이 있기 때문에 이 점을 고려하여 아동을 대상으로 한 진로상담이 이루어져야 할 것이다. 이에 더해서 가장 일반적으로 진로상담은 5단계로 진행되어진다고 볼 수 있다(이재창, 2004).

(1) 관계수립 및 문제의 평가

관계수립 및 문제의 평가는 주로 접수면접에서 이루어지면, 관계의 형성을 위해서는 우선적으로 내담자의 정서상태의 고려 및 조절이 중요하다. 의뢰시에는 불안감과 기대감이 있으니 정서상태를 고려하여 상담의뢰 사유를 명확히 파악한다. 이 단계에서는 진로의사결정 수준에 따라 내담자를 분류하는 것이 필요하며, 문제를 평가하는 것이 필요하다. 즉 내담자의 성격, 지능과 학업성적, 내담자의 심리상태, 가정환경, 진로성숙도, 자아정체감, 의사결정양식, 진로의사결정 상태, 자기이해 등을 정확하게 파악하는 것이다.

(2) 목표설정

상담의 목표는 내담자와 합의되어야 하는 것이 우선된다. 이는 내담자가 자신의 상담의 목적과 목표를 인식하고 적극적인 개입을 하도록 돕는 것이다.

(3) 문제해결을 위한 개입

상담자의 개입에는 내담자의 의사결정 수준에 따른 차별적인 개입이 요구되며 이에 상담자는 이론적인 선택이 중요하다.

(4) 훈습

훈습은 내담자가 자기이해를 더 확고히 하고 효율적인 진로탐색과 준비가 이루어질 수 있는 태도와 정보, 방법을 재점검하고 재실천하는 과정이다.

(5) 종결과 추후지도

이 과정에서는 상담 초기에 합의되었던 목표가 달성되었는지에 대한 정리를 하는 것이다. 즉, 내담자의 변화에 대한 평가, 목표달성 정도의 평가, 남아 있는 문제에 대한 예측과 논의, 상담의 종결에 대한 내담자의 태도 평가 등을 다루고 확인하게 된다.

2. 학업상담

1) 학업상담의 개념

융은 인간의 발달과업을 크게 두 단계로 구분하였다. 첫 단계가 사회화의 과업을 이루는 것이며 두 번째 단계가 개성화를 이루는 것이라고 하였다. 첫 단계의 발달과업인 사회화를 이루기 위해서는 아동 및 청소년기에 학업에 매진하여 자신의 역할을 수행하는 삶이 요구된다. 어쩌면 아동이 학업생활에 얼마나 충실한지의 여부가 사회화의 필요조건을 갖추는 지를 가늠하게 하는 것이라 해도 과언이 아닌 것 같다. 학업문제는 유아기, 아동기, 청소년기 또는 학교 장면에서 제일 먼저 확인되는 특성으로서 학업상담은 공부문제와 관련된 것을 주로 다루기 때문에 학습상담으로 더 널리 불리우고 있다.

학습은 성숙에 의한 인간의 변화과정의 결과로, 학교와 같은 제도적 교육기관에서 지식을 배우고 익히는 과정과 그 결과를 지칭하는 경우에, 제도적 교육기관에서 실시하는 성취도 평가에서 보다 높은 점수와 등수를 얻기 위한 수단이라는 의미를 가진다. 그러한 의미에서 학습상담은 개인이 무엇인가를 배우고 익히는 과정에서 겪는 문제를 보다 체계적이고 통합적으로 해결하여 유능한 학습자가 되도록 조력하는 과정이라고 한다(이재규 · 김종운 · 김현진 · 박혜숙 · 백미숙 · 송재홍 · 신을진 · 유형근 · 이명경 · 이자영 · 전명남, 2013).

2) 학업상담의 목표

황매향(2007)은 학업상담의 목표를 다음과 같이 정리한다. 일반적으로 학업상담은 학습부진에 관한 전문적인 조력이라고 할 수 있다. 이 때의 상담목표는 학업성취도의 향상에 있을 것이며, 상담자는 학업과 관련하여 내담자가 어떤 문제를 호소하고 어떻게 해결하기를 바라며, 어떤 것이 내담자의 복지를 위해 최선인지에 주의하면서 목표 합의에 많은 노력을 기울여야 할 것이다. 또한 비자발적인 내담자의 경우 내담자의 동기를 강화시켜 현실적인 학습자의 요구가 될 수 있도록 하여야 한다. 그리고 학업문제의 원인이 학업문제 이외의 다른 적응영역에서도 심각한 문제를 가지고 있는 경우나 그 특성상 복잡한 요인이 관련되었거나, 정서적 곤란을 겪는 경우에는 어떤 문제가 가장 심각한지를 구분하고 우선순위를 정해서 상담을 진행해야 한다.

3) 학업상담의 과정

학습상담에서는 일반적으로 성적이 언제부터, 어떤 식으로 하락했는가, 성적과 관련해서 정서 및 행동은 어떻게 나타나는가 등에 대한 이해가 우선되어야 할 것이다. 학업상담의 과정 역시 관계형성, 문제진단, 상담목표 합의, 개입, 종결 및 추수지도의 과정을 거친다(황매향, 2007).

(1) 관계형성

상담 관계형성은 단지 내담자와의 관계형성 뿐만 아니라 부모와의 관계형성이 강조된다. 모든 상담과 마찬가지고 학업상담도 내담자들이 편안하게 자신의 문제를 탐색할 수 있고 이해받고 있다는 분위기 형성에서 출발한다.

(2) 문제진단

그리고 학업 자체의 문제와 학업 이외의 문제를 구분하여 파악해야 한다는 점이 다르다. 학업상담의 효율성을 증진시키기 위해서는 평가를 실행하는 것이 중요하며 평가방법에는 표준화 검사의 실시, 관찰, 면담을 실시하는 과정이 필요하다. 대표적인 검사로는 지능검사, 학업성취검사 등이 있다. 심리검사와 관찰내용, 면담내용에서 파악된 문제진단에 필요한 중요한 단서를 종합하여 심리평가 결과를 도출해 낸다.

(3) 상담목표 합의

이는 촉진적인 관계를 바탕으로 유대, 목표합의, 과업에 대한 합의로 구성된다. 이 때에는 학업문제와 관련된 다른 문제를 제거함으로써 학업문제를 해결할 수 있도록 고려하여 목표를 합의하는 것이 중요하다.

(4) 개입

내담자의 문제해결을 위한 상담자의 적극적인 개입이 이루어졌다는 것이다. 내담자의 문제해결을 위한 제반문제들, 즉 정서문제, 대인관계 문제 등의 해결과 더불어 학습문제를 해결할 수 있는 개입이 필요한데 이 때에는 효율적인 학습계획, 학습방략, 주의집중 방법, 노트작성법, 교과서 학습전략 등을 익힐 수 있도록 돕는다.

(5) 종결 및 추수지도

이상의 과정을 통해서 학업에 대한 어려움을 호소했던 문제들이 해결되어진 부분들이 합의되어지면 상담은 종결하게 되고 추수지도를 논의한다.

3. 위기상담

1) 위기상담의 개념

위기란 주요 생활목표의 좌절 또는 생활양식 및 가치관의 혼란을 초래하는 극도의 긴장감이라고 할 수 있다. 일반상담은 내담자가 호소하는 문제를 해결하기 위해 자발적 또는 비자발적으로 의뢰되어 상담자와 협의된 상담목표를 달성하기 위해 노력하는 과정이다. 그러나 단기상담의 범주에 드는 위기상담은 예기치 않은 환경적 자극에 뒤따르는 위기감을 느끼거나 혼란스러움과 극도의 불안감, 심리적인 혼란을 느끼는 경우에 상담자의 적극적인 개입을 통해 내담자의 당면문제를 해결하고 심리적인 균형을 이룰 수 있도록 도와 위기 이전의 기능수준을 회복하도록 돕는 과정을 말한다.

2) 위기상담의 목표

위기상담자는 내담자의 위기 및 긴장감에 대한 공감적 이해와 적극적 경청의 능력과 내담자의 심리적 반응 및 환경적 조건에 대한 정확한 평가능력을 갖추어야 한다. 그리고 내담자의 문제를 보다 효과적으로 이해할 수 있는 주변자원에 대한 충분한 지식을 갖추고 있어야 한다(이장호, 2000). 위기상담자의 제반 조건을 갖추고 내담자에게 당면한 위기를 중재하기 위해 위기상담의 목표를 제시하면 다음과 같다(피현희 · 이혜련, 1995; 이장호, 2000; 김헌수 · 김옥엽 · 원유미 · 이난, 2001 재인용).

① 내담자의 긴장을 포함한 다양한 심리적 증상 및 고통을 해소하는 것이다.
② 효과적으로 위기 사태를 처리하고 평소의 기능 수준으로 되돌아오도록 돕는다.
③ 내담자가 더 이상 혼란스럽지 않도록 하고 과거의 정상적인 상태를 회복할 수 있는 적응 수행력의 회복이다.
④ 곤경에 빠져 있는 사람을 뒷받침해 주고 붙들어 주며 안정을 시켜준다.
⑤ 내담자에게 위기의식을 촉발한 환경적인 요인에 대해 이해를 하도록 만드는 것이다.
⑥ 위기가 지난 후에도 계속될지 모르는 불안, 염려 또 다른 위험들을 줄인다.
⑦ 사람으로 하여금 힘과 안정을 되찾아 문제를 대처할 수 있게 해 준다.
⑧ 위기를 극복하는 기법들을 가르쳐서 장래에 일어날 위기들을 예상하고 처리하는 준비를 보다 잘 하게끔 도와준다.

3) 위기상담의 과정

(1) 이장호(2000)는 위기상담의 진행과정을 7단계로 요약했다.

① 상담자는 관심을 가진 효과적인 협조자라는 것을 나타낸다.
② 내담자로 하여금 위기에 관련된 감정표현을 하도록 촉진시키고 내담자의 표현된 정서와 생각의 주요 내용을 확인한다.
③ 상담자는 내담자가 표현한 주요 정서와 생각에 공감을 해 준다.
④ 위기를 유발시킨 상황에 관련된 정보를 수집한다.
⑤ 내담자가 인정하는 범위에서 위기상황이 형성된 과정을 포괄적으로 요약 · 언급한다.
⑥ 문제를 해결하기 위한 책략을 상담자와 내담자가 함께 탐색한다.
⑦ 장차 다시 경험하게 될지도 모르는 긴장을 해소하기 위한 방법 및 책략을 서로 협의하여 결정한다.

(2) Gilliland와 James(1997)은 위기상담의 진행과정을 6단계로 제시하였다 (이소우 · 김용태 · 김진숙 · 반신환 · 조성호, 1997, 재인용).

1 문제규명하기

위기 개입의 첫 단계는 내담자의 관점에서 문제를 규정하고 이해하는 것이다. 따라서, 상담자는 내담자가 위기상황을 어떤 식으로 지각하고 있는지 제대로 파악해야 한다. 그래야 적절한 개입전략과 절차들이 설정되어질 수 있다. 위기 전반에 걸쳐 상담자는 공감과 진솔성, 긍정적 존중의 태도를 지녀야 할 것이며 경청기술과 행동 전략들을 활용해야 할 것이다.

2 내담자의 안전 확보하기

상담자의 위기개입 절차는 내담자의 안전이 중심이 된다. 내담자의 안전이란 내담자 자신과 주변 사람들이 입게 될지도 모르는 신체적, 심리적 손상을 최소화하는 것이다. 또한 내담자의 안전은 상담자의 평가 전략과 경청 전략 그리고 행동 전략에 있어서 빠짐없이 다루어져야 할 측면이다.

3 지지 제공하기

상담자는 내담자를 진심으로 염려하고 있으며 내담자가 위기를 극복하도록 도와주고자 한다는 것을 내담자에게 분명히 전달하는 것이다. 그렇게 하기 위해서는 상담자가 내담자를 한 인간으로 귀히 여길 수 있어야 한다.

4 대안 모색하기

내담자와 상담자가 흔히 간과하기 쉬운 영역, 즉 내담자가 택할 수 있는 다양한 대안들을 탐색하는 작업이 이루어진다. 이 때 상담자는 여러 대안들이 존재하며 어떤 대안들은 다른 대안보다 낫다는 점을 내담자가 인식하도록 도와줄 수 있어야 한다. 상담자는 이와 같은 대안을 모색하는 과정에서 환경적 지지, 내담자의 대처기제, 긍정적이고 건설적인 사고방식을 갖는 관점을 고려해야 할 것이다. 또한 위기를 경험하고 있는 내담자에게는 많은 대안이 필요한 것이 아니라 내담자의 상황에서 가장 현실적인 대안을 찾는 일이다.

5 계획 세우기

상담자는 내담자가 심리적 평형상태를 되찾는 데 도움이 되는 실제적인 행동들을 계획하도록 도와주는 것이다. 계획을 세울 때 상담자는 다음의 두 가지 사항을 유념해야 한다. 첫째는 내담자에게 즉각적인 지지를 줄 수 있는 사람들과 집단 그리고 다른 의뢰기관이나 사람들을 실제 계획에 포함시킨다.

둘째, 계획은 내담자에게 대처기제가 될 수 있는 행동이나 조치들을 제공해야 한다. 즉, 내담자가 지금 당장 할 수 있는 어떤 구체적이고 생산적인 일과 내담자가 이해할 수 있고 할 마음이 내키는 일련의 행동들을 계획에 포함시켜야 한다.

6 다짐 얻어내기

상담자는 내담자가 상담자와 함께 수립한 계획을 정리 및 요약 해보도록 요청하는 일이 요구된다. 수립된 계획에 상담자와 내담자가 함께 하는 일이 포함되어 있다면, 상담자는 자신이 해야 할 부분에 대해 내담자에게 다시 한번 말해 준다. 그리고 상담자는 평가하기와 내담자 안전 확보하기, 지지 제공하기 등은 적절하게 지속적으로 사용해야 한다. 또한 내담자로부터 솔직하고 직접적인 다짐을 받아낼 수 있도록 유의해야 한다. 내담자의 추후상담을 통해 내담자의 상황에 어떤 진전이 있는지 점검해 볼 때 공감적이고 지지적인 태도를 견지하는 것이 중요하다.

4. 학부모상담

1) 학부모상담의 개념

학부모상담은 학부모의 자질 향상과 학부모의 자기실현에 변화를 일으키기 위해서 부모지도자, 부모와 예비부모, 자녀를 대상으로 드러나는 부모 자신의 문제, 부모와 자녀관계의 문제, 그리고 자녀의 문제를 모든 상담의 원리와 기술을 동원하여 상담하는 활동이다(김혜숙, 1999). 학부모상담은 부모 자신의 문제, 자녀와의 문제, 자녀지도를 위한 방법 등에 대한 논의가 이루어지는 것으로 학부모의 발달단계상 아동을 동반하고 있는 시점에서 이루어진다.

2) 학부모상담의 목표

학부모상담은 상담자가 만나고 있는 학부모의 복지 증진 뿐만 아니라 그 부모의 자녀인 아동의 복지증진이 중요한 상담의 목표가 된다(김청자 · 정진선, 2005). 우선적으로 학부모상담은 아동의 문제해결을 위해 부모의 에너지를 효과적으로 투입하도록 안내해야 한다. 이때 상담자가 고려해야 하는 사항은 학부모가 자녀의 성장과 발달을 촉진시키기 위해서 부모역할의 효율성을 증진시키기 위함이며, 자녀의 문제행동의 심각성을 파악하여 부모의 변화와 자녀의 변화를 고려할 수 있어야 한다.

3) 학부모상담의 과정

김혜숙(1999)은 학부모상담의 진행과정을 5단계로 분류하여 설명하였다.

(1) 학부모상담의 준비와 시작

이 때는 상담의 초기로서 학부모의 입장과 태도를 파악하는 과정이며, 아동상담의 연장으로서 부모상담을 준비하는 과정이라고 할 수 있다. 상담자는 학부모를 만날 때 부모가 어떤 입장에서 상담자를 찾아왔는지를 파악하고, 그에 따른 상담의 진행을 해나가야 할 것이다. 학부모들은 일반적으로 자녀에게 문제가 있고 부모는 자녀를 데리고 온 보호자라는 입장에 서 있다. 한편 내담자로서의 부모로 오는 경우와 배우자에 대한 불평자로서의 부모, 부부관계 혹은 자신의 문제를 상담하고자 하는 학부모, 학교의 의뢰나 강권에 의해서 상담실을 방문하는 부모 등이 있다. 이처럼 초기단계에서는 학부모가 상담자를 어떤 입장과 태도를 취하는 지를 파악하는 것이 우선되어야 한다. 그리고 상담에 필요한 정보를 수집하는 것이 우선 과제이다.

이 때에는 부모 양쪽이 모두 상담에 참여하도록 권유할 것이며, 이는 부모의 협조에 대한 교육적 효과가 있기 때문이다. 많은 아동의 문제행동은 가족 구조 및 관계상의 문제를 반영하고 있거나 혹은 자녀의 문제행동과 가족 관계상의 문제가 서로 얽혀 있어서, 가족 구조 및 관계상의 문제를 다루지 않으면 아동의 문제를 해결함에 있어서 어려움이 있을 경우다.

(2) 상황(문제)과 부모-자녀 이해하기

아동이 문제행동을 드러내어 상담에 왔을 경우에 부모상담을 통해서 파악되는 중요한 정보들 중 자녀에 대한 분노, 실망, 부모로서의 죄책감, 수치심, 좌절감, 배우자에 대한 원망감 등의 부정적 감정이 동반되어진다. 따라서 저항의 태도를 보이며 상담에 임하는 경우가 많기 때문에 상담자는 부모에 대한 깊은 공감과 이해가 적극적으로 이루어져서 상담자에게 이해받는다고 느껴져야 할 것이다. 또한 상담자는 부모의 이해와 더불어 아동에 대한 이해, 부모-자녀관계에 대한 이해를 해야 할 것이다.

(3) 상담목표의 설정

학부모상담은 자녀의 변화를 돕기 위한 것이나 자녀의 문제 상황에 따라 다양하고 구체적인 목표가 설정되어야 한다. 목표설정은 합의가 이루어져야 하며, 부모의 상담에 대한 기대, 자녀의 상담에 대한 기대를 파악하고 상담의 목표는 변화가능성에 대한 확신을 갖도록 하는 것이 중요하다. 무엇보다도 실천가능하고 달성가능한 목표와 변화에 대한 득실을 탐색하는 과정이 필요하다고 할 수 있다.

(4) 변화를 위한 개입

변화를 위해서는 부모-자녀 관계가 변화할 수 있도록 부모의 행동, 생각, 느낌의 변화가 일어날 수 있게 상담자가 활용할 수 있는 다양한 기법과 전략을 사용한다.

(5) 학부모상담 과정에 대한 평가와 종결

상담의 목표 달성을 위한 방향에 맞는 개입을 하고 있는지를 상담 진행과정에서 계속적으로 평가할 것이며, 종결의 시점에는 총괄적인 평가가 이루어져야 한다. 상담 초기와 지금은 어떤 부분에서 변화가 일어났는지, 즉 부모-자녀 관계가 어떻게 개선되었는지 생각은 어떻게 달라졌는지, 느낌은 어떻게 달라졌는지, 행동은 어떻게 달라졌는지 등을 구체적으로 점검하는 것이다. 그리고 상담 종결 후에 부모에게 어떤 지침을 제공할 것이며, 추후지도는 어떻게 이루어지는지를 안내하는 것이다.

제6장

유아 및 아동의 발달에 따른 상담

1. 발달의 특징과 원리
2. 아동발달의 이론들
3. 상담의 과정

1. 발달의 특징과 원리

현대사회는 다변화되고 있으며 특히 가정의 형태나 구조가 빠른 속도로 변화되고 있다. 이 같은 시대적인 요구에 의해서 전문가에 의존해야 하는 일들이 점차로 증가하고 있는 것 또한 사실이다. 특히 아동상담은 부모들이 자녀의 진로나 교육문제에 대해서 의논하고 이야기를 나누는 것이 아니라 전문가가 아동을 돕기 위한 전문적인 활동으로 자리를 잡아가고 있는 것으로 발전되고 있는 실정이다. 아동들은 발달단계상 그들의 신체적, 지적, 정서적인 형성과정에 있으며, 그들의 발달과업에 개인차가 크다. 이와 같은 개인차는 각각의 발달과업을 달성해 가는 과정에서 다양한 부분과 다양한 측면에서 적응상의 문제로 발전되어질 수 있음을 말해 준다.

한 개인의 발달은 출생에서 사망에 이르는 과정에서 지속적으로 이루어지는 일로써, 발달은 아동에 대한 논의에서 빠질 수 없는 주제이며 아동을 이해하기 위해서는 아동발달에 대한 이해가 선행되어야 한다. 아동은 지속적으로 발달하며 발달에 따라 특별한 욕구와 행동이 수반되고 변화한다. 따라서 아동들의 많은 문제는 발달 및 적응상의 문제로 야기되어질 수 있기 때문에 상담자는 아동의 발달과업에 맞게 아동에게 접근하여야 한다. 또 상담자가 아동에 맞는 현실적인 치료목표를 세우기 위해서는 아동들의 발달적, 사회적, 정서적 양상에 대한 철저한 지식과 이해를 지니고 있어야 한다.

1) 발달의 의의

발달은 개체발생에서부터 시작하여 성숙 또는 숙달에 이르기까지의 생활체

(生活體)의 적극적인 변화(positive change)의 과정이며 진보적인 변화이다. 이 같은 정의는 발달을 생활체의 적극적 · 진보적 · 적응적 변화로 본 것이며, 단순한 변화가 아니라 양적 변화인 동시에 질적 변화로 본 입장이다. 그러나 질과 양에 있어서 적극적, 진보적, 적응적인 변화라 할지라도 그것이 도덕적 규범이나 교육적 가치에 합당한 변화라야만이 바람직한 발달을 도울 수 있는 변화라고 볼 수 있다(정인석, 1992).

Hurlock의 발달의 주요 형식을 살펴보면 다음과 같다(정인석, 1992).

(1) 크기의 변화

크기의 변화는 양적 증대 현상으로 표시되는데 특히 신체발달에 있어서 현저하게 드러나며, 이상조건이 정상발달을 저해하지 않는 한 연령증가와 더불어 매년 신장, 체중, 흉위(胸圍)의 증대를 가져오며, 거기에 따라 내부기관(심장, 간장, 위, 장)도 증대한다. 정신발달에 있어서도 이 같은 변화를 볼 수 있으며, 어휘의 수와 기억의 범위가 넓어지는 것도 이와 동일한 현상이다. 이런 뜻에서 발달은 양적 증대의 현상이다.

(2) 발달비율의 변화

신체적 발달은 각 부분의 크기의 변화가 한결 같지 않기 때문에 발달의 비(developmental ratio)가 다르다. 즉 어린이는 단순히 성인의 축소가 아니며, 몸 전체의 비율이 성인의 신체부분의 비율과 상이하다는 것을 알 수가 있다. Hollingworth(1927)는 신체비율의 변화를 살펴보면 두고(頭高)는 2배, 동체(胴體)는 3배, 팔의 길이와 뇌의 무게는 4배, 다리의 길이는 5배, 심장의 무게는 13배로 증대되고 간장의 무게는 20배로 증대되며 근육의 무게 비율은 2배로 증대되고 신경계의 무게 비율은 유아의 1/8 비율로 감소된다. 이 때 어린이의 신체의 부분비율이 성인의 발달비율에 접근해 가는 사실을 발달이라고 볼 수 있는데, 신체 각 부위가 저마다 발달비율을 달리하고 있기 때문에 볼 수 있는 현상이다. 즉 신체 각 부위는 그 자체의 성장비율을 가지며, 각 부위가 동일하게 성숙기에 달하지 않는다는 점에서 성숙된 성인의 신체구조와는 다른 구조를 가지고 있다.

(3) 낡은 특성의 소실(消失)

발달과정에서 볼 수 있는 제3의 변화형식은 발달을 저해, 지연시키거나 불필요한 특성의 소실을 들 수가 있다. 예컨대, 어린이가 성장하여 사춘기와 더불어 보이기 시작하는 흉선(胸腺, thymus)과 송과선(松果腺, pineal body)의 기능의 위축과 쇠퇴, 바빈스키반사(Babinski's relex)의 소멸과 유치의 영구치로의 교체현상, 미숙한 정서적 반응이나 상모적(相貌的) 지각(physiognomic perception), 자기중심적 사고(ego-centric thinking), 물활론(animism)의 심리 등을 버리는 것도 모두가 발달에 저해가 되는 낡고 불필요한 것을 버리는 변화의 현상이다.

(4) 새로운 특성의 획득

발달적 변화의 제4형식은 발달에 필요한 새로운 신체적, 지적, 정의적 특성의 획득에서 볼 수 있다. 그 중의 어떤 것은 학습에 의해서 획득되기도 하고, 어떤 것은 생득적인 특성이 발현되는 성숙과정에 의해서 획득되기도 한다. 신체적 특성에 있어서 영구치나 제2차 성징의 특징(secondary sexual characteristics) 발생과 지적 특성에 있어서 지식의 습득, 새로운 기술의 획득이나 정의적 특성에 있어서 가치관의 형성, 양심의 발달, 종교적 신앙의 확립 등은 모두 후천적인 노력에 의해서 얻어진 새로운 특성의 획득현상이다.

Lewin(1936)은 개체의 발달은 개체가 가지고 있는 변화가능성(지능, 적성, 학력, 태도, 가치관 등)과 환경이 가지고 있는 성질(지리적 환경, 행동적 환경 등)의 상승작용의 정도에 따라서 결정된다고 하였다.

2) 발달의 원리

① 발달은 연속적이고 점진적인 과정이다.

성장이나 발달의 과정은 미숙한 낮은 단계에서부터 시작하여 점차로 진보적인 고차원의 단계로 진행되며 나름대로 한 시기의 발달양상은 시간적인 흐름으로 보아 전단계의 발달을 이어받고, 동시에 다음에 진행될 발달을 촉진시켜 줄 기초를 닦는 역할을 하게 된다. 즉 인간의 발달은 쉼없이 연속적으로 일어나며 점진적인 하나의 과정을 밟아가게 된다. 그러나 특정한 시기에 특정한 부분의 발달이 이루어지는 결정적인 시기(critical period)가 있다. 이와 같은 연속적인 발달과 결정적 시기에 이루어지는 발달에 문제가 생겨서 발달의 장애를 가져오는 경우도 있다.

② 발달은 일정한 순서가 있다.

발달의 방향은 일정하고 순서와 나름대로의 질서에 의해서 이루어지는데, 그 순서는 일반적인 것에서 특수한 것으로, 전체적인 것에서 부분적인 것으로 나타난다. 아이들은 머리가 먼저 발달하고 점차로 팔이나 다리, 손, 발, 그리고 손가락, 발가락 등의 순차에 의해서 발달하게 된다. 예를 들면, 달리기를 하려면 그 전에 걸어다닐 줄 알아야 하고, 걸어다니려면 그 전에 일어설 줄 알아야 하며, 일어서려면 그 전에 기어다닐 줄 알아야 한다. 이처럼 발달은 절대로 순서를 바꾸지 않는다. 발달은 처음에는 전체적이고 미분화된 상태에서 점차로 부분적이고 특수한 기능이나 기관으로 분화되어 가면서 발달이 이루어진다.

③ 발달은 분화와 통합의 과정이다.

신체구조나 운동기능, 정신기능 등의 변화를 나타내는 발달은 분화와 통합의 과정을 거쳐서 이루어진다. 발달은 신체발달, 언어발달, 인지발달, 정서발달 등 모든 발달에는 동일한 원리가 적용된다. 발달은 전체적이고 일반적인 기능에서부터 부분적이고 특수적인 기능으로 분화해 가는 동시에 분화된 각 부분은 일정한 계열에 의해서 조직화되고 통합되어 전체적인 체제형성을 위해서 중심화를 이루어 간다.

④ 발달은 성숙과 학습의 상호작용의 산물이다.

성숙은 유기체가 유전적 내재법칙을 밟아서 발달하는 과정이며, 학습은 유기체 자신이 후천적으로 훈련과 경험을 통해서 행동 수준을 높여가는 발달과정이다. 즉 발달은 유전적인 요인과 환경적인 요인에 의해서 이루어지는 과정이다.

⑤ 발달에는 개인차가 있다.

⑥ 발달은 연령이 증가함에 따라서 발달 경향에 대한 예언이 점차적으로 어려워진다.

⑦ 장기적 발달은 계속되지만 단기적 발달은 불규칙적이다.

발달은 나름대로의 규칙과 법칙에 의해서 이루어지는 것이지만 단기적인 측면에서 살펴보면 순서가 언제나 일정하기보다는 오히려 순서가 바뀌어 나타나는 경우도 있다.

이상에서 유아 및 아동들의 발달원리와 특성을 고려하여 상담의 원리와 방법을 활용해야 할 것이다.

2. 아동발달의 이론들

1) Freud의 심리성적 발달이론

Freud는 성격발달의 세 가지 기본원칙으로 정신적 결정론, 무의식의 중요성, 성적 에너지(리비도)를 제시하였다. 첫째, 정신적 결정론은 인간의 정신적 활동이 이전의 행동이나 사건에 의해 결정된다고 보는 것이다. 둘째, 인간의 행동이 의식적 과정보다는 인식할 수 없는 무의식에 의해 동기가 유발된다고 보았다. 셋째, 본능적인 성적 에너지가 행동과 사고의 동기가 된다고 간주하였다. 특히, Freud는 모든 본능이 근본적으로 성적인 것이라고 믿었기 때문에 인간의 성격발달이 성적인 욕구와 밀접한 관련이 있다고 믿었으며 이 성격발달을 심리성적 발달이라고 일컬었다.

(1) 구순기(oral stage)

출생 후 대략 1년 동안에 해당되는 시기로서 리비도가 입에 있기 때문에 주로 빠는 행위를 통해 쾌감을 충족시킨다.

개체가 태어나자 마자 어머니의 젖을 빠는 본능적인 행동은 개체의 제1차 본능적인 생존욕(식욕)이라는 커다란 욕구 지향성 이외에도 아기의 입 속과 엄마의 젖꼭지와의 접촉을 통한 리비도의 발산을 추구한다. 이러한 기본 욕구가 순조롭게 다음 단계로 발전되지 못하고 욕구불만인 채로 무의식화되어 버려 구순 고착화되는 것이다. 인공수유나 이유 등으로 구순 욕구 충족이 좌절되거나 반대로 과도하게 충족되는 경험을 하게 되면 구순 고착 성격을 갖게 된다. 이것은 후에 과식이나 과음, 과흡연 등과 같은 행동 특성으로 나타나기도 하고 때로는 타인에 대한 의존 혹은 분노 등으로 표현되기도 한다. 예를 들어, 나이가 들어서도 손가락을 빤다든지 종이를 씹는 등의 행동은 하나의 습관을 만들어 낸다. 이러한 습관은 출생 후에 유아가 모유를 충분히 먹고 자랐느냐 아니면 우유에 의해서 성장했느냐에 따라서 크게 발전된다고 보았다. 유아의 빠는 활동과 깨무는 활동의 결합은 이후에 성격특성의 원형이 된다. 이러한 구순기는 성감대가 입술로 모이기 때문에 구순성욕이라고 한다. 이 때의 특징은 자기중심성, 의존성, 선정성으로 표현할 수 있다.

유아들의 발달에 있어 갓난 아기들도 나면서부터 육체적인 쾌감을 경험하며 성적인 태도가 형성되기 시작하여 한두 살이 되면 입을 통해 자기나름대로의 세계가 반영되어 가므로 부모들은 입을 통해 쾌감을 느끼도록 해 주어야 한다. 즉 먹고 싶을 때 욕구가 무시되면 수동적으로 길들여질 것이며 매사에 자기 뜻이 관철될 때까지 울며 떼쓰는 어린이로 성장하기 쉽다. 뿐만 아니라 분노로 인한 격렬한 감정의 소유자가 되기도 하므로 먹고 싶어할 때 충분히 수유하는 것이 좋다.

(2) 항문기(anal stage)

대략 2, 3세에 해당되는 시기로서 주로 배설 행위를 통해 쾌감을 얻는다. 이 시기는 빨아들이는 데서 만족을 취하고 긴장해소를 하던 리비도의 방향이 이번에는 먹는 것을 쏟아 내는 부분, 즉 항문으로 이동하게 된다. 이 시기에는 보통 대·소변 가리기 훈련이 시작되는데 이때 유아는 처음으로 본능적으로 욕구 충족을 통제받는 경험을 하게 된다. 성감대가 항문으로 이동한 이 단계에 있어서의 유아는 대·소변의 과정에서 생리적인 자극에 의한 성적 쾌감을 느끼게 된다.

대·소변 훈련을 위한 행동은 성적인 발달에 영향을 미치는데 성급한 훈련은 아이에게 패배감을 갖게 할 우려가 있다. 대·소변 훈련과 관련하여 너무 엄격하고 강압적인 경험을 하거나 반대로 너무 느슨한 경험을 하게 되면 항문 고착 성격을 갖게 된다. 항문 고착 성격은 항문 폭발적 성격과 항문 강박적 성격으로 구분된다. 전자의 경우는 보통 지저분하며 정돈되지 않으며 낭비벽이 있는 행동 특성을 나타내고, 후자의 경우는 고집이 세고 완고하며 검소한 반면에 인색한 특성으로 나타난다.

육체와 감정이 발달함에 따라서 아이들은 성기에서 쾌감을 느끼며 남녀를 구별하게 되면서부터 장차 남성 또는 여성으로서의 동일시의 기초를 형성하는 시기로 성기를 만지작거리며 손장난을 하게 되는데 이 때 부모들은 아이들이 왜 성기를 만지게 되었는지 그 원인을 알고 지도해야 한다. 이 때 아동에게 지나친 공포감이나 수치감, 엉뚱한 거짓말로 죄의식을 가지게 하는 것은 바람직한 성교육이 될 수 없다.

(3) 남근기(phallic stage)

4, 5세경에는 리비도가 항문에서 성기로 옮아간다. 따라서 성기를 통한 리비도의 만족을 추구하게 된다. 프로이드는 남근기의 아동들이 이미 심리적인 이성관계를 몽상하게 되므로 생리적인 호르몬의 분비작용이 활발해지고 여성적인 성격과 남성적인 성격이 형성되기 시작한다고 보았다. 그래서 지금까지의 무성적(non-sexual)이던 심리작용이 이성화(sexualization)되면서 이성을 인지하게 되고 부끄러움을 알게 되면 성에 대한 호기심이 움트게 된다고 보았다. 이 시기에 남아에게는 오이디푸스 콤플렉스(Oedipus-complex) 현상이 나타나고 여아에게는 엘렉트라 콤플렉스(Electra-complex)가 나타난다. 남아의 경우 이성의 부모인 어머니에 대해 성적인 욕망과 애착을 느끼며 아버지를 경쟁자로 생각하는 오이디푸스 콤플렉스를 나타낸다. 이러한 과정에서 남아에게 거세불안이 유발되는데 이 불안을 감소시키기 위해 어머니에 대한 성적인 욕망과 아버지에 대한 적대감을 억압하게 되며 아울러 아버지에 대한 동일시를 통하여 남성다움을 발달시켜 간다. 여아의 경우 이성의 부모인 아버지에 대해 성적인 애착을 느끼게 되는데 이를 엘렉트라 콤플렉스라 부른다. 남근기에 고착된 남자는 경솔하고, 과장이 심하며, 야심이 강하고 여자는 난잡하고, 유혹적이며, 경박하다.

(4) 잠복기(latency stage)

6세부터 11, 12세 무렵까지를 말하며 초등학교 재학 시기와 대략 일치한다.

이 시기는 오이디푸스 콤플렉스를 극복하고서 성적 욕구나 갈등이 억압되는 평온한 시기라고 볼 수 있다. 아동은 지적 활동이나 운동 등 사회적으로 용인되는 활동에 많은 에너지를 투입하며, 특히 지적인 탐색이나 주위 환경에 대한 탐색이 활발하게 나타난다. 잠복기에 고착되면 성인이 되어서도 이성에 대한 친밀감을 갖지 못한다. 즉, 이성과의 성적 관계를 회피하거나 정서적인 감정 없이 단지 공격적인 방식으로서 성적 행동을 하게 된다.

(5) 생식기(genital stage)

사춘기 이후 전 생애에 걸쳐 계속되는 시기로서 리비도가 다시 성기로 돌아오고 성행위를 통한 성적인 만족을 추구한다. 이 시기에 이르면 이성에 대해 진정한 관심을 가지고 성숙한 사랑을 할 수 있으며, 이 단계에 이르기까지 순조롭게 발달한 사람은 이타적이고 원숙한 성격을 지니게 된다. 이상적인 생식기적 성격발달을 위해서는 근면을 배워야 하고, 즉각적인 만족을 지연시켜야 하며, 책임감이 있어야 한다. 아동기 초기에 경험한 심각한 외상으로 인해 성적 에너지의 고착이 있으면 생식기에서의 적응이 어렵다.

2) Erikson의 심리사회적 발달이론

Erikson의 발달 이론은 심리사회적 측면이라는 기준을 가지고서 생을 여덟 단계로 구분하고 있다. 각 단계는 적응적 대처 양식과 부적응적 대처 양식이라는 양극적 측면을 가지고 있다. Erikson의 심리사회적 자아발달 이론은 세 가지 특징을 가진다. 첫째, 일생에 걸친 성장을 논하고 있다. 둘째, 인간이 생물학적 환경적 영향에 전적으로 좌우되지 않는다고 가정하였다. 셋째, 개인의 성장에 문화가 기여하는 것을 주목하였다. 한편 Erikson은 발달의 점성적 원리를 주장했는데, 즉 인생주기의 각 단계는 이 단계의 과업이 우세하게 출현하는 최적의 시간(결정적 시기)이 있고 그리고 모든 단계가 계획대로 전개될 때 완전한 기능을 하는 성격이 형성됨을 암시한다.

(1) 신뢰감 대 불신감(유아기 : 0~1세)

유아와 엄마의 상호작용을 통한 사회적 관계는 유아가 세계를 신뢰하느냐 그렇지 않으면 불신의 태도로 보느냐를 결정하게 된다. 엄마가 유아의 신체적 욕구에 매우 반응적이고 애정적이며 충분한 사랑과 안정감을 제공한다면 유아는 주위 세상을 신뢰하기 시작할 것이며, 이러한 기본 신뢰감은 타인에 대해서 뿐만 아니라 자신에 대한 태도를 특징짓게 된다. 반면 엄마가 거부적이고 무관심하며 행동에 일관성이 없을 때 유아는 주위 세상에 대한 불신의 태도를 발달시킨다.

(2) 자율성 대 회의감 및 수치심(아동전기 : 2~3세)

아동은 다양한 신체적 및 정신적 능력을 발달시킨다. 따라서 최초로 아동은 많은 일들을 스스로 할 수 있게 되며 이 과정에서 자율 의지를 경험하게 된다. Erikson은 특히 아동에 있어서 잡아두고 내보내는 능력을 강조하였으며 이를 통해 아동은 어느 정도 선택을 실천할 수 있다고 주장하였다. 아동이 자율적인 의지를 실천하도록 허용되지 않으면 타인과의 관계에서 수치심을 느끼거나 자신에 대한 회의감을 발달시킨다.

(3) 주도성 대 죄책감(아동후기 : 4~5세)

아동의 운동 능력이나 지적 능력이 더욱 완전하게 발달함으로써 많은 것을 행할 수 있으며, 활동의 목표나 계획을 세워 이를 달성코자 노력하게 되는 과정에서 주도성이 발달하게 된다. 이 새로운 자기주도적 활동이나 환상에 대해 처벌하거나 금기시하고 혹은 나쁜 것으로 느끼도록 하면서 죄책감을 발달시킨다. 오이디푸스 콤플렉스와 관련하여 아동은 더욱 현실적인 목표로 인도될 수 있으며 이를 통해 성인과 같은 책임감과 도덕성을 발달시키게 된다.

(4) 근면성 대 열등감(학동기 : 6~11세)

이 시기에는 아동의 세계가 상당히 확대되고 집 밖에서 새로운 영향을 받게 된다. 집이나 학교에서 활동하면서 근면성을 학습하기 시작하는데 이것은 주로 타인으로부터 인정을 받고 과제의 완수로부터 오는 즐거움을 얻기 위한 수단으로서 작용한다. 이러한 새로운 기능들은 주로 부모나 교사의 태도에 의해 결정되는데, 건설적이고 교훈적인 칭찬이나 강화는 근면성을 길러 주지만, 조롱하고 거부적인 태도를 보이면 부적합감이나 열등의식을 발달시킨다.

(5) 자아정체감 대 역할혼돈(청소년기 : 12~18세)

이 시기의 청소년은 급격한 신체 변화와 사회적 요구에 당황하게 되며 자신의 존재에 대한 새로운 탐색을 시작한다. Erikson은 이 시기를 개인의 자아정체감이 해결되어야 하는 중요한 시기로 간주하였다. 정체감이 형성된 개인들은 확신을 가지고 다가오는 성인기에 대비하지만 실패한 개인들은 정체감 위기, 즉 역할혼돈에 빠진다. Erikson은 정체감 발달에 있어서 청소년이 동일시하고자 하는 인물이나 사회 집단의 영향력을 강조하였다.

(6) 친밀성 대 고립감(성인전기 : 19~35세)

이 시기에는 부모로부터 독립을 성취하여 직업을 선택하고 배우자를 찾으면서 성숙하고 책임있는 성인으로서의 역할을 시작한다. 생산적인 일에 종사할 뿐만 아니라 우정 혹은 성적 결합의 형태로 타인과 친밀한 관계를 수립한다. 친밀한 관계를 수립하는 데 실패한 개인의 경우 고립감을 가지고서 타인과의 접촉을 회피하거나 자신에게 위협적으로 느껴지는 사람에게 거부적이며 공격적인 태도를 보이기도 한다.

(7) 생산성 대 침체감(성인 후기 또는 장년기 : 35~50세)

주로 다음 세대를 가르치고 지도하는 데 능동적이고 직접적으로 관여하게 된다. 자신의 자녀가 없는 경우에 다음 세대를 위한 사회봉사 등을 통해 생산성을 발휘하게 된다. 또한 자신이 종사하는 분야와 관련된 직업적인 성취나 학문적 · 예술적 업적 등에서도 이러한 생산성이 나타날 수 있다. 이러한 생산성의 형성에 실패한 개인은 침체감에 빠지고 따분함을 느끼며 빈곤한 대인관계 등을 나타낸다.

(8) 자아통정감 대 절망감(노년기)

노년기에는 신체적인 노쇠와 직업으로부터의 은퇴, 친한 친구나 배우자의 죽음 등으로 인하여 무력감에 빠지기 쉽다. 이 단계는 자아통정감 혹은 절망의 시기로서 이것은 개인의 전 생애를 조망하는 방식을 결정한다. 만일 성취감과 만족감으로 생을 회고하며 성패에 잘 적응했다면 자아통정감을 갖게 되는데, 이것은 자신의 위치와 과거를 수용하는 것을 의미한다. 반면에 자신의 삶이 무의미한 것이었다고 느끼게 되면 절망감에 빠지게 된다.

3) Piaget의 인지발달이론

Piaget는 인간이 태어날 때 유전에 의해 가장 기본적인 것만을 가지고 태어나지만 환경과 상호작용하는 가운데 연령이 증가함에 따라 인지가 발달한다고 보았다. Piaget는 조작의 유무 및 유형에 따라서 인지발달을 네 단계로 구분하였는데 이 인지발달 단계는 몇 가지 특징을 지닌다. 첫째, 단계별 성취연령은 개인차가 있기 때문에 제시된 연령이 반드시 들어맞지 않는다. 둘째, 모든 아동은 단계를 순서대로 통과하여 발달하며, 절대로 단계를 뛰어넘을 수 없다. 셋째, 다음 단계로 이동하는 과도기에는 두 단계의 인지적 특성이 함께 나타날 수 있다. 넷째, 형식적 조작기에 도달한 아동이나 고도로 인지발달이 된 성인도 때로 낮은 단계의 사고를 한다.

(1) 감각 운동기(0~2세)

이 단계에서 인지발달은 감각과 신체적 운동으로부터 얻어진 정보에 기초한다. 이 시기는 하위 6단계로 구분되며 유아는 반사적 행위로부터 점차 목표 지향적 활동으로 나아가게 된다. 즉 초기의 외현적, 감각 운동적 행위로부터 점진적으로 내재적인 행위로 발달해 간다. 이 기간 중에 중요한 지적 성취의 하나가 대상영속성(object permanence)의 획득인데, 이것은 모든 대상들이 독립적인 실체로서 장소가 옮겨지거나 시야에서 사라지더라도 계속 존재한다는 사실에 대한 인식을 말한다.

1 제1단계 : 반사기(0~약 1개월)

생득적 반사로써 그 주위 환경에 적응하려는 시기이다.

2 제2단계 : 1차 순환반응(1~4개월경)

순환이란 우연히 일어났던, 흥미를 끄는 행동을 반복한다는 의미에서 붙여진 이름이며 일차적이란 이러한 행동이 생물학적인 반사에 그 근원이 있기 때문에 붙여졌다.

3 제3단계 : 2차 순환반응(4~8개월경)

순환반응이 유아 자신의 신체에 한정된 것이 아니라 주위에 존재하는 물체

에까지 확대된다. 2차 순환반응은 환경에 대한 인식의 시작으로 우연히 했던 행위가 재미있었다면 똑같은 결과를 얻기 위해 행동을 반복하는 것이다.

4 제4단계 : 2차 순환반응의 조정(8~12개월경)

특별한 목적을 달성하기 위해 여러 가지 도식을 새로운 상황에도 사용하게 된다.

5 제5단계 : 3차 순환반응(12~18개월경)

탐색과 시행착오를 통하여 새로운 수단과 목표를 결합시킨다. 정교화된 모방행동이 가능하다.

6 제6단계 : 표상적 사고(18~24개월경)

문제를 해결하기 위해 실재의 물체뿐 아니라 상징이나 이미지를 인지적으로 조합하고 조정하기도 한다.

(2) 전조작기(2~7세)

유아는 언어 사용과 함께 어느 정도 정신적 표상에 의한 사고가 가능하기는 하지만 개념적 조작 능력이 부족하다. 이 시기는 두 하위 단계로 나누어지는데, 그것은 전개념기(2~4세)와 직관적 사고기(4~7세)이다. 전개념기의 유아는 성인들과는 달리 미숙한 개념을 활용하며 직관적 사고기의 유아는 반성적 사고의 과정을 거치지 않기 때문에 잘못된 판단을 하는 경우가 많으며 물활론적 사고(사물이 모두 살아있고 각자의 의지에 따라 움직인다고 믿는 생각)를 지닌다. 자기중심성(ego-centrism)은 이 시기에도 지속되는 강력한 특성이다. 이 밖에도 이 시기에는 꿈과 현실을 명확히 구별하지 못하며, 한 가지 관점에서 사물을 판단하고 분류하는 중심화 현상이나 사고가 한쪽 방향으로만 진행되는 비가역성 때문에 수, 양, 부피 등의 차원에서 보존개념이 형성되지 못한다.

(3) 구체적 조작기(7~12세)

성숙된 인지 구조를 나타내어 논리적인 사고가 가능해진다. 이 때 논리적인 조작은 가시적이고 구체적인 차원에 한정되고 아직 추상적이거나 복잡한 수준에는 미치지 못한다. 자기중심성이 점차 감소되며 중심화 현상에서 벗어나게 된다. 또한 사고에 있어서 가역성을 획득하게 됨으로써 보존개념을 형성하게 된다. 이 밖에도 분류가 가능해지고 서열화 등의 능력을 갖추게 된다.

(4) 형식적 조작기(12~성인초기)

명제나 가설과 같은 상황, 즉 추상적인 차원에서도 논리적인 사고가 가능하다. 따라서 이 시기에 가능한 대표적인 사고 형태의 예로는 가설 연역적 사고, 명제적 사고, 조합적 사고 등을 들 수 있다.

4) Kohlberg의 도덕성 발달이론

Kohlberg는 도덕발달의 수준을 행동중심이 아닌 사고능력과 판단중심의 문제로 전환시켰으며, Piaget의 이론을 확대 발전시켰다고 할 수 있다. Kohlberg는 도덕적 갈등상황에 대해서 개인의 판단과 추론내용을 근거로 도덕성의 발달단계를 분류하였다. Kohlberg의 도덕성 발달이론은 피험자들에게 갈등상황을 제시하고 어떤 결론을 내리는가에 따라 발달단계를 구분하였다. 이러한 발달단계는 크게 3수준으로 나뉘며 각 수준마다 2개의 하위단계가 있어서 모두 6단계로 구성된다.

Kohlberg는 그의 박사학위 논문을 위한 연구에서 영국, 말레이시아, 멕시코, 대만 및 터기에서의 조사연구를 통해 서로 다른 문화간에도 유사한 발달단계의 원칙이 지켜진다는 것을 아동 면접에서 활용한 다음의 딜레마의 문장을 통해서 밝혀 냈다. 그 예를 구체적으로 살펴보면 다음과 같다.

> Heinz가 약을 훔친다. 유럽에 있는 한 여인이 특이한 암으로 죽기 직전에 있었다. 그 여인을 구할 수 있는 약은 라디움으로서 같은 마을에 사는 한 약제사가 최근에 발명한 약이었다. 이 약의 원가가 비싸기도 하지만, 그 약제사는 원가의 10배의 값을 요구하였다. 그는 라디움 제조에 200불을 투입하였던 바, 그 조그마한 약 한 알에 2,000불을 요구했다. 암에 걸린 여인의 남편인 Heinz는 자기가 아는 모든 사람들에게 찾아가 돈을 빌렸으나, 약값의 반인 1,000불만을 빌릴 수 있었다.
>
> 그는 약사에게 찾아가 아내가 죽어가고 있으니, 그 약을 싸게 팔거나 다음에 갚을 수 있게 해달라고 간청했다. 그러나 그 약사는 "안 됩니다. 나는 이 약을 발견했고, 이것으로 돈을 벌려고 합니다."라고 하였다. Heinz는 실망한 나머지 그 사람이 약국을 때려부수고 들어가 자기 아내를 위해 그 약을 훔쳤다. 과연 그 남편은 자기 아내를 위해 그렇게 행동해야만 했던가?

Kohlberg는 면접에서 '질문문항'을 통해 "예–아니오"를 원한 것이 아니라 왜 그렇게 생각하는지에 관심을 가졌으며, 대상자들의 의식 저변에 놓인 이유를 추론하는데 유의하였다. 그는 표집된 청소년들에게 가설적인 도덕적 딜레마를 주기적으로 제시하여 연령별로 그 딜레마를 추리하는 내용에 바탕을 두어, 도덕성 발달의 '3수준 6단계'를 제시하였다.

➲ 수준 1(전인습적 수준)

아동의 대답은 "잡힐지도 모르니까 훔치는 것은 잘못된 것이다."라고 대답할 수 있다. 이러한 대답은 아동의 기본적 자기중심성을 반영한다. 추론은 다음과 같은 것이다. "만일 내가 그 물건을 훔쳤다면 어떤 일이 일어날까? 나는 잡혀서 처벌을 받을지도 모른다."

➲ 수준 2(인습적 수준)

피험자는 즉각적인 개인적 결과를 넘어서서 볼 수 있고 또한 타인의 견해들, 특히 승인을 고려할 수 있다. 종교적인 법이나 공공의 법은 매우 중요하고 절대적이고 변화시킬 수 없는 것으로 여긴다. 규칙을 고수하는 것을 강조하는 하나의 대답은 "훔치는 것은 법에 어긋나기 때문에 나쁘다."라는 것이다. 가족과 사랑하는 사람에 대한 충성심에 높은 가치를 두지만 여전히 법을 존중해야 한다. 이에 대한 또 하나의 대답은 "그 남자의 의도는 좋은 것이므로 훔치는 것은 옳은 일이다. 그는 아내를 도우려고 노력했다. 그러나 그는 언제라도 그 약사에게 돈을 지불해야 할 것이며 법을 어긴 것에 대한 처벌을 받아들여야 한다."

➲ 수준 3(후인습적 수준)

"인간의 목숨은 보존되어야 하기 때문에 훔치는 것이 그릇된 것은 아니다. 삶의 가치는 재산의 가치보다 크다." 이러한 반응은 그 결정에 관계될 수 있는 기본적인 가치들을 고려하는 것이다. 추상적 개념은 더 이상 엄격하지 않고, 이 수준의 명칭이 함축하듯이, 원칙은 인습적 가치들로부터 분리될 수 있다. 이 단계에서 추론하는 사람은 대중에 의해 옳다고 여겨지는 것이 특정 상황의 개인에게는 옳지 않을 수 있다는 것을 이해한다. 이성적이고 개인적인 선택이 강조된다.

도덕성 추론은 인지적 및 정서적 발달에 관여된다. 위에서와 같이 아동이 절대적인 규칙에 근거한 결정으로부터 정의와 자비같은 원칙에 근거한 결정으로 이동함에 따라, 추상적 사고는 도덕적 발달이 더 높은 단계에서 점점 더 중요해진다. 타인의 관점에서 볼 줄 알고, 법과 규칙을 위한 대안적 근본 원칙을 상상하는 능력 또한 더 높은 수준의 판단을 하게 하는데 관여한다.

〈Kohlberg의 도덕성 발달의 3수준 6단계〉

수준	특징	단계
1) 전인습적 수준 4~5세	도덕, 규칙, 선·악의 개념은 행위결과나 도덕, 규칙을 강요하는 사람의 힘과 권위와 관련 지어 생각한다.	단계 1 : 처벌-복종에 의한 도덕성 벌을 회피하고자 규칙을 지키게 된다. 단계 2 : 욕구충족의 도덕성 보상을 바라고 규칙을 지킨다. 실용적인 인간관계라고 할 수 있다.
2) 인습적 수준 6~7세	개인이 가정, 집단, 국가의 기대를 따르는 그 자체를 가치로운 것으로 인정한다.	단계 3 : 대인관계를 위한 도덕성 타인의 승인과 비난회피를 위해서 규칙을 따른다. 단계 4 : 법과 질서유지의 도덕성 합법적인 권위의 벌을 피하고자 행동을 한다.

수준	특징	단계
3) 후인습적 수준	도덕적 가치나 원리가 개인과 집단의 권위와는 무관하게 그 자체로서 타당성을 가진 것으로 생각한다.	단계 5 : 사회계약 정신의 도덕성 계약의 의무에 따라 의무를 규정하고, 타인의 권리 침해 없이 공공복리 증진을 위한 공정한 견해를 가진다. 단계 6 : 보편적 윤리에 의한 도덕성 옳은 것은 보편적인 윤리적 원리에 맞는 것으로, 인간의 존엄성과 평등성을 존중한다.

5) 대상관계이론

대상관계이론에서는 타자와의 관계 형성 및 심리적인 교류에 대해서 인간의 근본적인 욕구를 전제한다. 오이디푸스 갈등 이전의 심리발달에 관심을 두고 생애 초기 양육자와의 관계 경험이 자아구조의 형성, 병리 발달에 미치는 영향을 중점적으로 다루었다. 따라서 대상관계이론에서는 유아와 부모와의 관계의 성질과 초기 관계에서의 장애 등이 더욱 강조되었다.

생애 초기 유아는 어머니로 대표되는 초기 양육자와 상호작용하면서 그 대상과의 경험은 물론이고 그 경험에 수반하는 정서상태까지 내면화하여 대상표상을 형성한다. 대상표상에 대한 표상뿐만 아니라 대상에 반응하고 행동하는 자기에 대한 표상도 존재한다. 이것이 자기표상인데, 양육자와의 경험을 바탕으로 내면화된, 자신에 대한 지각, 느낌, 기억, 의미를 포함한다.

주요 타자들이 일관되게 보여주는 적절한 관심과 보살핌은 점차 아이의 내면에 자신과 대상에 대한 긍정적인 지각과 정서가 부착된 긍정적인 표상으로 자리잡게 되고, 타인과 세상에 대한 근원적인 신뢰감으로 발전한다. 또한 양육자와의 만족스러운 관계경험은 유아의 자아기능 발달을 촉진시키고 양육자의 보살펴주는 기능을 촉진시키고, 양육자의 보살펴주는 기능은 내면화되어 자아구조로 통합되고 자기 가치관과 안정된 정체감의 근원으로 자리잡게 된다. 반면에 유아가 충분한 애정과 보살핌을 받지 못하고 반복적으로 거부당하거나 무시당하거나 혹은 처벌을 받으면서 성장한다면, 유아의 내면에 형성되는 표상들은 대체로 부정적인 성격을 띤다. 즉, 자신과 대상에 대한 표상이 주로 부정적인 지각과 정서로 구성된다는 것이다. 따라서 유아는 자신과 타인에 대한 경험 중 부정적인 측면만을 지각하게 된다. 그 결과 낮은 자존감과 취약한 자아구조를 갖게 되고, 타인에 대해서도 왜곡된 지각과 부정적인 정서를 형성하게 되고 대인관계에서도 어려움을 겪게 된다.

6) 기질의 유형과 발달

갓 태어난 아기의 키, 몸무게, 얼굴 모습이 서로 다르듯이 아기의 행동유형 또한 출생시부터 상당히 차이를 보인다. 예를 들면, 어떤 아기는 조금만 배가 고파도 자지러질 듯 울지만 어떤 아기는 아주 느리고 순한 울음소리를 낸다. 어른이 안아주면 좋아하고 달라붙는 아기가 있는 반면에 혼자 놀기를 더 선호하는 아기도 있다. 이처럼 정서적 표현양식과 환경의 자극에 대한 반응양상의 차이를 통해 식별할 수 있는 영아 성격의 개인차를 기질이라고 부른다.

기질이 어떤 심리적 특성인가에 대해서는 다음의 두 가지 문제를 둘러싸고 학자들간에 이견이 있다. 첫째, 아동의 기질은 선천적으로 결정되는가 또는 후천적 경험에 의해 형성되는가? 둘째, 아동의 기질은 지속적인가 또는 변화하는가?의 문제이다.

기질의 차이가 비교적 일찍부터 나타나며, 이란성 쌍생아에 비해 일란성 쌍생아의 기질이 더욱 유사하다는 사실을 바탕으로 흔히 기질은 선천적으로 결정되는 것으로 생각되어 왔다. 그러나 아동의 기질형성에 환경이 강력한 영향력을 미친다는 주장도 제기되고 있어 현재로는 이 문제에 대해 단정적인 결론을 내리기 어렵다.

기질의 선천성 여부와 더불어 안정성 또한 논란의 대상이 되고 있다. 예를 들어, 6개월에 낯가림을 심하게 하는 아기는 4세경에도 낯선 또래에 대해서와 마찬가지로 거부반응을 보이는가에 대한 명확한 결론을 내리기는 쉽지 않다. 일반적으로 기질이 선천적으로 결정된다고 믿는 학자들은 아동의 성장과정을 통해 기질은 일관성 있게 안정적으로 유지된다고 믿고 있다. 예컨대, 공포반응과 같은 부정적 정서, 활동수준, 낯선 상황에 대한 반응 양상들은 대단히 안정적인 것으로 알려지고 있다. 그러나 부모의 죽음과 같은 갑작스런 환경의 변화가 있거나 부모의 거부적인 양육태도가 가져오는 지속적인 환경의 영향력에 의해 기질의 변화가 일어날 수 있다.

지금까지의 연구결과를 종합하면, 기질은 생득적이며 지속적인 특성이 강하다는 주장이 우세하다. 그럼에도 불구하고 기질의 형성과 변화에 미치는 환경의 영향을 간과해서는 안 될 것이다.

아동의 기질을 식별해 내려는 연구의 궁극적인 목적은 아동의 기질에 맞도록 양육함으로써 보다 나은 발달과 적응을 돕고자 하는데 있다. 이러한 점에서 아동의 기질과 성장환경 간의 조화의 적합성 개념은 많은 관심의 대상이 되고 있다.

(1) 조화의 적합성

영아의 기질과 어머니의 성격 또는 양육방식 간의 조화는 매우 중요한 요인이다. 일반적으로 순한 기질의 아동에 비해 까다로운 기질의 아동이 보다 많은 적응상의 문제를 갖는 것으로 알려졌으나, 반드시 그러한 것은 아니다. 대단히 활동적이고 정열적인 부모에게는 순한 아기보다 까다로운 기질의 아기가 보다 잘 조화될 수 있다.

(2) 기질과 문제행동

Tomas 등(1968)의 최초의 종단적 연구에서 영아기의 까다로운 기질로 분류된 아동은 다른 기질의 아동에 비해 보다 많은 문제행동을 보이는 것으로 밝혀졌다. 왜 까다로운 기질이 문제행동을 유발하는가에 대해 몇 가지 설명이 가능하다. 첫째, 까다로운 기질 자체가 문제행동의 가능성을 내포하고 있으며, 이것이 상당기간 지속되는 것으로 생각해 볼 수 있다. 그러나 이러한 설명을 입증해 줄 수 있는 과학적인 근거는 현재로는 별로 없다. 둘째, 까다로운 기질의 아동은 바람직하지 못한 부모양육행동과 부모-자녀 관계의 갈등을 유발하며, 이러한 갈등은 나아가 아동의 문제행동으로 연결된다는 설명이다. 이러한 설명은 조화와 적합성의 관점에서 그 타당성이 인정된다. 셋째, 까다로운 기질과 문제행동 간의 관계는 실제로 아동의 기질과 행동 자체의 문제라기보다는 부모가 그렇게 지각하는 데에 문제가 있다는 설명이다.

까다로운 기질과 더불어 문제행동과 관련성이 높은 기질로 부각되고 있는 것이 Kagan(1989), Reznick(1989) 등이 제시한 억압적 기질이다. 억압적 기질은 낯선 상황이나 사람에 대해 수줍어하거나 주뼛거리며 두려워하는 기질적 특성을 의미한다. 그러나 기질과 문제행동 경향성 간의 상관에 관한 한정된 연구결과를 바탕으로 까다로운 기질이나 억압적 기질이 부적응과 문제행동을 유발하는 것으로 속단해서는 안 된다.

7) 애착의 형성과 발달

애착(attachment)은 한 개인이 자신과 가장 가까운 사람에 대해서 느끼는 강한 감정적 유대관계를 뜻한다. 애착은 근본적으로 선택적인 특성을 갖고 있어서 극히 소수의 제한된 대상에 대해서 형성되며, 애착이 형성된 대상에 대해서는 가까이 다가가고 싶고 근접해 있고 싶은 욕구를 갖게 된다.

발달심리학에서 애착이 연구자들의 큰 관심의 대상이 되는 것은 출생 후 1년 이내에 영아와 어머니 또는 자신을 돌봐주는 사람 간에 이루어지는 애착형성 결과가 후에 발달하는 정서적 안정성과 대인관계의 중요한 기초가 되기 때문이다.

(1) 애착형성 이론

애착형성은 모든 영아의 공통적인 특성일 뿐 아니라 침팬지와 같은 고등동물에게서도 나타나는 특성이다. 이와 같이 보편적 특성인 애착이 형성되는 이유와 발달과정을 설명하기 위한 이론적 관점들은 다음과 같다.

1 정신분석이론

Freud의 정신분석이론에서 애착은 영아가 빨고자 하는 구순욕구를 충족시켜 주는 대상과의 사이에서 형성하는 밀접한 관계이다. 따라서 영아에게 편안한 상태에서 젖을 먹여 주고 만족감을 주는 부모의 양육행동은 좋은 애착형성의 중요한 요건이 된다.

Erikson도 영아의 수유욕구를 만족시켜 주는 일은 영아기의 안정된 애착관계 형성뿐 아니라 성장한 후 아동이 자신이 몸담고 있는 세계에 대해 느끼는 신뢰감의 기초가 된다고 생각한다.

2 인지발달이론

인지발달이론의 관점에서 볼 때 사회적 애착을 형성하는 영아의 능력은 전반적인 인지발달과정과 밀접하게 관련되어 있다. 애착을 형성하기 위해서 영아는 우선 애착대상과 다른 대상을 구별할 수 있는 지각적 변별력을 갖추어야 한다. 안정된 애착관계를 갖기 위해서는 애착대상이 시야에서 사라져도 어딘가에 존재한다는 것을 아는 대상영속성도 획득되어 있어야 한다. 정상적인 애착발달 과정에서 애착이 보통 7~9개월 사이 대상영속성이 획득되는 시기와 유사한 기간에 형성되는 것은 애착형성이 전반적인 인지발달 과정과 밀접하게 관련된다는 사실을 시사하는 것이다.

3 동물행동학적 이론

Bowlby의 동물행동학적 이론에서는 애착형성을 종의 보존과 생존에 중요한 의미를 갖는 본능적 반응의 결과로 보고 있다. 이 입장에서 이론가들은 영아는 미소, 울음, 매달리기와 같이 자신의 생존에 필요한 부모의 보살핌과 보호를 이끌어낼 수 있는 일련의 유발자극을 생득적으로 가지고 있으며, 어머니는 이러한 유발자극에 반응하도록 생물학적으로 프로그램화 되어 있다고 믿는다.

(2) 애착발달과정

1 초기 애착형성 과정

애착을 설명하는 동물행동학적 관점에서 이미 보았듯이, 애착발달은 아기가 태어난 직후부터 시작되는 과정이다. 이러한 초기 애착형성 과정을 크게 세 단계로 나누어 볼 수 있다.

첫 번째 단계는 영아가 다른 대상에 비해 다른 사람을 비롯한 사회적 대상을 선호하면서 특정 대상을 구별하지 않고 모든 대상에게 애착을 보이는 단계이다. 대체로 출생 후 2주간이 이 단계에 속한다.

두 번째 단계는 영아가 어머니와 타인을 구분하면서 시작되며 본격적인 애착이 형성되는 6~8개월까지 지속된다. 영아는 냄새, 음성, 안는 방법, 얼굴모습 등 여러 감각 및 지각적 단서들을 통합하여 어머니를 알게 된다. 이 기간에 어머니도 마찬가지로 아기의 독특성을 알게 되고 아기에게 맞도록 보살피는 방식을 조정하게 된다. 이 과정에서 애착의 기초가 형성되나 애착대상과 떨어지는 데 대한 저항은 보이지 않는다.

세 번째 단계에서 영아는 비로소 특정 대상에 대한 강한 집착을 보이며, 애착대상과 떨어질 때에는 격리불안을 나타낸다. 애착대상 외의 다른 사람에 대한 낯가림도 이 기간 동안에 서서히 나타나기 시작한다.

2 애착의 유형

어머니가 아기에게 주는 자극의 양, 반응의 민감성과 안정성 등 어머니와 아기 간의 상호작용 양상에 따라 상이한 애착유형이 나타나게 된다. Ainsworth(1973)가 구분한 세 가지 애착유형은 아동의 애착발달을 이해하는데 많은 도움을 주고 있다.

안정애착 유형의 아기는 낯선 상황에서 어머니가 있는 동안에는 이따금 어머니에게 가까이 가서 몸을 대보며, 어머니가 떠났다가 돌아오면 열렬하게 반긴다. 어머니만 있으면 두려움 없이 낯선 상황을 탐색하며, 낯선 장난감에 호기심을 보이거나 가지고 논다. 친숙한 상황에서는 어머니가 잠시 떠나는데 크게 격리불안을 보이지 않는다. 이 유형의 아기의 어머니는 아기의 요구에 민감하게 반응하고, 아기 스스로 노는 것을 충분히 허용해 준다. Ainsworth는 이러한 아기를 B유형이라 부른다.

나머지 두 유형은 불안정하게 애착된 유형이다. 먼저 A유형에 해당하는 불안정 회피애착 유형의 아기는 어머니가 떠나도 별 동요를 보이지 않으며, 어머니가 돌아와도 다가가려 하지 않고 무시한다. 이 유형의 어머니는 아기의 요구에 무감각하며 아기와 신체적인 접촉이 적고 화가 나 있거나 초조해하며 거부하듯이 아기를 다룬다.

불안정 저항애착인 C유형은 일반적으로 어머니의 접촉시도에 저항하는 경향이 높다. 어머니가 있어도 잘 울고 보채지만, 어머니가 떠나면 극심한 불안을 보인다. 어머니가 돌아오면 화를 내지만, 불안정 회피유형과는 달리 어머니 곁에 머물러 있으려고 한다. 어머니와의 접촉에 관심이 없거나 또는 다가가서 안겼다가 이내 화난 듯이 밀어 내버리는 양극적인 반응을 보인다. 이 유형의 어머니는 아기의 요구에 무감각하고 아기를 다루는 방식이 어색하지만, 화가 나 있거나 아기를 거부하는 느낌은 없다.

보다 최근 애착형성이 불안정하면서도 회피와 저항의 어느 쪽에도 속하기가 어려운 영아를 불안정 혼돈애착인 D유형으로 구분하고 있다. 이 유형의 아기는 회피와 저항이 복합된 반응을 보인다. 낯선 상황에서 어머니가 돌아오면 처음에는 다가가서 안겼다가는 이내 화난 듯이 밀어 내거나 어머니에게서 떠나는 양극적인 반응을 보인다. 이러한 반응은 어머니와의 접촉에 대한 욕구는 강하나 어머니로부터 무시당하거나 구박받는 데에서 오는 공포가 공존하기 때문에 나타나는 것으로 해석된다.

3 애착의 대상

영아의 애착대상이 어머니에 국한되는 것은 아니다. 아버지, 또래친구 또는 자신을 돌봐 주는 사람들이 아기의 애착형성 대상이 될 수 있다.

(3) 애착의 영향

1 애착유형의 지속성

만 1세 이전에 형성된 애착유형과 이에 따른 행동반응의 특성들은 성장한 후에도 지속되는가의 문제는 여러 연구결과 영아기에 형성된 애착유형이 지속적이며, 각기 독특한 방식으로 발전되고 있음을 보여 준다.

2 정서발달에 미치는 영향

애착이 정서발달에 미치는 영향을 실험적으로 검토한 유명한 연구가 Harlow 등(1977)의 사회성 박탈실험이다. 이들은 갓 태어난 새끼원숭이를 어미원숭이에게서 뗀 뒤 3개월간 다른 원숭이와 접촉할 수 없는 상자 속에 분리시켜 양육하였다. 이러한 생후 첫 3개월간의 사회성 박탈은 새끼원숭이에게 큰 정서적 충격을 남겼다. 분리 성장한 원숭이를 다른 원숭이가 있는 상자 속에 다시 넣었을 때 이들은 다른 원숭이와 접촉을 피하고 두려워하며, 얼굴을 파묻고 몸을 웅크리는 등 정서적 불안과 공포를 드러내었다.

이들 사회성 박탈 원숭이들도 정상적인 또래집단 속에 넣어 주면 시간이 경과하면서 점차 정상적인 사회성을 회복할 수 있으나, 생후 1년을 전후하는 시기에 정상적으로 성장한 원숭이에 비해 공격적 성향을 보인다. 원숭이의 사회성 박탈 실험결과는 유아의 애착과 정서발달과의 관계에 그대로 유추되고 있다. 애착형성 시기에 장기간의 출타, 입원 등으로 애착대상과 떨어지거나, 간헐적으로 낯선 사람에게 맡겨진 유아는 정상적으로 성장한 유아에 비해 낯선 상황에서 보다 높은 분리불안을 갖는다.

3 사회성에 미치는 영향

영아기에 형성된 애착의 질은 성장 후 아동의 또래관계와 상관이 있다. Sroufe 등(1933)은 12개월에 안정 및 불안정 애착으로 식별된 아기를 3세 6개월까지 추적하여 관찰한 결과 안정적으로 애착이 형성된 유아는 불안정 애착형성 유아에 비해 또래 아이에게 더 많은 애정과 관심을 보이고 놀이장면에서 주도권을 가지며 또래와의 상호작용이 많고 덜 공격적이다. 교사들도 안정애착 유아를 자아존중감이 높고 공감적이며 사회적 기술이 높고 친구가 많으며 또래 사이에서도 인기가 있는 아이로 평가되었다.

4 인지발달에 미치는 영향

Ainsworth는 안정애착 영아는 '낯선 상황'에서 어머니를 안전기지로 삼음으로써 새로운 환경을 탐색하려는 보다 적극적인 탐색행동과 인지적 호기심을 보인다는 사실을 관찰하였다. 이러한 안전기지 현상은 유아기까지 지속되는 것 같다. 이에 반해 불안정애착 유형의 유아는 지적 호기심이 낮고 문제해결과제나 놀이를 주었을 때 과업 몰입 정도가 낮고 지속적이지 못하며 즐거워하지 않는 것으로 보고 되고 있다.

3. 상담의 과정

1) 상담 전 준비과정

어떠한 대상을 상담하든지간에 모든 상담에서는 상담을 위한 준비가 우선되어야 한다. 전문성을 갖춘 상담의 실행은 물리적 환경의 뒷받침을 토대로 하는데, 특히 비밀보장이 될 수 있으며, 편안한 분위기를 가꾸는 아늑한 공간에서 이루어지는 경우가 많으므로 상담에 필요한 물리적 공간을 갖추는 것을 말한다. 상담실, 대기실, 접수실, 자료보관실, 검사실 등의 분리공간이 필요하고, 다음은 상담장면에서 필요로 하는 도구들이다. 즉 필기도구, 휴지, 거울 등이 준비되는 것이 필요한데, 때때로 내담자는 자신에 대한 깊이있는 탐색의 과정에서 눈물을 흘리는 경우가 많다. 또한 상담 후의 자신의 매무새 관리를 위한 배려가 요구된다.

그리고 상담실의 가구 배치인데, 상담자의 접근방법에 따라서 가구의 특성이나 배치의 형태가 달라질 수 있다. 상담자에 따라서 편안한 의자에 앉아서 하는 경우와 상담에 필요한 적절한 긴장감을 유발해 내는 테이블을 가운데 두고 의자에 앉아서 상담하는 것을 선호하기도 한다.

본 상담에 앞서서 내담자가 상담에 대한 의지가 있는지, 변화되고자 하는 바램이 있는지 등을 상담자와 내담자가 서로 합의를 할 수 있는 접수면접이 이루어지게 된다. 이러한 과정에서는 상담실에서 접촉, 접수면접, 상담과정, 종결, 추수지도가 따르는데, 상담실에서의 접촉은 전화, 면접, 인터넷 등을 활용하는 경우가 있다. 대부분의 상담기관에는 전화를 통해 상담받고 싶은 의향을 전달하는 경우가 많으므로 전화를 통해서 접수면접 시간을 약속한다. 접수면접에서는 상담신청서의 작성 후에 접수면접이 이루어지는데, 이 때는 내담자에게 협조를 구하고, 규칙을 정하고, 희망을 불러일으키는 것이 중요하다. 또한 비밀이 보장됨을 확실히 하고, 내담자의 상담에 대한 기대에 관해서 평가를 하고 내담자에 관한 여러 가지 기초 정보를 수집하는 것이 필요하다. 이러한 접수면접을 통해서 내담자의 지적 기능, 호소문제의 심각성, 긴급성 등을 고려하여 최적의 상담자와 연결시키는데, 파악되어진 모든 정보와 치료 가설, 그리고 상담자에게 필요한 사항을 함께 알려주어야 한다.

2) 초기과정

초기과정은 상담이 시작되는 단계로서 상담의 분위기와 방향을 설정하고 상담성과를 결정하는데 중요한 역할을 한다. 전체적인 상담의 과정 중 초기과정에서 다음의 요인들이 제대로 수립되고 다루어져야 상담의 올바른 방향과 상담의 효과를 기대할 수가 있다. 이러한 역할을 하는데 있어서는 먼저 상담의 구조화, 친밀한 관계형성, 문제진단과 내담자의 평가, 사례개념화, 목표설정, 상담계획이 포함된다.

(1) 상담의 구조화

구조화는 상담자가 내담자의 상담에 대한 기대를 구축해 가는 과정으로서 내담자가 갖는 상담에 대한 불안감 및 모호함을 줄이는 것으로 상담이 무엇인가, 상담에 대해 내담자가 기대할 수 있는 것은 무엇인가, 상담시간에 자신이 무엇을 해야 하는지, 상담자는 무엇을 할 것인가 등의 기본적인 정보를 내담자에게 설명하고 이해시킴으로써 상담의 목적과 절차에 대한 공통된 기대와 이해를 갖도록 하는 것이다. 즉, 상담시간, 빈도, 총 상담횟수, 상담장소, 연락

방법, 상담자 및 내담자의 역할, 비밀보장 등에 관한 것을 서로가 합의를 하는 것이다. 이러한 절차에서는 상담자가 내담자와의 사이에서 서로 타협되는 것이어야 한다. 이러한 과정에 대해서 내담자에게 설명을 할 것이며, 이러한 설명은 내담자의 준비도와 상담관계의 흐름 등을 고려하여 구조화 시기를 정해야 한다. 내담자의 인지적, 정서적, 행동특성에 따른, 내담자와 상담자의 상호협력이 전제되어야 한다.

(2) 친밀한 관계형성

상담에서는 구조화 못지않게 상담자와 내담자가 어떠한 관계를 맺는지가 중요한데, 그 이유는 상담관계란 일반적인 인간관계 기술이 아니라 특정한 인간관계 기술을 토대로 하여 내담자가 행동, 인지, 정서면에서 스스로 변화하고 성장해야겠다는 의지를 가지고 변화를 추구해 갈 수 있도록 도와 주는 의도적이고 체계적인 관계라고 할 수 있기 때문이다.

촉진적인 관계형성을 위해서는 특정 기술뿐만 아니라 상담자의 태도가 중요하다. 즉 공감적 이해, 수용적 존중, 일관된 진솔성으로 설명할 수 있다. 먼저 공감적 이해란 감정이나 신념, 욕구, 바램, 가치관 등을 포함한 내담자의 내적 경험과 주관적 세계를 내담자의 입장에 서서 이해하는 것이다. 이해의 방법은 두 가지로 하나는 감수성의 차원으로 내담자의 말 속에 깔려 있는 주된 감정, 욕구, 가치관, 신념 등을 포착하는 능력과, 또 하나는 의사소통의 차원으로 상담자가 내담자의 외적 측면뿐만 아니라 내적 측면까지도 이해하고 알게 되었다는 것을 내담자에게 전달하는 능력이다.

둘째로 수용적 존중이란 따뜻하고 비판단적인 태도로 내담자를 대하는 태도를 말한다. 내담자에 대한 수용적 존중은 상담자의 따뜻한 태도에 의해서 전달되는데, 비언어적으로는 목소리, 얼굴표정, 자세, 눈맞춤, 신체접촉, 서로간의 물리적 거리 등을 통해서 전달된다. 언어적으로는 내담자의 긍정적인 면을 인정해 주는 방법과 상담시간 내에 내담자나 상담자의 내면이나 또는 내담자－상담자 간에 일어나는 지금－여기에서의 느낌을 즉시적으로 다루어 줌으로써 전달된다.

마지막으로 일관된 진솔성이란 상담자의 말과 행동, 즉 언어적 표현과 비언어적 표현이 다르지 않도록 노력하는 자세를 요구하는데, 이러한 상담자의 태도는 내담자에게 신뢰감을 주게 된다.

이상에서 살펴본 바와 같이 아동상담에서는 특히 상담자가 첫인상의 관리(친절, 재미, 호감, 명랑한 느낌을 주는 것)와 내담자에게 호감을 주는 상담실의 소품들과 복장을 선택하는 것이 중요하다. 그리고 상담을 의뢰받은 내용을 솔직하게 다루는 것이다.

(3) 문제진단과 내담자 평가

상담의 초기단계에서의 문제진단이란 내담자 문제를 분류하고 명명하여 문제의 실체를 객관화하는 것이다. 진단은 내담자 문제를 이해하고 적절한 개입 전략을 선정하고 계획하는 데 도움이 된다. 대표적인 진단은 DSM－Ⅳ를 들 수 있다. 이러한 진단과 더불어 내담자의 평가가 이루어져야 하는데 내담자의 전반적인 특성과 기능수준을 파악하고 내담자의 성장과 문제해결에 도움이 될 수 있는 내적, 외적 자원을 구체적으로 살펴보는 제반활동을 말한다. 즉 내담자의 강점, 심리적 자원, 심리적 특성에 대한 이해라고 할 수 있다.

특히 아동상담에서는 다음과 같은 질문이 요구된다. 학업, 진로, 또래관계, 가족관계 등과 같은 생활의 여러 영역에서 내담자가 어느 정도 잘 적응하고 있는가(현재의 기능수준), 문제가 발생하기 전 내담자의 생활의 여러 영역에서 어느 정도 잘 적응했는가(문제 발생 이전 기능수준), 문제의 발생과 유지에 직접적으로나 간접적으로 영향을 주는 내담자 개인적인 특성과 환경적 특성이 있다면 무엇인가, 내담자가 문제를 해결하는데 필요한 내적 자원이나 외적 자원이 있다면 무엇인가 하는 것이다.

이와 같은 평가를 통해서 상담자는 내담자의 기능수준과 현재 상태에 적합한 상담목표와 개입전략을 수립할 수 있고, 궁극적인 상담의 효과를 증진시킬 수 있다.

(4) 사례개념화

사례개념화란 내담자 문제에 대한 어떤 단정적인 결론이 아니라 잠정적인 설명 혹은 추론의 성격을 띤다. 따라서 사례개념화는 초기에 얻어진 정보를 토대로 가설을 세우고 끝까지 그 가설을 바꾸지 않는 단기적 작업이 아니라 추가적인 정보에 따라 지속적으로 가설을 수정하고 보완해 나가는 역동적인 작업이다. 이와 같은 사례개념화의 목적은 내담자 문제의 성격과 원인을 정확하게 이해하고 효과적인 개입전략의 모색을 돕는데 있다.

사례개념화는 내담자의 호소문제와 증상을 열거하거나 호소문제에 대한 피상적 설명을 제시하는 수준을 넘어서야 한다. 상담자가 파악한 내담자 문제의 성격은 무엇인가, 문제가 생기게 된 경로나 발달사적 요인은 무엇인가, 내담자 문제의 원인은 무엇인가 등이 요구되면, 이와 같은 과정에서 상담자는 다음의 사항을 유의해야 한다. 내담자가 진술하는 내용에서 반복적으로 나타나거나 공통되는 주제나 패턴이 있는지를 찾아보고, 내담자의 문제행동이나 증상의 역기능적 측면 뿐만 아니라 기능적 측면을 파악한다. 내담자 문제와 관련하여 내담자의 개인적 특성 뿐만 아니라 가족역동, 주변 사람들과의 관계특성, 환경적 특성에 이르기까지 포괄적으로 정보를 수집, 탐색하고 활용한다.

(5) 목표설정

상담에서의 목표설정은 상담의 성과에 따른 긍정적인 결과를 말하는데, 목표설정에는 과정목표와 결과목표가 있다. 과정목표는 내담자 변화에 필요한 상담여건을 조성하는 것으로 내담자 변화를 촉진하는 상담관계 혹은 작업동맹을 형성하고 내담자에게 심리적으로 안전한 장을 제공하는 것 등이 포함되는 것으로 상담자의 과제이다. 결과목표는 내담자에 따라 구체적인 내용이 다르며, 내담자와 협의하여 설정하는 것이 바람직하다.

목표설정의 과정은 첫째, 상담목표 설정의 목적과 필요성에 대해 내담자가 납득할 수 있도록 자세히 설명한다. 둘째, 목표를 선정한다. 셋째, 내담자가 세워진 목표에 합의하는지 확인해 본다. 넷째, 목표달성이 가져다 줄 이점과 손실을 검토하고 목표달성에 장애가 될 수 있는 요인을 정확하게 파악한다. 다섯째, 필요한 경우 목표실행 과정에서 원래 정한 목표를 수정하여 새로운 목표를 설정한다.

(6) 상담계획

상담 초기에 내담자 문제와 개인적 환경, 환경적 특성, 상담목표 등을 고려해서 상담전반에 대한 대략적인 계획을 세우는 작업을 말한다. 지금까지의 과정, 즉 문제진단 및 내담자 평가, 사례개념화, 상담목표 등을 토대로 개입방법과 상담기간 등을 포함한 상담전략에 대한 계획을 세우는 작업이다. 따라서 상담계획을 제대로 세우기 위해서는 이러한 사전 과제들이 충실하게 수행되어야 한다. 상담계획을 수립함으로써 상담자는 상담의 초점과 방향성을 설정하고 상담을 진행하면서 목표달성 여부를 점검하는데 활용하는 근거를 마련할 수 있다. 즉, 상담계획은 내담자 개개인에 따라 개별화된 내용으로 구성되어야 한다. 또한 상담 초기에 계획이 수립되지만 상담이 끝날 때까지 정해진 계획에 얽매일 필요는 없으며, 상담의 성과를 높이기 위해서는 필요에 따라 수정 · 보완될 수 있다.

내담자의 문제와 개인적, 환경적 특성 그리고 주어진 시간적 여건 등을 감안할 때 이 시점에서 가장 적합한 개입 혹은 접근방식이 무엇인지 결정하는 일이며 이는 상담자의 몫이다. 이러한 몫을 적절히 수행하기 위해서는 상담방식(개인, 집단, 가족, 부모상담 등)을 선택하고, 이론적 접근방식을 선정하며, 구체적인 개입방법을 선정한다. 즉 긴장이완 기술, 역할연습, 빈 의자기법, 자기주장 기술, 과제 제시 등과 같은 개입방법에 대한 결정 등이다. 또한 진행과정에 따른 상담의 전체 기간 및 상담 횟수를 잠정적으로 합의하는 것이다. 이 때는 상담에 대한 내담자와 내담자 부모의 기대와 동기수준은 내담자의 문제행동이나 증상이 어느 정도 심각한지, 어느 수준까지 문제를 해결하고자 하는가, 상담을 통해 기대하는 성과는 무엇인가, 내담자나 상담기관 자체의 현실적 제약을 고려할 때 가능한 상담기간은 어느 정도인가를 파악하는 것을 포함한다.

3) 중기과정

(1) 상담중기 과정에서 다루어지는 지침들

상담의 중기과정에서는 선택한 상담자의 이론적인 접근방식을 토대로 활용되어지는 지침들이 사용된다. 그러나 공통적으로 다루어져야 하는 지침들이 필요하다. 그 첫째는 내담자로 하여금 자신을 탐색하도록 촉진한다. 둘째, 내담자의 상담과 탐색에 대한 저항을 다룬다. 셋째, 내담자가 자신과 문제에 대해 자각하게 한다. 이때 인지적 자각, 정서적 자각, 행동적 자각 및 관계에 대한 자각을 구분하여 명시화한다. 넷째, 내담자로 하여금 자각한 내용을 생활에서 실현하게 한다. 다섯째, 다양한 생활영역의 변화와 반복적 실천을 강화한다. 여섯째, 실천 중에 나타나는 변화에 대한 저항을 다룬다.

이상에서의 지침들을 통해서 알 수 있는 바와 같이 상담의 중기과정에서는 초기에 협의된 상담목표를 실제적으로 얻고, 원하는 바를 현실적으로 가능한 대안들 속에서 충족시키고자 노력하는 과정이다. 즉, 행동의 변화, 감정의 변화, 생각의 변화 혹은 관계의 변화일 수 있다. 따라서 중기의 목적인 설정된 목표를 얻고자 하는 노력과 실제로 이루어 내는 것이며, 중기의 과제는 이를 이루기 위해 상담자와 내담자가 해야 할 일들이다.

(2) 상담중기 과정에서 수행되는 기법과 기술들

1 중기과정에서 사용되는 기법들

상담의 중기는 탐색 및 자각 그리고 변화하는 것을 진행하게 된다. 이를 수행하기 위해서는 다양한 면접기법들이 있는데 구체적으로 살펴보면 다음과 같다.

첫 번째, 높은 수준의 공감이다. 내담자가 자각하지 못하는 욕구와 그에 따른 정서까지도 공감할 때 내담자는 수용하기 어려웠던 자신의 욕구와 정서를 직면하면서 탐색할 수 있다.

두 번째, 요약하기이다. 문제의 주제를 명료화시켜 주는 것이다. 따라서 자신이 그동안 힘들어 하거나 갈등을 느꼈던 부분에 대해서 가졌던 막연함이 구체적으로 뚜렷하게 윤곽을 잡도록 하고, 그 문제를 해결하기 위한 필요한 대처방안을 찾거나 변화에 대한 의지를 높여주게 된다.

세 번째, 정보를 제공하는 것이다. 문제해결을 위한 정보가 부족하여 현재 당면한 문제를 심각하게 생각하고 문제해결 방안을 탐색하기보다는 오히려 회피하려는 경향들이 나타나므로, 적극적으로 문제해결의 장면에 나설 수 있도록 하는데 필요한 정보를 제공하게 되므로서 새로운 관점에서 자신의 문제를 보거나, 자신에 대한 인식이 달라질 수 있게 된다.

네 번째, 도전적 질문이다. 내담자의 신념이나 생각, 감정, 행동에 대한 보다 현실적이고 타당성이 있는지를 검토하도록 하는 의도적인 질문이다.

다섯 번째, 기적 질문이다. 문제가 해결된 상태를 상정하고 그것이 무엇인지를 구체화하고 명료화하도록 하는 질문이다. 기적 질문은 내담자에게 강력하고 새로운 경험이 되고 희망과 가능성을 준다.

여섯 번째, 척도질문이다. 내담자에게 자신의 문제, 성공, 정서적 관계, 자아존중감, 문제해결 가능성에 대한 확신, 변화를 위한 노력의 정도, 변화를 위한 동기, 진행에 대한 평가들을 수치로 표현하게 하는 질문이다. 척도질문은 변화에 대한 동기를 강화하고 다음 단계로 발전하기 위해서 무엇을 해야 할지를 탐색하도록 돕는다.

일곱 번째, 대처질문이다. 매우 낙담하고 절망하고 좌절하고 있는 내담자에게 성공감을 느끼도록 하는 대처방법에 관한 질문으로 내담자에게 경험을 활용하게 하고 새로운 힘을 갖게 하며 자신의 강점을 발견하도록 한다.

여덟 번째, 예외질문이다. 예외적인 상황을 찾아서 밝히고 내담자가 가지고 있는 자원을 활용하여 내담자의 자아존중감을 강화하기 위한 질문이다. 문제에 관하여 주로 부정적인 생각을 하고 문제를 제거하고 감소시키는 데만 몰두하는 사고방식으로부터 해결방안을 모색하게 한다.

아홉 번째, 관계질문이다. 내담자가 자기의 주관적인 경험을 마치 전부인 것처럼 생각하는데, 주변에 있는 중요한 인물들이 어떻게 생각하고 있는지를 확인하여 서로의 관련성을 검토하게 한다.

열 번째, 자기공개이다. 상담자 자신의 역사적 사실을 내담자에게 공개하여 내담자가 그것을 공유하게 하면서 내담자 자신의 내면을 탐색할 수 있도록 안내하는 반응이다. 자기공개를 통해 상담자는 내담자에게 자기공개하는 모델로서의 역할도 하고 대안을 자극하여 새로운 변화의 방향을 탐색하게 한다.

열한 번째, 즉시성이다. 내담자가 일상생활에서 보이는 대인관계의 특성이 상담자와의 관계에서도 나타난다는 전제 하에 상담자와의 관계 양식을 탐색함으로써 내담자의 대인관계 양식을 검토하도록 돕는다.

열두 번째, 직면이다. 내담자가 생각하거나 느끼는 것이 말하는 것과 다를 때, 말하는 것이 생각하는 것과 다를 때 그리고 내담자의 생각이 타인의 생각과 다를 때 사용할 수 있다. 이러한 불일치는 일상생활에서도 찾을 수 있고 상담시간에서도 발견된다.

2 중기과정에서 활용되는 기술들

① **중지수렴** : 문제해결에 도움이 될 수 있는 양적인 정보로서 내담자와 상담자는 생각나는 대로 실천 가능성의 여부없이 다양한 대안들을 제안해 본다. 이를 통해서 내담자는 확산적이고 창조적인 사고를 할 수 있는데, 이 때는 되도록 많은 의견을 제시하고 수집하여 최종적으로 각 의견에 대한 비판, 평가, 논평을 하도록 한다. 그런 후에 최종적으로 남아있는 방법을 토대로 하여 목표를 가장 잘 이룰 수 있는 방법이 어떤 것인지를 선택한다.

② **하향 화살표 기술** : 역기능적 신념을 찾는 방법으로 특정 사건의 자동적 사고내용으로부터 '과연 그 생각이 나에게 무엇을 의미하는가?'라는 물음을 계속 던지므로 좀더 심층적인 부적응적 신념을 탐색해 나가는 기술이다. 이러한 계속적인 질문을 통해 하나의 사건에 대한 자동적 사고로부터 그러한 사고의 바탕을 이루고 있는 심층적인 사고를 추적해 살펴볼 수 있고, 결국에는 '사랑없이는 결코 행복할 수 없다'는 역기능적 신념을 찾아낼 수 있다.

③ **문제해결기술** : 내담자가 대안을 탐색하고 자각을 실천해 가는데 확실한 도움이 되는 것으로써 문제에 대한 명확한 정의를 내리고, 문제해결 방향과 가능한 방안을 정리하며, 관련된 정보를 수집한다. 그리고 수집된 자료를 바탕으로 대처행동을 의논하고, 바람직한 행동절차 및 의사소통의 실제 계획을 수립하며, 계획된 것을 실제 생활에서 실천해 본다. 마지막으로 실천결과를 평가하고 행동계획을 수정하고 보완한다.

④ **WDEP(Want-Doing-Evaluation-Plan)** : 현실요법 상담과정의 주요기술로써, 내담자가 원하는 것이 무엇인가, 그것을 얻기 위하여 내담자는 지금까지 어떤 노력들을 해왔는가, 그러한 노력들이 어떤 성과를 얻었는가, 그렇다면 앞으로 어떻게 할 것인지를 계획하는 절차에 따라 내담자의 문제를

해결해 가는 방법이다.

⑤ **A-FROG 기술**(Alive-Feel-Reality-Others-Goals) : 내담자가 그 문제나 그 생각을 계속하는 것에 대한 평가를 스스로 하게 하는 것으로 내담자가 자신의 문제에 대해 좀더 현실적이고 객관적인 판단을 할 수 있게 한다. 나의 문제가 나를 생기있게 유지하는가, 그 결과 나는 기분이 나아졌는가, 그것은 현실에 기반을 두고 있는가, 그것은 내가 다른 사람들과 어울리는 데 도움이 되도록 하는가, 그것은 나의 삶의 목적을 성취하도록 하는가 등의 질문을 사용하는 것이다.

⑥ **빈 의자기술** : 게스탈트치료에서 주로 사용하는 기술로서 직접 대면하기 어려웠던 말들을 빈 의자에 앉아 있다고 상상하는 대화를 나누는 행동을 통해서 그 사람과의 관계를 탐색할 수 있다. 뿐만 아니라 내담자는 다른 사람에 대한 자신의 감정을 명료화시킬 수 있고, 타인의 입장을 이해할 수 있게 되며, 그에 대한 대처방법으로의 새로운 행동을 시도해 볼 수 있다. 빈 의자기술을 통해서 타인과의 관계 뿐 아니라 자신의 억압된 부분 및 개발되지 않은 부분들과의 접촉도 가능하다.

⑦ **대차대조법** : 경제적 개념을 상담과정에 도입한 것으로 어떤 결정을 내담자가 수용하여 실천할 때 들여야 하는 노력이나 부담, 얻을 수 있는 것 등을 나열하여 그 값이 어느 정도인지를 추정해 봄으로써 결정과 선택에 도움이 되는 방법이다.

4) 종결과정

(1) 상담종결의 준비

상담의 종결에서는 무엇보다도 이별과 헤어짐의 임상적인 의미를 다루어야 한다. 아동 내담자에게 자기 인생의 주요한 인물과의 이별은 하나의 통과의례와 같은 것임을 인식시켜야 한다. 그리고 이러한 이별의 과정 경험은 삶의 과정 속에서 만나는 많은 사람들과의 관계를 잘 조절해 나가는 능력을 발휘할 것이며, 스스로에 대한 책임을 질 수 있으며 성장할 수 있음을 인식시키고 격려하는 것이 도움이 될 것이다. 따라서 상담과정에서 충분히 종결과정에 대해서 다루는 것이 무엇보다도 중요하다.

(2) 상담종결의 과정

상담자는 내담자와의 관계에서 상담의 목표가 달성되었는지를 평가하는 것이 요구되며, 종결은 합의하에 이루어지는 것이 바람직하다. 그에 따른 평가로서 나는 새로운 행동을 습득했는가, 그 새로운 행동은 나의 영속적인 습관인가, 나의 정서적 반응은 적응적인가, 나는 앞으로 내가 겪어야 할 여러 가지 유형의 좌절에 대하여 관용적일 수 있는가, 나는 어려움을 행하는 대신에 피함으로써 직면할 수 있겠는가, 나는 내 자신의 문제에 대해서 스스로 책임을 질 수 있는가, 내가 지금 호소하는 증상은 제거되거나 줄어들었거나 해결되었는가 등으로 살펴볼 수가 있다. 또한 상담의 종결 후에 발생되는 수많은 일상에서의 문제들에 대처할 수 있는 능력을 지속적으로 향상시키기 위해서 독서나 자신의 생각, 느낌, 행동 등의 탐색을 지속적으로 진행시킬 수 있는 방법에 대한 학습과 추수상담 및 상담자와의 만남도 소중한 만남으로 상담 후에도 지속적으로 연결이 될 수 있음을 알려 준다.

제7장

아동의 정신병리

1. 파괴적, 충동통제 및 품행장애
2. 불안장애
3. 주의력결핍 및 과잉행동장애
4. 배설장애
5. 반응성 애착장애

최근에 DSM-5(2013)에 정신병리에 대한 기준이 새롭게 추가되었으며 이는 아동발달과 관련된 병리적 징후들에 변화가 생겼으며, 병리적 증상이 확대되어 다양한 현상으로 드러나고 있다고 이해된다. 그래서 DSM-5에 나타난 기준들과 사례를 구체적으로 제시하여 이상행동에 대한 이해를 돕고 있는 권석만(2013)의 현대이상심리학의 내용을 주로 요약 발췌하여 제시하고 기타 다른 자료들을 첨가하고자 한다. 이유는 상담에서 내담자에 대한 정확한 파악이 중요하며 이는 문제와 더불어 극복 대안을 내담자에게서 찾는데 중요한 작업과정이라고 이해하기 때문이다. 무엇보다도 사례를 중심으로 증상을 이해하는 것이 선행되어졌을 때 상담자가 덜 당황하면서 내담자를 진정성 있는 만남의 과정에서 도움을 제공할 수 있는 계기가 될 것으로 본다. 필요하다면 권석만(2013)의 책을 병행하여 읽어 내려 간다면 더욱더 구체적으로 병리적인 증상과 기준에 대한 이해를 도울 것이라고 이해한다.

1. 파괴적, 충동통제 및 품행장애

1) 적대적 반항장애

적대적 반항장애는 어른에게 거부적이고 적대적이며 반항적인 행동을 지속적으로 나타내는 경우를 말한다. DSM-5에서는 이 장애는 세 가지의 핵심증상, 즉 분노하며 짜증내는 기분, 논쟁적이고 반항적인 행동, 복수심으로 이루어져 있다. 이 경우에 자신의 기분에 따라 타인을 생각하는 기준을 갖게 되는 경우가 되기 때문에 다른 사람의 기분을 상하게 하거나 화나게 하는 경우도 빈번하고 자신의 실수나 잘못을 인정하지 않는 경우로 타인을 비난하거나 응징하는 형태의 문제들을 나타낸다. 이러한 반항적 행동이 6개월 이상 지속되어 나타날 경우로 품행장애의 기준에 해당되지 않으면 적대적 반항장애로 진단된다.

2) 간헐적 폭발성 장애

간헐적 폭발성 장애는 공격적 충동이 조절되지 않아 심각한 파괴적 행동으로 가끔씩 나타나게 되는 경우를 말한다. 이 경우에는 언어적 공격행동, 재산파괴, 신체적 공격행동으로 드러나는 폭발적 행동을 반복적으로 드러낸다. 폭발적 행동의 정도가 기준을 넘는다는 것이다. 이러한 기준은 심리적, 사회적 자극을 말한다. 이들은 폭발적 행동이 있기 전에는 상당한 시간과 상당한 강도의 긴장상태를 경험하고, 폭발행위가 그치면 극도의 긴장 완화된 느낌을 지니게 된다.

이는 폭력가정을 통해서 가장 많이 드러나게 되는데 학대 경험, 무시당하는 경험 등이 선행되었다고 볼 수 있으며, 유전적인 성향을 고려할 수 있다. 한편 스트레스 대처에 약한 사람들에게서 긴장감이 증폭되기 때문에 폭력적인 공격행동으로 드러날 수 있다.

3) 품행장애

품행장애는 폭력, 방화, 도둑질, 거짓말, 가출 등과 같이 난폭하거나 무책임한 행동을 통해 타인을 고통스럽게 하거나 하는 행위를 반복적으로 나타내는 경우를 말하며, 품행장애의 기준은 다음과 같다.

다른 사람의 기본적 권리나 사회적 규범을 위배하는 행동패턴이 지난 12개월 동안에 다음의 15개 기준 중 3개 이상으로 나타나야 한다. 그 중 1개 이상의 기준은 지난 6개월 이내에 나타나야 한다.

(1) 사람과 동물에 대한 공격

① 자주 다른 사람을 못살게 굴거나 협박하거나 겁먹게 한다.
② 자주 싸움을 건다.
③ 다른 사람에게 심한 신체 손상을 줄 수 있는 무기를 사용한다.
④ 사람에게 신체적으로 잔인하게 대한다.
⑤ 동물에게 잔인하게 대한다.
⑥ 피해자가 보는 앞에서 도둑질은 한다(예: 노상강탈, 지갑 날치기, 강도, 무장강도)
⑦ 다른 사람으로 하여금 강제로 성행위를 하게 한다.

(2) 재산파괴

⑧ 심각한 파괴를 일으킬 작정으로 고의로 불을 지른다.
⑨ 다른 사람의 재산을 고의로 파괴한다(방화에 의한 것은 제외).

(3) 사기 또는 절도

⑩ 다른 사람의 집, 건물 또는 자동차를 파괴한다.
⑪ 물품이나 호의를 취득하거나 의무를 피하려고 자주 거짓말을 한다.
⑫ 피해자와 마주치지 않고 사소한 것이 아닌 물건을 훔친다(예: 파괴하거나 침입하지 않고 물건을 사는 체하고 훔치기, 문서위조).

(4) 중대한 규칙위반

⑬ 부모가 금지하는데도 자주 외박을 하며, 이는 13세 이전부터 시작되었다.

⑭ 부모나 대리부모와 집에서 같이 살면서 최소한 두 번 이상 가출, 외박을 한다(또는 한번 가출했으나 장기간 귀가하지 않음).

⑮ 무단결석을 자주 하며, 이는 13세 이전부터 시작하였다.

2. 불안장애

1) 범불안장애

범불안장애는 다양한 상황에서 만성적 불안과 과도한 걱정을 나타내는 경우를 말한다. 일상생활 속에서 겪게 되는 여러 가지 사건이나 활동에 대해서 지나치게 걱정함으로써 지속적인 불안과 긴장을 경험한다. 이런 상태가 오랫동안 지속되면 매우 고통스럽고 현실적응에도 어려움을 겪게 되는데, 이러한 상태를 범불안장애라고 한다. DSM-5의 진단기준은 다음과 같다.

(1) 다양한 사건이나 활동(예: 직업이나 학업 수행)에 대한 과도한 불안과 걱정이 나타난다. 이러한 불안과 걱정이 적어도 6개월 동안 50% 이상의 날에 나타나야 한다.

(2) 개인은 이러한 걱정을 통제하기가 어렵다고 느낀다.

(3) 불안과 걱정은 다음의 6개 증상 중 3개 이상과 관련된다(아동의 경우는 1개 이상).

① 안절부절못함 또는 가장 자리에 선 듯한 아슬아슬한 느낌

② 쉽게 피로해짐

③ 주의집중의 곤란이나 정신이 멍해지는 느낌

④ 화를 잘 냄

⑤ 근육의 긴장

⑥ 수면 장해(잠에 들거나 지속하기의 곤란 또는 초조하거나 불만족스러운 수면)

(4) 불안, 걱정 또는 신체적 증상이 심각한 고통을 유발하거나 사회적, 직업적 또는 다른 중요한 영역의 활동에 현저한 손상을 초래한다.

(5) 이러한 장해는 물질(예: 남용하는 약물, 치료약물)이나 다른 의학적 상태(예: 부신피질 호르몬 과다증)의 생리적 효과에 기인한 것이 아니다.

(6) 이러한 장애는 다른 정신장애에 의해서 더 잘 설명되지 않는다(예컨대, 다음과 같은 것에 대한 불안이 아니어야 한다. 공황장애에서 공황발작이 일어나는 것, 사회불안장애에서 부정적 평가, 강박장애에서 오염 또는 다른 강박사고, 분리불안장애에서 애착대상과의 이별, 외상 후 스트레스장애에서 외상사건 회상 촉발자극, 신경성 식욕부진증에서 체중 증가, 신체증상장애에서 신체적 호소, 신체변형장애에서 지각된 외모 결함, 질병불안장애에서 심각한 질병 또는 정신분열증이나 망상장애에서 망상적 신념의 내용에 대한 불안이나 걱정이 아니어야 한다).

2) 특정공포증

특정공포증은 특정한 대상이나 상황에 대한 비합리적 두려움과 회피행동을 지속적으로 나타내는 경우를 말한다. DSM-5의 진단기준은 다음과 같다.

(1) 특정한 대상이나 상황(비행, 높은 곳, 동물, 주사맞기, 혈액을 보는 것)에 대한 현저한 공포나 불안을 경험한다. 아동의 경우에는 공포나 불안이 울기, 떼쓰기, 얼어붙기, 칭얼거리기로 표현될 수 있다.

(2) 공포를 유발하는 대상이나 상황에 노출되면 거의 예외없이 즉각적인 공포반응이 유발된다.

(3) 특정공포증을 지닌 사람은 공포를 느끼는 대상과 상황을 회피하려고 한다. 그러나 때로는 심한 공포나 불안을 느끼면서 고통 속에서 이러한 공포자극을 참아내는 경우도 있다.

(4) 특정한 대상이나 상황에 의한 실제적인 위험과 사회문화적 맥락을 고려할 때, 이러한 공포나 불안은 지나친 것이어야 한다. 이러한 공포와 회피행동이 6개월 이상 지속되어 심한 고통을 경험하거나 사회적, 직업적 활동에 현저한 방해를 받을 경우 특정공포증으로 진단된다.

3) 광장공포증

광장공포증은 특정한 장소나 상황에 대한 공포를 나타내는 경우를 말한다. DSM-5의 진단기준은 다음과 같다.

광장공포증을 지닌 사람은 다음의 다섯 가지 상황 중 적어도 두 가지 이상의 상황에 대한 현저한 공포와 불안을 나타낸다.

(1) 대중교통수단(예:자동차, 버스, 기차, 배, 비행기)을 이용하는 것

(2) 개방된 공간(예: 주차장, 시장, 다리)에 있는 것

(3) 폐쇄된 공간(예: 쇼핑몰, 극장, 영화관)에 있는 것

(4) 줄을 서 있거나 군중 속에 있는 것

(5) 집 밖에서 혼자 있는 것. 또한 이러한 상황을 두려워하거나 회피하는 이유가 공황과 유사한 증상이나 무기력하고 당혹스러운 증상(예: 쓰러질 것 같은 공포, 오줌을 지릴 것 같은 공포)이 나타날 경우에 그러한 상황을 회피하기 어렵거나 도움을 받을 수 없다는 생각 때문이어야 한다. 이들은 이러한 공포유발 상황에 노출되면 거의 예외 없이 공포와 불안을 경험하게 되며 이러한 상황을 회피하고자 한다. 그러나 때로는 동반자가 있으면 공포나 불안을 느끼면서도 공포상황을 참아낼 수 있다. 공포유발 상황의 실제적인 위험과 사회문화적 맥락을 고려할 때, 이러한 공포는 지나친 것이어야 한다. 이러한 공포와 회피행동이 6개월 이상 지속되어 심한 고통을 경험하거나 사회적, 직업적 활동에 현저한 방해를 받을 경우 광장공포증으로 진단된다.

광장공포증은 아동기에도 나타날 수 있지만 청소년 후기나 성인 초기에

발병률이 높다. 또한 광장공포증은 어린 시절 부모나 양육자에 대한 분리불안을 지녔던 경우, 애정결핍, 안전기지로부터 일시적인 공간적 분리를 견디는 능력의 부족 등에서 발병확률이 높다.

4) 사회불안장애

사회불안장애는 다른 사람들과 상호작용하는 사회적 상황을 두려워하여 회피하는 장애로서 사회공포증이라고도 한다. DSM-5의 진단기준은 다음과 같다.

(1) 개인이 다른 사람들에 의해 관찰되고 평가될 수 있는 한 가지 이상의 사회적 상황에 대해서 현저한 공포나 불안을 지닌다. 이들이 두려워하는 주된 사회적 상황은 일상적인 상호작용 상황(예: 다른 사람과 대화를 하거나 낯선 사람과 미팅하는 일), 관찰당하는 상황(예: 다른 사람이 보는 앞에서 음료를 마시거나 음식을 먹는 일), 다른 사람 앞에서 수행을 하는 상황(예: 연설이나 발표를 하는 일)이다.

(2) 이러한 사회적 상황에서 다른 사람들로부터 부정적인 평가를 받을 수 있는 행동을 하거나 불안증상을 나타내게 될 것을 두려워한다. 즉 부적절한 행동을 통해서 다른 사람들로부터 모욕과 경멸을 받거나 거부를 당하거나 타인에게 피해를 주게 될 것을 두려워한다.

5) 분리불안장애

분리불안장애는 애착대상과 떨어지는 것에 대해서 심한 불안을 나타내는 정서적 장애를 말한다. 분리불안장애는 다양한 증상으로 다나타는데 그 기준은 다음과 같다.

다음과 같은 증상 중 3개 이상을 6개월 이상 나타낼 때, 분리불안장애로 진단될 수 있다.

(1) 주요 애착대상이나 집을 떠나야 할 때마다 심한 불안과 고통을 느낀다.

(2) 주요 애착 대상을 잃거나 그들에게 질병, 부상, 재난 혹은 사망과 같은 해로운 일이 일어나지 않을까 지속적이고 과도하게 걱정한다.

(3) 애착 대상과 분리될 수 있는 사건들(예: 길을 잃음, 납치당함, 사고를 당함, 죽음)에 대해 지속적이고 과도하게 걱정한다.

(4) 분리에 대한 불안 때문에 밖을 나가거나, 집을 떠나거나, 학교나 직장 등에 가는 것을 지속적으로 꺼리거나 거부한다.

(5) 혼자 있게 되거나 주요 애착 대상 없이 집이나 다른 장소에 있는 것에 대해 지속적으로 과도한 공포를 느끼거나 꺼린다.

(6) 집을 떠나 잠을 자거나 주요 애착 대상이 근처에 없이 잠을 자는 것을 지속적으로 꺼리거나 거부한다.

(7) 분리의 주제를 포함하는 반복적인 악몽을 꾼다.

(8) 주요 애착 대상으로부터 분리되거나, 분리가 예상될 때 반복적인 신체 증상(예: 두통, 복통, 메스꺼움, 구토 등)을 호소한다.

6) 선택적 무언증

선택적 무언증은 아동의 경우 시점 유병률이 0.03-1%인 것으로 보고되고 있으며, 학교장면에서의 발병률은 0.71%인 것으로 추산되고 있다(Bergman, Piacentini & McCrackenm, 2002; 권석만, 2013). 이는 DSM-5에서 불안장애의 하위 유형으로 포함되었으며, 선택적 무언증이란 말을 할 수 있으나 특정한 상황에서 지속적으로 말을 하지 않는 장애로 주로 아동에게서 드러난다. 특정한 상황이란 말을 하도록 유도되거나 기대되는 상황에서 지속적으로 말을 하지 않는 것을 말한다. 즉 학교, 친척, 또래들과의 만남에서 나타나는 것이 일반적이다.

선택적 무언증은 어떠한 사람과도 말을 않는 경우가 있으며, 가족과는 말을 하나 가족 이외의 사람들과 말을 않은 경우가 있고, 또래들과 놀이활동은 하나 말을 않는 경우가 있다. 또한 또래들과는 말을 잘 하나 어른들과 말을 않는 경우가 있다. 선택적 무언증을 지닌 아동의 경우 등교거부, 학업적 곤란, 또래들과의 친밀한 관계 맺기의 어려움, 왕따의 위험요인이 있다고 할 수 있다. 이 같은 여러 가지 부적응 문제를 초래하는 무언증 증상이 1개월 이상(입학 후 처음 1개월은 제외) 지속될 경우에 선택적 무언증으로 진단된다.

간혹, 학교에서 학업성적도 좋고 또래들과의 사이에서도 리더십도 발휘하고 선생님들께도 인정을 받는 아동이 할아버지가 계신 친가에만 가면 어른들게 고개만 끄덕이고 어른의 질문에 말대꾸를 하지 않거나 먼저 말을 걸어 여쭙거나 하는 행동들이 어릴 때부터 초등학교 6학년이 되어서까지 이루어지지 않아서 할아버지, 할머니가 걱정이 크시지 않았으나 중학교에 들어가면서 말문을 열고 응대도 하고 귀기울여 듣기 위해 할아버지 할머니의 옆자리에 앉는 경우도 있다.

3. 주의력결핍 및 과잉행동장애

주의력결핍과 과잉행동장애의 진단기준은 다음과 같다.

1) 부주의 및 과잉행동

충동성의 지속적 패턴이 나타난다. 이러한 패턴은 개인의 기능과 발달을 저해하며 아래의 1항과 2항 중 한 가지 이상에 해당되어야 한다.

(1) 부주의

다음 중 6개 이상의 증상이 6개월 이상 지속적으로 나타난다. 이러한 증상은 발달수준에 맞지 않으며 사회적, 학업적/직업적 활동에 직접적으로 부정적인 영향을 미친다.

① 흔히 세부적인 면에 대해 면밀한 주의를 기울이지 못하거나 학업, 직업 또는 다른 활동에서 부주의한 실수를 저지른다.
② 흔히 일을 하거나 놀이를 할 때 지속적으로 주의를 집중할 수 없다.
③ 흔히 일을 하거나 직접 말을 할 때 경청하지 않는 것으로 보인다.
④ 흔히 지시를 완수하지 못하고, 학업, 잡일, 작업장에서의 임무를 수행하지 못한다(반항적 행동이나 지시를 이해하지 못해서가 아님).
⑤ 흔히 과업과 활동을 체계화하지 못한다.
⑥ 흔히 지속적인 정신적 노력을 요구하는 과업(학업 또는 숙제 같은)에 참여하기를 피하고, 싫어하며, 저항한다.
⑦ 흔히 활동하거나 숙제하는 데 필요한 물건들(예: 장난감, 학습과제, 연필, 책 또는 도구)을 잃어버린다.
⑧ 흔히 외부의 자극에 의해 쉽게 산만해진다.
⑨ 흔히 일상적인 활동을 잊어버린다.

(2) 과잉행동과 충동성

다음 중 6개 이상의 증상이 6개월 이상 지속적으로 나타난다. 이러한 증상은 발달 수준에 맞지 않으며 사회적, 학업적/직업적 활동에 직접적으로 부정적인 영향을 미친다.

① 흔히 손발을 가만히 두지 못하거나 의자에 앉아서도 몸을 옴지락거린다.
② 흔히 앉아 있도록 요구되는 교실이나 다른 상황에서 자리를 떠난다.
③ 흔히 부적절한 상황에서 지나치게 뛰어다니거나 기어오른다(청소년 또는

성인에서는 주관적인 좌불안석으로 제한될 수 있다).

④ 흔히 조용히 여가 활동에 참여하거나 놀지 못한다.

⑤ 흔히 '끊임없이 활동하거나' 마치 '자동차(무엇인가)에 쫓기는 것'처럼 행동한다.

⑥ 흔히 지나치게 수다스럽게 말을 한다.

⑦ 흔히 질문이 채 끝나기 전에 성급하게 대답한다.

⑧ 흔히 차례를 기다리지 못한다.

⑨ 흔히 다른 사람의 활동을 방해하고 간섭한다(예: 대화나 게임에 참견한다).

2) 심각한 부주의나 과잉행동

충동성의 증상이 12세 이전에 나타난다. 그리고 충동성의 증상이 2가지 이상의 장면(예: 학교, 작업장, 가정)에서 나타난다.

3) 이러한 증상들

사회적, 학업적 또는 직업적 기능을 방해하거나 그 질을 저하시킨다는 명백한 증거가 존재한다. 또한 정신분열증이나 다른 정신증적 장애의 경과 중에서만 나타나는 것이 아니며 다른 정신장애에 의해 더 잘 설명되지 않는다.

4. 배설장애

아동의 성장과정에서는 무엇보다도 신체적 · 심리적 발달과정에서 자기조절

능력을 학습하는 기회가 주어지게 된다. 이 기회가 적절하게 주어지지 않았거나 주어지더라도 아동이 순응할 수 없는 심리적인 상태일 때는 유뇨증이나 유분증, 또는 유뇨증과 유분증을 동시에 갖게 되는 등의 발병이 일어날 수 있다.

1) 유뇨증

유뇨증은 배변훈련이 끝나게 되는 5세 이상의 아동이 신체적인 이상이 없음에도 옷이나 침구에 반복적으로 소변을 보는 경우를 말한다. 특히 연속적으로 3개월 이상 매주 2회 이상 부적절하게 소변을 볼 경우에 유뇨증으로 진단된다.

2) 유분증

유분증은 4세 이상의 아동이 대변을 적절치 않은 곳(옷이나 마루)에 반복적으로 배설하는 경우를 말한다. 특히 이러한 행동이 3개월 이상 매주 1회 이상 나타날 경우에 유분증으로 진단된다. 유분증의 발병은 5세 아동의 약 1%이며 남자 아동에게 더 흔하다. 유분증은 몇 년 동안 지속되는 경우도 있으나 대부분 나이가 들면서 사라진다.

이러한 현상은 적절한 시기에 대소변 훈련을 시키지 않았거나 일관성 없는 훈련, 강압적인 훈련이 되는 경우에 발생하게 되는데 이는 부정적 심리의 표현 양식이기도 한다. 무엇보다도 아동이 받게 되는 스트레스를 나름의 배설 방식으로 드러내고 있다는 것은 부모의 불화, 어머니가 적절한 양육 및 훈육조건을 갖추지 못했을 때 아이의 생리적, 심리적 활동이 원활하지 못하게 되며 아이가 자율적으로 스스로를 통제할 수 없는 상황이기에 일어날 수 있는 현상으로 고려된다.

아동의 유분증으로 인한 어려움을 호소하는 경우에 어머니가 아이와 정서적인 교류가 어렵거나, 아이의 지적 능력에 비해서 욕구충족이 지연되거나 좌절되는 경우가 빈번할 경우에 그 원인을 들게 되는 경우다. 아동이 어머니와의 정서적 접촉을 요할 때 유분증의 증상은 어머니를 일시적으로 통제하고 자신을 돌볼 수 있는 기회를 확보하게 되는 중요한 활동이 된다. 아동이 성장함에 때라 이러한 증상은 분노의 표현양식이 되기도 하고, 조롱하는 마음의 표현이기도 하며, 이는 아동의 사고장애로 발전할 가능성도 매우 크다.

5. 반응성 애착장애

반응성 애착장애는 양육자와의 애착 외상으로 인하여 부절적한 위축된 대인관계 패턴을 나타내는 경우를 말한다. 반응성 애착장애의 DSM-5의 진단기준을 살펴보면 다음과 같다.

(1) 아동이 성인 양육자에 대해서 거의 항상 정서적으로 억제되고 위축된 행동을 보인다. 즉 괴로움을 느낄 때에도 양육자에게 위안을 구하지 않으며 양육자의 위안에도 반응하지 않는다.

(2) 사회적, 정서적 장애를 나타낸다. 즉 다른 사람에 대해서 사회적 정서적 반응을 나타내지 않으며 긍정적인 정서를 거의 느끼지 못하고 성인 양육자와 상호작용 중에 이유 없이 갑작스럽게 짜증, 슬픔, 공포를 나타낸다.

(3) 아동은 다음 중 한 가지 방식으로 제대로 양육을 받지 못한 극단적인 경험을 해야 한다.

① 기본적인 정서적 욕구(위로, 자극, 애정)가 성인 양육자에 의해서 충족되지 않은 사회적 방임이나 박탈

② 주된 양육자가 자주 바뀜으로 인해서 안정된 애착을 형성할 기회가 없었음

③ 특정한 사람과 선택적인 애착을 형성할 기회가 현저하게 제한된 비정상적 장면(예, 보육원)에서 양육됨

(4) 이러한 양육 결핍(C형)이 양육자에 대한 위축된 행동을 초래한 것으로 판단되어야 한다. 즉 양육박탈의 발생에 이어서 아동의 위축행동이 나타나야 한다.

(5) 자폐증 스펙트럼 장애에 해당하지 않아야 한다.

(6) 이러한 장애는 아동의 5세 이전에 나타나야 한다.

(7) 아동은 최소한 9개월 이상의 발달 연령이어야 한다.

제8장

아동상담의 심리평가

1. 심리평가의 정의 및 목적
2. 심리평가의 필요성과 과정
3. 심리평가의 방법 및 종류
4. 심리평가 보고서 작성

1. 심리평가의 정의 및 목적

1) 심리평가의 정의

심리평가 psychological assessment는 개인의 심리적 특성을 이해하기 위한 일련의 전문적인 과정으로서 심리검사, 면담, 행동관찰 등 여러 다른 방법에 의해 이루어진다(Goldstein 등 1990; 박영숙, 1993 재인용). 다시 말하면 심리평가는 심리검사 수행이 기본 요소로서 주요하지만 그 외에도 면담, 자연적 상황이나 체계적 상황에서의 행동관찰, 기타 다양한 기록 등을 포함한다. 따라서 심리평가는 다양한 평가 결과를 종합하여 최종적으로 해석을 내리는 보다 복잡하고 전문적인 과정이라고 볼 수 있다(박영숙, 1993).

즉 심리평가는 아동의 심리적 특성을 이해하기 위한 일련의 전문적인 과정으로서 심리검사, 행동관찰, 인터뷰, 면담, 전문지식과 가설설정 등 다양한 방법을 사용하여 전문적인 지식을 가진 임상가가 내리는 종합적인 평가이다. 반면에 심리검사는 아동의 심리적 현상에서 개인차를 비교하고 개인의 전체적 · 인격적 · 행동적 측면을 이해하기 위한 심리학적 측정과정(measurement)이다(김명희 · 이연경, 2014).

심리평가는 심리검사, 행동관찰, 면담 등을 통해서 이루어지는 것이라고 하였는 바, 각각의 개념을 살펴보고자 한다. Cronbach(1960)는 심리검사란 두 사람 이상의 행동을 비교하는 체계적 과정이다(박영숙, 1993 재인용). 박영숙(1993)은 심리검사는 개인의 대표적인 행동 표본을 심리학적 방식으로 측정하고, 이러한 심리학적 측정은 표준화된 방식에 따르며, 체계적인 과정을 거치게 된다고 정의하였다. 행동관찰이란 몸을 움직여 어떤 동작을 하거나 일을 하는 것을 주의하여 살펴보는 것이다. 예를 들어, 피검사자 아버지에 대해서 이야기를 할 때 귀를 만지거나 코를 만지면서 아버지에 대해서 생각하거나 느끼는 행동을 보여주는 것을 주의깊에 살펴보아서 심리평가에 참고할 수 있도록 하는 것이다. 또한 면담이란 피검사자가 자신의 고민이나 문제를 검사자와 마주 보고 이야기하는 것을 말한다. 그리고 검사자는 이러한 행동관찰이나 면담을 가꾸어 가는 과정에서 전문지식을 지니고 있어야 할 것이다. 여기서의 전문적인 지식이란 심리학적 이해와 병리적인 이해를 바탕으로 하는 것이다.

2) 심리평가의 목적

심리평가의 목적은 진단에 필요한 자료를 수집하는 일이며, 치료적 개입의 표적을 파악하기 위해서, 또한 처치의 효과를 시간의 흐름에 따라 파악하는 데에도 유용하다. 이와 같은 심리평가를 보다 효과적으로 수행하기 위해서 면담, 행동관찰, 심리검사를 실시한다. 심리검사는 성격, 지능, 적성 같은 인간의 다양한 심리적 특성들에 대해서 파악하고자 하는 목적을 가지고, 다양한 도구들을 이용하여 이런 특성들을 양적, 질적으로 측정하고 평가하는 일련의 절차를 말한다(최정윤, 2002). 무엇보다도 중요한 것은 심리평가의 목적은 한 인간의 복잡한 심리적 체계를 이해하고 보다 건강하고 행복한 삶을 살아갈 수 있도록 돕고자 하는 것이다. 따라서 심리평가는 피검자를 돕기 위한 과정에서 시행되는 전문적 작업이므로 이러한 목적에만 한정하여 심리평가 결과가 사용되어야 한다는 점을 명심하여야 한다(박영숙, 1993).

2. 심리평가의 필요성과 과정

박영숙(1993)은 심리평가는 심리검사, 행동관찰, 면담, 전문지식이 통합되어진 결과라고 하였다. 또한 심리평가는 면담이나 행동관찰 등에 비해서 일회적인 시행을 통하여 개인에 대한 다양한 정보를 객관적으로나 심층적으로 제공할 수 있다는 장점을 지니고 있다. 이는 한 개인을 보다 심층적으로 파악하는데 있어서 많은 시간이 소요되는 것을 단축시켜 줄 수 있다는 것이다. 그러나 심리평가의 장점이 온전히 발휘될 수 있기 위해서는 심리평가의 실시, 채점, 해석과정이 철저하게 전문적이어야 하며 검사를 실시하는 검사자는 심리검사에 대한 열정적이고 객관적인 태도와 신뢰도를 지니고 있어야 한다. 그리고 심리평가는 현실이 아닌 하나의 가설일 수 있으니 평가에 대해서 스스로 의문을 제시하면서 현실을 바탕으로 하여 진정한 의미를 밝혀 내려는 태도를 지녀야 할 것이다. 무엇보다도 심리평가가 전문성을 지니려면 피검자의 다각적인 측면을 객관적으로, 심층적으로, 종합적으로 제시할 수 있어야 하며, 특히 피검자의 현실을 예리하게 드러내 줄 수 있어야 할 것이다(박영숙, 1993).

심리평가는 일차적으로 자문이 의뢰된 문제를 분석하고 난 다음 적절한 평가 절차와 심리검사를 결정하고 검사를 시행, 채점하며, 심리검사 결과를 해석하고 그 외 다른 자료와 종합하며 심리평가를 자문한 의뢰처나 인접 전문가 또는 피검사자에게 이러한 결과를 효율적으로 전달해 주는 일련의 절차를 거치게 된다(Newmark, 1985; 박영숙, 1993 재인용). 달리 말하면, 심리평가의 과정은 의뢰된 문제를 분석(자료의 수집 및 환경 파악)하고 적절한 평가 절차와 심리검사를 결정하며, 검사시행 및 채점 및 결과해석 등으로 진행하고 결과 보고, 심리평가 보고서로 표현되는 것이다(김명희 · 이연경, 2014). 심리평가는 면담, 행동관찰, 심리검사 등을 사용하는 것이나 주로 심리검사의 결과에 그 비중을 두는 것이 아니라 심리검사 시행 과정을 살펴보는 것이 매우 중요하다. 이는 심리검사의 결과를 가장 중요한 해석의 자료로 활용하는 것이나 행동관찰 및 면담자료를 참고하여 검사결과를 해석하는 것이 보다 정확한 심리평가라고 할 수 있기 때문이다.

3. 심리평가의 방법 및 종류

1) 면담법

면담이란 언어적, 비언어적으로 교환되는 의사소통을 통하여 면담자와 피면담자간에 정보와 아이디어, 태도, 감정, 메시지를 교환하는 과정이라고 정의된다(Wiens, 1990; 박영숙, 1993 재인용). 심리평가 과정에서 면담은 심리검사의 필요성을 설명하고 검사에 대한 동기를 부여하고 검사에 대한 피검자의 정서적 긴장과 불안을 해소하는 과정에서 면담을 시행한다. 또한 심리검사 중간단계에서 면담이 필요하다고 생각되는 경우, 예를 들면 피검자가 계속 심리검사 시행에 대해 저항하거나 정서적으로 긴장하거나 적절하게 검사를 수행하지 못하는 경우 이러한 문제를 해결하기 위해 면담을 시행한다. 그리고 심리평가가 완료된 다음 피검자가 심리검사를 시행하는 동안 느꼈던 점을 알아보기 위해서나 적절한 범위 내에서 피검자에게 심리검사의 결과를 알려주고 해석해 주고자 하는 경우 면담을 시행한다(박영숙, 1993).

Wiens(1990)은 면담과 일반적 대화의 차이에 대해서 면담은 내담자를 도와주고자 하는 목적을 지니며, 면담의 과정은 체계적이고 계획적이라고 하였다. 즉 내담자와 합의된 면담 목적이 달성되기까지 체계적이고 계획적인 면담과정을 면담자가 주도적으로 이끌어 가고 내담자는 이에 따르게 된다. 그리고 면담자와 내담자의 역할은 구별되며 상호 역할 교환이 가능한 대등한 관계 속에 있지 않다. 이는 면담자는 면담을 이끌어 가면서 내담자로 하여금 합의된 목적이 이루어질 수 있도록 내담자의 자기 탐색을 격려하며 내담자는 이에 동의하고 따르는 역할을 담당하는 것이다(박영숙, 1993).

면담의 유형은 진단적 면담과 치료적 면담으로 구별될 수 있다(Mackinnon & Michel, 1971; 박영숙, 1993 재인용). 진단적 면담은 임상 진단을 내리기 위한 목적으로 진행되는 경우로서 상담장면에서는 내담자의 과거력을 수집하고 문제를 파악하고 적절한 상담자와 연결지워 주기 위한 접수면접과 유사하다. 진단적 면담과 치료적 면담의 차이점은 내담자에 대한 이해라고 할 수 있으며, 사실적 정보 수집에 그치지 않고 면담자 내담자의 입장을 이해하고 공감하고 이를 내담자에게 전달할 때 진정한 치료관계가 이루어지며 이러한 경우는 치료적 면담이라고 볼 수 있다.

또한 체계적인 면담, 반체계적인 면담, 비체계적인 면담이 있는데, 체계적인 면담은 면담 동안 질문할 항목과 질문 순서가 일정하게 규격화되어 있어서 면담자는 일정한 형식에 따라 면담을 이끌어 간다. 반대로 비체계적인 면담은 일정한 항목이나 순서가 없이 내담자가 드러내는 정보에 따라서 면담을 이끌어 가는 방식을 말한다. 그리고 반체계적인 면담은 면담자가 일정한 문항을 가지고 질문해 나가는 방법이다.

2) 행동관찰법

행동관찰은 문제행동을 발견해 내고 이러한 문제행동과 더불어 문제행동의 결정요인으로 작용하는 환경요인, 또는 개인과 환경과의 상호작용을 양적으로 평가해 내는 과정이라고 정의 내릴 수 있다. 이와 비교하여 전통적인 심리검사법은 개인의 일관된 성격특징이나 내적인 정신역동이 존재한다는 전제 아래 정신장애의 결정요인으로 작용하는 개인의 성격특정이나 정신역동을 양적으로 평가해 내고자 하는 시도라고 정의 내릴 수 있다(Weiner, 1976; 박영숙, 1993 재인용).

이와 같은 행동관찰에는 자연관찰법, 유사관찰법, 자기관찰법, 참여관찰법 등이 있다(박영숙, 1993). 자연관찰법은 정상적으로 환경 내 참여자가 아닌 관찰자가 환경 내에서 일어나는 내담자의 행동을 체계적으로 관찰하고 기록하는 방식이다. 이러한 행동관찰은 문제행동의 원인이 될 수 있는 행동, 문제행동과 치료결과를 평가해 주는 예민한 측정치, 상담의 부작용과 상담 결과의 일반화, 문제행동에 대한 대치행동이나 상담목표 행동과 같은 정보가 제공된다. 자연관찰법은 다양한 관찰행동이나 문제행동을 평가대상으로 삼게 된다.

유사관찰법은 관찰의 효율성을 높이기 위해 제한이 가해진 체계적인 환경에서 관찰하는 방법이다. 즉 면담실이나 놀이치료실에서 일어나는 가족관계, 사회적 관계, 아동의 행동, 부부간 행동을 평가하거나 역할놀이 상황에서 평가한다. 자기관찰법은 관찰 대상자의 행동, 개인과 환경간의 상호작용에 관한 질적, 양적 자료를 효율적으로 수집하는 또 다른 방법이다. 이 방법에서 개인은 미리 계획된 시간표에 따라 관찰 행동의 발생이나 기타 특징에 대해 기록한다. 즉, 관찰자가 자기 자신의 행동을 스스로 관찰하고 기록하는 방법이다. 참여관찰법은 관찰하고자 하는 개인의 자연스러운 환경에 관여하고 있는 관찰자로 하여금 관찰하도록 하는 방식이다. 다시 말하면 개인의 주변 인물 가운데 관찰자를 선정하여 이 관찰자가 참여하여 행동평가를 하는 것이다. 참여관찰자는 정해진 시간에 맞추어 개인에게 나타나는 행동들을 관찰하고 기록한다. 참여관찰법은 자기관찰법의 장점과 비슷한데, 우선 비용이 적게 들고 광범위한 문제행동, 환경적 사건에 적용될 수 있고 또한 자연적 상황에서 자료가 수집될 수 있다.

3) 사례연구법

사례연구법은 문제행동을 가진 내담자의 생활사와 가정환경 등에서 유발할 수 있는 제반 요인을 확인하기 위해 체계적인 조사나 연구를 통하여 문제의 원인을 진단하고 그에 따른 적절한 개입, 상담, 지도활동을 실시하여 문제행동을 해결하는 일련의 과정을 말한다. 사례연구의 목적은 곤란이나 부적응의 본질 및 원인을 발견하여 그것을 제거하기 위한 구체적인 처치방법에 대한 계획을 세워 효과적인 해결방법을 발견하고 실천하는데 있으며(Baker, 2000), 사례연구는 대상이 되는 개인의 전체, 즉 개인의 신체적, 심리적, 환경적인 모든 요인을 조사하여 그 개인이 당면하고 있는 문제와 관련된 것을 포괄적으로 통합하여 고찰한다. 그리고 문제의 해결에 유효하다고 생각되는 모든 방법을 총 동원하며, 개인의 발달사적 맥락에서 파악하여야 하며, 한 개인의 당면하고 있는 문제를 연구하는 것이다.

4) 심리검사

심리검사는 객관적 검사와 투사검사로 나뉘어지는데 객관적 검사는 과제가 구조화되어 있고 채점과정이 표준화되어 있으며 해석의 규준이 제시되어 있는 검사를 말한다. 대표적인 객관적 검사를 보면 지능검사와 성격검사, 흥미검사, 적성검사를 들 수 있다. 그리고 투사검사는 검사 자극이 모호할수록 자극을 인지적으로 해석하는 과정에 개인의 욕구, 갈등, 성격 같은 심리적 특성의 영향이 강하게 포함된다는 전제하에서 비구조적인 검사과제를 통해 개인의 독특성을 최대한 이끌어 내려는 목적을 가진다. 한편 투사적 검사는 개인의 다양한 반응을 도출시키기 위해서 가능한 한 간단한 지시 방법을 사용하며 검사자극 또한 불분명하고 모호한 특징을 지니고 있으며, 대표적인 투사적 검사는 Rorschach검사, TAT, CAT, DAP, HTP, BGT, SCT 등이 있다(최정윤, 2002).

(1) 객관적 검사

1 지능검사

국어사전(2003)에 따르면 지능이란 사물이나 현상을 이해하고 대처하는 지적 능력을 말하며, 김명희와 이현경(2014)에 따르면 지능은 적응력이며 인간이 잘 살아가기 위해 활용하는 모든 정신기능을 말한다. 그리고 환경의 특성을 이해하고 이용하며, 필요에 따라서는 환경을 변화시키고 창조하는 지능은 구체적인 것(기계적 도구, 감각활동)보다 복잡하고 추상적인 것(아이디어, 상징, 관계, 개념, 원리 등)을 판단, 추리, 사고, 통찰력과 같은 고등정신능력을 사용해서 다루는 능력이다. 그리고 지능은 학습 및 경험을 통해서 몸에 익혀 가는 능력으로 보는 학습능력을 의미하는데 지능이 높은 사람은 지적인 학습을 보다 잘할 수 있는 능력이 있고, 그에 반해 지능이 낮은 사람은 지능이 높은 사람에 비해서 그 능력이 덜하다(김명희 · 이현경, 2014).

지능검사는 스텐포드-비네 지능검사와 한국판 고대 비네 검사를 포함한 비네지능검사, 웩슬러지능검사와 한국판 웩슬러 지능검사, 다중지능검사 등이 있다.

스탠포드-비네 지능검사는 가장 잘 알려진 지능검사로 다른 지능검사의 타당도를 확인하는 데 표준으로 사용되었다. 한국판 고대 비네 검사는 스텐포드-비네 지능검사를 모델로 하여 4-5세 아동을 대상으로 하여 고려대학교에서 한국판으로 표준화하였고, 1971년에 개정되었다. 검사내용은 어휘, 기억, 추상추리, 수 개념, 지각기능, 사회능력과 같은 다양한 능력을 평가하도록 되어 있다. 웩슬러지능검사는 네 가지 유형으로 분류되며, K-WAIS(웩슬러 성인용검사), K-WISC-Ⅲ와 K-WISC-Ⅳ가 있다. 아동용 지능검사인 KEDI-WISC와 유아용 K-WPPSI 등이 있다. WPPSI는 4-6.5세 아동을 위해 WISC를 확장하였으며 1989년에 개정되어 WPPSI-R이 되었다. WPPSI-R는 11개의 하위검사로 구성되었는데 10개는 IQ점수에 포함된다. 그리고 8개는 웩슬러지능검사에서 확장되었고 3개의 하위검사가 추가되어, 1996년에 한국판 K-WPPSI로 표준화하였다.

다중지능검사는 가드너박사에 의해 창시되었으며, 기존의 지능검사와 지능지수 등을 비판하며 새로운 접근을 시도하여 9가지 지능을 소개하였다. 다중지능검사의 핵심은 개인의 다양한 적성, 즉 9가지 유형 그리고 언어지능, 논리-수학지능, 공간지능, 신체-운동지능, 대인지능, 음악지능, 자기성찰지능, 자연친화지능, 실존지능으로 분류하여 평가하였다. 이는 개인의 강점과 다양성을 고려하였으며, 상담에서는 그것을 개발할 수 있도록 도와야 한다고 강조하였다.

2 성격검사

성격에 관한 사전적 의미의 정의는 '각 개인이 가지고 있는 독특한 성질' 또는 '각 개인을 특징짓는 지속적이며 안정적이고 일관된 행동양식'이다(이재창 · 정진선 · 문미란, 2008). 또한 정인석(1988)에 의하면 성격은 행동의 객관적인 특징을 말하며, 연속성과 일관성의 특질을 지닌다. 그리고 현장에서의 독자적인 적응을 결정하는 역동성을 나타내며, 행동특징의 집합이 아니라 융합과 구조를 말한다. 마지막으로 성격은 행동을 설명하는 매개변수이며 가정적 개념이라고 하였다.

대표적인 성격검사는 다면적 인성검사(MMPI; Minnesota Multiphasic Personality Inventory)를 들 수 있으며 이는 세계적으로 가장 널리 사용되고 있는 객관적인 성격검사이다. MMPI는 개인의 일반적인 성격특성 및 정신병리적 상태를 평가할 수 있는 가장 대표적인 검사로서 MMPI-1, MMPI-2가 있다. MMPI-1은

1985년의 인구조사에 의한 것이고 MMPI-2는 2000년 이후 5년마다 시행되는 인구조사에 의한 것이다. MMPI-2는 MMPI-1을 보완한 검사로서 기존의 척도에서 재구성 임상척도(Restructured Clinical Scale: RC척도)를 개발한 것이다. 임상척도들 간의 높은 상관은 피검사의 특성에 기인한다고 볼 수 있는데, 피검사 특성이 모든 임상척도에 반영된다는 것이다(Friedman, Levak, Webb & Nichols, 2000; 김명희, 이현경, 2014 재인용). MMPI-2는 초등학교 6학년 수준 이상이어야 사용가능한 것으로 나타났으며, 이 검사는 질문지형으로 "그렇다"와 "아니다"로 대답하게 되었다. 그리고 타당도 척도와 임상척도로 구성되었는데, 타당도 척도는 무효반응척도(무선반응 비일관성척도, 고정반응 비일관성척도, 무응답척도), 과대보고척도(비전형척도, 비전형-후반부척도, 비전형-정신병리척도), 과소보고척도(부인척도, 교정척도, 과장된 자기제시척도), 기타 타당도 척도 등으로 구성되었다. 임상척도는 건강염려증(1, Hs), 우울증(2, D), 히스테리(3, Hy), 반사회성(4, Pd), 남성특성-여성특성(5, Mf), 편집증(6, Pa), 강박증(7, Pt), 정신분열증(8, Sc), 경조증(9, Ma), 사회적 내향성(0, Si)으로 되었다.

그 다음으로 성격요인검사(염태호 · 김정규, 1990), 성격차원검사(시빌 아이젱크, 이현수, 1985)와 캘리포니아 성격검사(CPI)가 있다. 성격요인검사는 Cattell(1946)에 의해 요인분석을 바탕으로 1970년대부터 성격평가 도구로 사용되었다. 성격차원검사는 아이젱크부부(1975)가 공동제작한 것으로 강인성, 외향성-내향성, 정서성, 허위성 혹은 사회적 욕망성과 같은 네 가지 중요 성격차원적 요인의 특징을 측정하는 질문지 형식으로 된 검사이다. 캘리포니아 성격검사는 Harrison Gough(1951)가 제작하여 1956년에 보완된 18개의 척도로 구성된 성격검사이다(박영숙, 1993).

3 흥미검사와 적성검사

흥미와 적성에 대한 탐색은 주로 학업 및 진로상담에서 활용되고 있다. 흥미란 어떤 종류의 활동 또는 사물에 대하여 특별한 관심이나 주의를 가지게 하는 개인의 일반화된 행동경향을 말한다(김봉환 · 김병석 · 정철영, 2004). 흥미는 학습과 발달에 따라서 변화되는 것으로 흥미에 대한 탐색은 일반적으로 표준화된 검사법을 사용한다. 흥미검사는 직업흥미검사(1994), 흥미검사(1992), 학습흥미검사(1979) 등이 있다. 그리고 1927년 E. K. Strong에 의해 개발된 스트롱 흥미검사는 다양한 직업세계의 특징과 개인의 흥미간의 유의한 자료를 제공해 주는 도구로써 활용되고 있으며 다른 검사에 비해 높은 타당도와 신뢰도를 가지고 있다(Layton, 1960; 김명희 · 이현경, 2014 재인용). 또한 홀랜드 적성탐색검사는 성격이론에 기초한 검사로 직업선택에 있어서 현실적(realistic), 탐구적(investigative), 예술적(artistic), 사회적(social), 설득적(enterprising), 관습적(conventional) 유형으로 분류되었다. 현실적인 유형은 성실하고 솔직하며 단순하고 검소하여 현실적인 기술을 원활하게 사용한다. 탐구형은 논리 · 분석적이며 합리적이고 신중하고 정확한 것을 중요시하고 호기심과 탐구심이 많은 유형으로 비판적이다. 예술형은 상상력과 감수성이 풍부하고 개방적이며 독창적이다. 사회형은 친절하고 이해심이 많으며 남을 잘 돕는 유형이고, 설득형은 지배적이고 통솔력과 지도력, 설득력이 있다. 관습형은 정확하고 세밀하며 계획적이고 안정적이며 책임감이 강한 유형이다.

적성은 어떤 과제나 임무를 수행하는데 있어서 개인에게 요구되는 특수한 능력이나 잠재능력을 의미하며, 일반적으로 적성은 개인이 가지고 있는 일반능력인 지능과 구분되는 특수한 능력을 말한다(김봉환 · 김병석 · 정철영, 2004). 개인의 적성에는 일반적성 능력, 언어능력, 수리능력, 공간지각 능력, 수공능력, 운동조절 능력, 사무지각 능력, 형태지각 능력 등의 요인이 포함된다. 적성탐색에는 가장 일반적인 방법인 표준화검사법과 관찰법이 있다. 표준화된 적성검사에는 종합적성 및 진로검사(1996), 진로 및 적성탐색검사(1995), 기초적성검사(1982), 진로적성검사(1982) 등이 있다.

(2) 투사검사

1 Rorschach검사

Rorschach검사는 1921년 스위스의 정신과의사인 H. Rorschach가 만든 검사로서 대표적인 투사검사이다. 로르샤하검사는 10개의 대칭적인 데칼코마니 형식의 카드로 구성되었으며, 1-7번까지는 흑백이고 8-10번까지는 컬러로 잉크반점의 어느 위치를 보고 반응하는지와 어떤 형태를 지각하는지, 그리고 어떤 내용을 반응했는지에 대한 분류를 하고 그 기준에 따라 채점을 하게 된다. 잉크반점으로 되어 있는 막연하고 의미를 알 수 없는 형태에 대한 지각 반응을 분석하는 것으로 피검자의 개인 내적인 특징, 즉 불안, 긴장, 갈등을 측정하여 성격구조를 파악하고 병리적인 문제를 해석해 내는 것이다. 타당한 해석을 위해서는 적절한 검사실시와 정확한 채점이 요구되는 검사로서 해석과정은 가설설정단계와 통합단계로 이루어진다. 가설설정단계는 로르샤하반응 채점 결과를 정리한 구조적 요약—반응의 빈도, 비율, 백분율, 반응의 특수점수—을 통하여 가설을 설정하고 언어표현 분석으로 가설을 검토하는 것이다. 또한 통합단계는 다양한 가설적 내용을 논리적인 연결에 따라서 통합하는 것이며, 가설을 기각하거나 변형하거나 명료화하고, 검사자의 경험에 따라 통합된 내용을 근거로 행동과 정신병리에 대한 지식을 추가하면서 개인행동을 깊이 이해하는 과정이다.

2 TAT

주제통각검사(Thematic Apperception Test; TAT)는 1935년 Murry와 Morgan에 의해 공상연구방법으로 처음 소개되었다. 인간은 모호한 상황을 과거경험과 현재 소망에 따라 해석하는 경향이 있는데, 그에 근거한 경험으로 의식적이고 무의식적인 감정과 욕구와 일치되는 방향으로 이야기를 만들어 가는 경향이 있다고 하였다. 31장의 카드 중 성, 연령, 학력을 고려해서 20장의 카드를 한 차례에 10장씩 2회에 걸쳐 진행한다. 특히 검사자는 피검사자가 검사를 실시하는 동안에 선택된 그림을 과거, 현재, 미래에 대한 자유연상과 함께 언어적인 표현이 가능하도록 동기부여를 해야 하는 것이 중요하다.

한편, 1949년 Bellak에 의해 개발된 아동용 주제통각검사(CAT; Children Apperception Test)는 3-10세 사이의 어린이들에게 실시하는 것으로, 아동이 주요한 인물이나 충동에 적응해 나가는 방식을 이해할 수 있도록 해 준다. 특히 이 검사는 아동들의 내면세계를 각각의 검사 도판에 투사시켜 아동들이 지니고 있는 욕구체계 및 갈등과 상황처리와 같은 성격적 특징을 진단할 수 있으며 한국형 아동용 주제통각검사(Korean CAT)는 1976년에 이화여자대학교 인간발달연구소에서 개정하여 사용하고 있다(김명희 · 이현경, 2014). K-CAT는 벨락의 CAT도판을 16개로 간추리고 일본판 5개를 합하여 21개의 도판으로 구성하였다. 현재는 불필요한 3개를 제외하고 18개의 도판을 사용하고 있다.

3 HTP

지능검사의 부산물로 탄생된 인물화검사(Draw a Person; DAP)는 Florance Goodenough(1929)가 아동용지능검사 도구로 고안하였으며, 주로 세부 묘사를 얼마나 많이 했는가를 측정하는 대상으로 삼아 지능에 대해서 연구하였다. 그러나 검사를 사용해 가는 과정에서 인물화가 지능만이 아니라 성격적 요인에 대해서도 풍부히 드러내고 있다는 것을 발견하였고, House(집)와 Tree(나무)가 부가됨으로써 현재의 HTP(House, Tree, Person)검사가 탄생하게 되었다(최정윤, 2002). HTP는 실시가 쉽고, 시간이 많이 걸리지 않으며, 직접 해석할 수 있다는 장점을 지니고 있으며 피검자의 투사를 직접 목격할 수 있다는 특징이 있다. 그리고 연령, 지능과 언어표현이 어려운 사람에게도 사용이 용이하다. 집은 가정생활, 가족관계에 대한 인상을 드러내며, 나무나 사람의 경우는 성격의 핵심적인 갈등과 방어에 대한 정보를 제공해 준다. 특히 사람에 대한 그림은 자기개념이나 신체 심상을 나타내며, 상황적인 태도와 정서를 드러내기도 한다. HTP 검사의 해석은 구조적 요소와 내용적 요소를 모두 고려하여야 하며 HTP의 결과만을 가지고 해석하는 것보다 다른 검사결과들과 종합적으로 해석하는 것을 권유하고 있다.

4 BGT

1938년 Lauretta Bender에 의해 개발된 BGT(Bender-Gestalt Test)는 간단한 기하학적 도형이 그려져 있는 9개의 자극 카드들을 피검자에게 한 장씩 차례로 보여주면서 그것을 종이 위에 따라 그리도록 하고 여러 가지 변형된 추가 단계를 실시한 뒤, 여기서 나온 정보들을 통해서 인지, 정서, 성격 같은 피검사자의 심리적 특성을 분석해 내는 검사이다(최정윤, 2002). 또한 BGT는 형태심리학과 역동심리학에 근거를 두고 개인의 심리적 과정을 분석하는 것으로 접근성, 유사성, 폐쇄성, 공통운명성, 연속성의 원리를 적용한다. 그래서 피검사자가 BGT모형을 모사, 변형, 연상하는 과정에서 보이는 형태의 재구성이나 오류, 왜곡 등이 그 개인의 잘못된 지각이나 재생과정에서의 오류, 통합기능의 장애, 또는 이런 여러 요소의 복합에 의해서, 또는 지각과정에 개입되는 심리적 과정과 특징에 따를 수 있다. 그리고 BGT는 조직화방식, 크기의 일탈, 형태의 일탈, 전체적 왜곡, 그려 나가는 방식 등 5개의 유목화와 더불어 객관적인 분석을 할 때는 각각의 항목을 수치화하여 규준에 따라 양적인 면에서 해석한다는 특징이 있다.

5 SCT

Ebbinghaus(1897)가 미완성 문장을 검사에 이용하는 것으로 시작된 문장완성검사(Sentence Completion Test; SCT)는 다수의 미완성 문장을 피검자가 자기 생각대로 완성하도록 하는 검사이다. 문장완성검사는 단어연상검사와 종종 서로 비교되어 왔는데, 단어연상검사의 특징인 단일 단어에 의해 유발될 수 있는 연상의 다양성을 감소시키는 제한점이 있다는 지적을 받아왔으나 단어연상검사에 비해서 감정적 색채나 문장의 맥락 등을 통해서 피검자의 태도, 피검자가 주의를 쏟고 있는 특정 대상이나 영역이 보다 잘 제시될 수 있으며 피검자에게 반응의 자유와 가변성도 허용할 수 있는 강점이 있다는 주장이 받아들여지고 있다(최정윤, 2002). 문장완성검사는 총 50문항으로 구성되었으며 가족영역, 성적영역, 대인관계영역, 자기개념영역으로 나뉘었다. 가족영역은 어머니, 아버지 및 가족에 대한 태도를 측정한다. 성적영역은 이성관계에 대한 태도를 포함하고 있으며, 사회적인 개인으로서의 여성과 남성, 결혼, 성적 관계에 대하여 자신을 나타내도록 한다. 대인관계영역은 친구와 지인, 권위자에 대한 태도를 포함하며 가족 외의 사람들에 대한 감정이나 자신에 대해 타인이 어떻게 느끼는지에 관한 피검자의 생각들을 표현하게 한다. 또한 자기개념영역은 자신의 능력, 과거, 미래, 두려움, 죄책감, 목표 등에 대한 태도를 포함한다. 이 영역에서 표현되는 태도들은 현재, 과거, 미래의 자기개념과 그가 바라는 미래의 자기상과 실제로 자기가 될 것 같다고 생각하는 모습에 대한 정보를 제공해준다.

이 검사 또한 HTP와 마찬가지로 성격구조에 대한 추론을 하고 이 추론을 다른 검사들로부터 얻어진 결론들과 종합하여 통합적인 해석을 하는 것이 중요하다.

4. 심리평가 보고서 작성

심리검사는 측정하고자 하는 특정한 행동을 체계적으로, 그리고 표준화 방식에 따라 양적으로 측정하여 개인간 비교가 가능할 수 있으며 개인 내 비교도 가능할 수 있도록 해 주는 심리측정법(박영숙, 1993)으로서, 검사결과를 종합적으로 해석하여 보고서를 작성하는 것이 매우 중요하다. 심리평가 보고서는 일반적인 기준에 따른 형식적인 절차를 따라서 정리된다(성태훈, 2011).

1) 보고서 표지 및 의뢰사유

피검사자의 번호, 이름, 성별, 나이, 학력, 검사일, 기관명 등이 첫 장의 상단에 배치되고 바로 의뢰사유가 작성된다. 실질적인 보고서는 의뢰사유부터 적게 되는데, 의뢰사유는 주호소, 검사를 통해 해석된 진단, 실시한 검사명을 쓰는 것이 적당하다. 특히 의뢰사유는 짧게 작성하는 것이 좋다. 예를 들어 머리가 자주 아프다 등으로 말이다.

2) 행동관찰

행동관찰에는 키, 체구, 연령대, 눈에 띄는 외모상의 특징을 기록하고 위생상태, 검사태도, 특이한 행동과 검사 중 피검사자가 드러낸 말의 내용과 말이 나온 상황에 따라 상당한 의미가 있으므로 특징적 발언내용을 기록한다. 또한 사전 면담내용을 기록하는데 이 때는 피검사자의 상태를 나타내는 데 확실한 도움을 제공하는 정보를 추가한다.

3) 지능 및 인지기능

지능은 전체지능, 언어성 지능, 동작성 지능을 구분하여 기술하는 방식으로 한다. 이 때는 전체지능, 언어적 지능, 동작성 지능 각각의 점수와 수준을 기록하고, 언어적 지능과 동작성 지능 간의 차이가 있는지의 여부를 표시한다.

그리고 소검사별 차이가 나타나는 경우에 선택적으로 기술하는데, 먼저 각 소검사가 측정하는 것이 무엇인지를 알아야 하고 소검사끼리 비슷한 점수가 나왔을 때 공유하는 특성이 무엇인지 알아야 한다. 높은 점수에서 낮은 점수로 기록하는 것이 일반적이며, 지적 잠재력에 대해 기술한다. 그리고 나서 지능검사의 결과를 요약하는데, 먼저 전반적인 지능 수준을 쓰고 지능 양상 중에서 가장 두드러지는 특성부터 작성한다.

4) 성격 및 정서

(1) 초안작성하기

초안은 각 검사별로 중요한 지표들을 찾아내는 것으로 검사 해석서를 참고하여 가능한 한 많은 지표를 골라 각 검사지표마다 간단하게 해석을 써 놓는다. 이 해석은 앞으로 얼마든지 수정될 수 있는 것이다.

(2) 비슷한 내용끼리 묶기

각 검사별로 중요한 지표들을 정리하고 비슷한 주제별 반응을 묶는 것이다. 검사 반응과 그에 따른 해석을 연결시키는 우선은 검사해석과 관련된 서적을 통해 객관적으로 확인 가능한 근거를 가진다. 그리고 검사지표에 따른 해석이 1차 수준에서만 이루어져야 한다.

(3) 과정 그리기

과정 그리기에서는 욕구, 생각, 감정 등의 논리적 흐름을 그려야 하며 서로 복잡하고 미묘하게 섞여 있는 자료들을 심리적 특성간의 인과적 관계에 맞게 피검사자의 문제 증상과 심리적 상태를 설명한다.

(4) 핵심문제 설명하기

보고서는 문제의 나열로 끝나는 것이 아니라 핵심적인 문제행동이나 의뢰한 사람이 궁금해하는 내용을 설명할 수 있어야 하며, 꼭 설명해야 하는 문제를 정해서 설명하는 것이다.

5) 요약 및 제언

(1) 지능과 성격의 통합

지능과 성격은 서로 상호작용하므로 각 영역에서 1차적인 기술이 이루어졌다면 요약에서는 지능과 성격이 분리되어 있어 쓰지 못했던 내용을 통합하여 작성한다. 즉 핵심적인 부분을 알기 쉽게 정리하는 것이다.

(2) 진단 및 제언

진단이 내려져야 한다면 DSM-Ⅴ(Diagnostic and Statistical Manual Of Mental Disorders, 5th Revision) 진단명을 바탕으로 작성하고, 진단을 내릴 때는 축 Ⅰ의 진단을 내린다. 진단이 있는 경우 진단을 먼저 쓰고 추가적으로 언급할 내용을 작성한다.

제9장

상담의 언어적 · 비언어적 대화기법

1. 언어적 대화기법
2. 비언어적 대화기법

1. 언어적 대화기법

상담활동이 전개되는 최초에는 내담자와 상담자가 만나게 되며 그 때에는 언어를 매개로 한 면접장면을 접하게 된다. 서로간의 대화를 통해 기본적으로 언어적 의사소통을 주요 수단으로 하는 것이다. 상담자는 내담자와의 관계를 효율적으로 형성해 가는 상담과정에서 취해야 할 언어적 능력을 지니고 있어야 한다.

1) 상담자-내담자와의 관계에서 효과적인 영향을 미치는 대화기법

상담자는 내담자와의 관계에서 효과적이며 생산적인 인간관계가 형성되려면 먼저 상호간에 신뢰관계가 형성되어야 한다. 따라서 상담자는 내담자가 상담자에 대한 믿음과 편안한 마음으로 아동 자신의 이야기를 할 수 있는 분위기를 형성하는 것이 중요하다. 이러한 '편안하고 믿음이 가는 관계'를 래포(rapport) 또는 신뢰관계, 촉진관계라고 한다.

상담자와 내담자 사이에서 신뢰관계가 형성되어야만 내담자는 자신의 행동이나 문제를 부담없이 상담자에게 노출할 수가 있으며 이러한 과정에서 상담자는 내담자의 성장을 위한 촉진자의 역할을 할 수 있게 되는 것이다. 그러므로 효과적이고 생산적인 인간관계를 형성하기 위해서는 상담자와 내담자간의 신뢰관계를 형성하는 것은 전반적인 상담진행 과정에서 매우 중요한 작업적 특성이라고 할 수 있다.

효과적이고 생산적인 인간관계를 형성하기 위한 기법으로는 관심집중, 확인하기, 공감의 표현, 질문하기, 느낌 표현하기, 피드백 등의 기법들을 적절하게 활용할 필요가 있다. 이상의 다양한 기법에 대해서 좀더 상세하게 알아보고자 한다.

(1) 관심집중

신뢰관계를 형성하기 위한 가장 기본적인 확인기법이 관심집중이다. 상대방과 마주하고 있으나 상대방이 나의 말을 진지하게 들어주지 않는 것 같아서 더 이상 얘기를 하고 싶지 않을 때가 있다. 이처럼 사람들은 대화도중에 관심을 다른 곳으로 돌리거나 어떤 다른 행동을 할 경우 말을 하고 있는 사람은 상대방이 자기의 얘기에 관심을 가지지 않는다는 사실을 상대방의 태도를 통해서 쉽게 감지하게 된다. 그러면 두 사람간의 신뢰관계 형성은 어렵게 되는 것이다.

상담자의 관심집중은 내담자로 하여금 자신이 중요한 사람으로 받아들여진다는 것을 인식하게 되고 자신의 경험, 즉 자신의 문제 및 자신의 바램 등이 상담자로부터 존중받는다는 느낌을 갖도록 돕게 된다. 따라서 내담자는 자신의 경험을 나누게 되며 중요한 것은 상담자를 신뢰하고 스스로의 문제와 바람에 대하여 관심을 기울이게 되는 것이다. 또한 상담자의 관심 집중은 내담자로 하여금 자신과 타인에게 관심을 기울이도록 하는 학습의 장이 될 것이다.

말하는 동안이나 마친 직후에 웃어 주거나 고개를 끄덕이는 비언어적 반응이나 또는 아! 그랬군, 그래, 맞아 등의 맞장구를 치는 언어 반응을 보낸다. 이러한 반응들은 상대방에게 계속적인 관심을 갖고 있으며 상대를 이해하려고 애쓰고 있으니 이야기를 계속하라는 격려의 메시지를 전달하는 것이 된다.

(2) 공감적 이해

공감적 이해란 자신이 직접 경험하지 않고도 다른 사람의 감정을 거의 같은 내용과 수준으로 이해하는 것이다. 공감적이라는 것은 내담자가 말하는 내용처럼 관찰될 수 있는 것으로부터 그의 감정, 태도 및 신념처럼 쉽게 관찰될 수 없는 것까지도 정확하게 의미를 포착하는 것이다.

내담자를 공감적으로 이해하고 있음이 전달되면 내담자는 자신이 이해받고 있다는 느낌을 지니게 되며 상담자를 보다 신뢰하게 되어 내담자 자신을 깊이 드러내 보이게 된다. 상담자는 내담자와 함께 경험하거나 내담자의 말을 깊이 이해함으로써 이전엔 깨닫지 못했던 인간존재의 의미를 내담자의 가장 깊은 감정까지 받아들여 정확한 공감적 이해를 통하여 의사소통을 하는 수준이다.

공감은 내담자의 감정뿐만 아니라 상대가 말하려는 의미와 말하지 않지만 내면적으로 생각하고 느끼고 있는 바를 알아차리고 표현하는 보다 깊은 수준의 상태까지 공감하는 것을 말한다.

예를 들면 다음과 같다.

내담자 : 선생님 우리 아이 때문에 신경이 많이 쓰이시지요. 제가 직장을 나가면서 애를 키우다 보니 아이에게 신경도 잘 못쓰게 되고 말도 잘 안 듣고 어떻게 해야 할지 모르겠어요.

상담자 : 어머니께서 직장 일을 하시니까 자녀에게 제대로 신경을 쓰지 못하고 더구나 애가 바르게 자라지 않을 것 같아 걱정이 되고 안타까워 하는 그 심정이 이해가 되는군요.

그런데 공감(empathy)을 동정(sympathy)과 혼돈하는 경우가 있는데 공감은 상담자가 자기 자신을 유지하면서 상대방이 느끼는 감정을 그의 입장이 되어 이해하는 반면 동정이란 자기 자신을 유지하지 못하고 상대방의 심정으로 동화되어 같은 감정을 경험하는 것이다. 그러므로 동정의 상태에서는 상대방이 자신이 처한 어려움이나 갈등의 문제에 대한 통찰 그리고 그 문제를 직면하게 하고 해결하는데 도움을 주지 못하거나 악영향을 미칠 수가 있다.

(3) 확인하기

확인하기란 상대방이 한 말을 바르게 듣고 이해했는지를 알아보는 것을 의미한다. 상대방의 말을 이해하고 있는지의 여부를 확인함으로써 그가 말하고 있는 것을 제대로 이해하려고 노력하고 있다는 사실을 전달할 수 있을 뿐만 아니라 열심히 듣고 있음을 언어적으로 나타내 보이게 되어 상대방이 보다 적극적으로 말을 하게 하는 효과가 있다.

1 재진술의 기법

내담자가 대화에서 표현한 말을 그대로 되풀이해 주는 재진술의 기법이 매우 유용하게 활용된다. 상담자는 내담자의 말을 그대로 반복하여 들어줌으로써 그들이 표현한 말을 있는 그대로 하여 그들로 하여금 자기가 한 말을 더 깊이 생각하고 느끼도록 해 주자는 것이다.

㉮) 내담자 : 나는 영희가 미워요.
상담자 : 너는 영희를 미워하는 구나.

2 바꾸어 말하기

내담자가 말한 내용과 같은 의미를 다른 말로 표현해 주는 대화의 기법이다. 바꾸어 말하기 또는 환언은 대개 내담자가 표현한 말의 수보다 적은 수의 말로 간결하게 표현하는 것이 특징인데 대부분의 경우 내담자로 하여금 자기 자신의 내면세계의 심리적인 특징을 이해하도록 하기 위해서 활용된다. 따라서 상담자는 내담자가 말하고자 하는 요점을 명확하게 이해하고 그 이해한 바를 쉬운 말로 정확하게 표현하면서 상담자의 의견이나 판단의 말을 하지 않도록 해야 한다.

㉮) 내담자 : 영희는 나쁜 아이예요. 특별한 이유도 없이 나를 때리고 욕을 했어요.

상담자 : 영희가 너를 때리고 욕하니 싫기도 하고 밉기도 하지 ?

3 요약하기

요약하기는 아동의 장황한 말이나 많은 말의 내용의 핵심과 말의 초점을 압축함으로써 말이나 대화의 전체 흐름을 파악하거나 말의 요지를 파악하도록 하여 대화의 진행을 보다 원활하게 하는 효과가 있다.

㉮) 상담자 : 민수야 어제는 어떻게 지냈니 ?

내담자 : 저는요, 어제 엄마 · 아빠랑 산에 갔는데요. 아주 재미있었어요. 사람들도 많이 왔고요. 한참동안 산에 올라가다보니 땀도 나고 힘도 들었어요. 점심은 김밥을 먹었는데…….

상담자 : 민수는 어제 식구들과 산에 갔던 이야기를 하는구나.

(4) 효과적인 질문

내담자와의 대화에서 효과적인 질문은 다음과 같다.

① 폐쇄적 질문보다는 개방적 질문을 사용한다. 폐쇄적 질문은 내담자에게 '예' 또는 '아니오' 라는 대답을 요구하는 질문으로 대답의 범위가 좁고 한정된 대답을 하게 된다. 그러므로 내담자의 여러 가지 생각이나 감정, 의견 등 다양한 반응을 끌어내어 내담자가 보다 더 깊이 알거나 이해할 수 있도록 하며 나아가 촉진관계를 형성할 수 있도록 하는 개방적인 질문이 보다 더 효과적이다.

㉮) 어제 재미있었니 ? (폐쇄적 질문)

어제 어떻게 지냈니 ? (개방적 질문)

② '왜' 라는 질문보다 '무엇을' '어떻게'라는 질문을 사용한다. '왜' 라는 질문은 내담자에게 따지는 듯한 인상을 주게 되어 유아는 꾸중이나 질책의 의미로

받아들여지기 쉽기 때문에 '무엇을' '어떻게' 라는 질문을 사용하는 것이 효과적이다.

㉥) 너는 영희를 왜 싫어하니 ?(왜 질문)

너는 영희가 어떻게 할 때 싫으니 ?(어떻게 질문)

③ 직접적인 질문보다는 간접적인 질문을 사용한다. 직접적인 질문이란 직접의문문으로 질문하는 것이고 간접적인 질문이란 상대방이 간접적으로 대답할 수 있도록 우회적으로 질문하는 것이다. 직접적인 질문은 물음표의 형태로 나타나고 상대방에게 특정의 대답을 강요하는 느낌을 주지만 간접적인 질문은 질문이 마침표의 형태로 나타나므로 상대방으로 하여금 여러 가지로 자기가 생각하고 느끼는 것을 부담없이 자유롭게 대답할 수 있게 해준다.

㉥) 영희야, 어제 일요일은 어떻게 지냈니 ?(직접적인 질문)

영희야, 어제 일요일을 어떻게 지냈는지 알고 싶구나. (간접적인 질문)

④ 이중질문은 사용하지 않는다. 이중질문이란 동시에 두 가지의 질문을 하는 것이다. 내담자에게 두 가지의 질문을 동시에 하게 되면 질문의 내용을 완전하게 이해하지 못하게 되는 경우가 많을 뿐만 아니라 질문의 내용을 이해하였더라도 어떤 질문에 먼저 답해야 할지 몰라 대답을 하지 못하는 경우가 많으므로 질문은 한번에 하나씩 하는 것이 좋다.

㉥) 민수와 싸운 이유는 뭐니 ? 지난번에는 영희를 때렸지 ?

(5) 나 전달법

나 전달법(I Message)이란 자신의 생각이나 감정을 표현할 때 주어를 '나'로 나타내어 그러한 생각이나 느낌을 가지게 된 책임을 상대방에게 돌리지 않고 자기 자신에게 있음을 나타내는 표현방식이다. 이와는 달리 생각과 느낌의 책임을 상대방에게 전가하는 표현방식인 너 전달법이 있다.

상담상황 뿐만 아니라 대인간의 갈등해결 또는 일상적인 대화에서도 나 전달법을 통한 자기노출은 상호간의 관계를 저해시키지 않고, 상대방의 행동이나 태도, 변화를 유도하는데 매우 유익한 의사소통 방식이라 할 것이다.

나 전달법과 너 전달법의 의미의 예를 들어 보면 다음과 같다.

㉠) (너 전달법)

선생님

(걱정) (송신) "너는 그림은 그리지 않고 왜 돌아다녀!"

아동

(수신 해석) "선생님은 나를 미워하는 구나." "선생님은 나를 나쁜 애로 보는구나."

(나 전달법)

선생님

(걱정) (송신) "네가 그림을 그리지 않고 돌아다니는 것이 버릇이 될까봐 걱정이 되는구나"

아동

(수신 해석) "선생님은 나를 미워하지 않는구나." "선생님은 나를 많이 생각해 주시는구나."

〈그림 9-1〉 나 전달법과 너 전달법의 의미

표 9-1

나 전달법과 너 전달법의 비교

	나 전달법(I Message)	너 전달법(You Message)
표현방식	상황+결과(예상 결과)+느낌	지시, 평가, 비꼬기, 비난, 경고의 표현
책임소재	느낌의 책임을 자신에게 돌림	느낌의 책임을 상대방에게 전가함
전달해석	걱정하는 마음이 그대로 전달됨	걱정, 염려하는 마음을 미워함, 비난, 비판, 질책으로 받아들임
효 과	· 느낌의 책임을 자신에게 돌린다. · 상대방에 대하여 부정적인 평가를 하지 않으므로 방어심리나 거부감이 일어나지 않는다.	· 죄의식을 갖게 하거나 자존심을 상하게 한다. · 듣는 사람이 배려받지 못하고 무시당하고 있다는 생각을 하기 쉽다.

	· 관계를 저해하지 않는다. · 듣는 사람으로 하여금 자성적 태도와 변화하려는 의지를 높일 가능성이 크다.	· 반항심, 거부감, 공격성, 방어를 야기하여 자성적인 태도가 형성되기 어렵고 행동변화를 거부하려는 심리가 일어난다.
관계구조	수평적인 만남	수직적인 만남

* 아동생활지도와 상담. 정용부 · 고영인 · 신경일, 학지사, 1998.

(6) 맞닥뜨림(직면)

맞닥뜨림(confrontation)이란 내담자의 말이나 태도, 행동에서 불일치점이나 모순되는 점 등을 지적해 줌으로써 각성을 유도하는 것을 말한다. 촉진관계에서는 주로 상대방의 말을 듣고 이해하는데 초점이 주어졌으나 문제의 근원이나 책임이 그에게 있는 경우에는 그 문제를 이해하고 넘어가면 문제가 해결되지 않는 경우가 있으므로 그러한 경우에는 그것을 적절히 지적하여 변화할 수 있도록 도울 필요가 있다. 그러나 맞닥뜨림의 기술은 자칫 상대방에게 심리적인 큰 상처를 주거나 반발을 초래할 수 있으므로 깊은 신뢰관계가 형성되고 상대의 동의가 전제되어야 가능하다.

설기문(1998)은 맞닥뜨림이 적용되는 상황을 다음과 같이 제시하였다.

① 평소에 하는 행동과 말이 불일치할 때

② 스스로 인식하는 인식내용이 타인들과 불일치할 때

③ 평소의 언행이 일반적으로 기대되는 방향—도덕 · 윤리 · 규칙 등—과 불일치할 때

④ 생각 · 감정 또는 행동이나 표현내용 속에서 무엇인가 일치하지 않는 점들이 있을 때이다.

이와 같은 맞닥뜨림을 사용할 때 유의할 사항은 구체적인 증거를 바탕으로 해야 하며, 변화를 강요해서는 안 된다. 상대방이 어떠한 지적도 감수할 수 있는 분위기를 조성해야 한다. 일단 맞닥뜨림을 시작하면 가능한 한 끝까지

마무리하도록 해야 한다. 그러나 상대가 처음부터 또는 순간적으로 다소 반발을 보이더라도 소신껏 마무리지어야 하며, 가능하면 부정적인 평가를 내리지 않는 범위 내에서 해야 한다는 것이다.

㉾) 민수야 너는 친구가 너를 때려도 괜찮다고 말하고 있지만 표정은 무척 화나고 속상하다고 말하고 있네.

(7) 경 청

타인의 말을 주의깊게 기울여 열심히 듣는 것이다. 경청하는 것은 이야기하는 중간에 끼어들지 않고 성급한 평가나 판단, 충고를 하지 않는 것을 의미한다. 상담자는 마음 속으로 내담자의 심리를 이해하려는 적극적인 활동을 하는 것으로 창조적 활동을 의미한다. 경청에는 적극적 경청과 소극적 경청이 있다.

적극적 경청은 대화하는 사람끼리의 오해나 빗나간 추측이 없으면서 상대방의 동기나 정서를 정확하게 이해하려는 자세로 이야기를 듣는 것이라고 할 수 있다. 소극적 경청은 듣고 있다는 것을 알려 주는 정도로 고개를 끄덕이거나 인정의 반응 등을 나타내게 된다. 상담에서 적극적 경청의 필요성은 내담자로 하여금 부정적인 감정들에 대한 두려움을 감소시킬 수 있게 한다. 내담자로 하여금 자신의 감정을 표현하고 이를 수용할 수 있도록 하고, 상담자와 내담자 간에 온정적인 관계를 맺을 수 있도록 한다.

이와 같이 경청은 내담자 스스로 자신의 문제를 해결할 수 있도록 하고 따뜻하게 보호받는 분위기에서 자신을 탐색할 수 있는 힘을 얻게 된다. 상담자와 내담자 사이에 만족스럽고 지속적인 상호작용을 통하여 내담자 스스로 부단히 새로운 환경에 접하게 되고 새로운 채험을 하게 된다.

(8) 피드백(feedback)

상대방의 행동이 나에게 또한 다른 사람에게 어떤 모습으로 비쳐지는가 또는 다른 사람에게 어떤 영향을 주는가에 대하여 말해 주는 것이다.

자기 자신을 잘 지각하지 못하는 개인적 행동특성이나 대인관계에서의 언행에 대해서 타인에게 비쳐진 모습이 어떠한가를 알게 됨으로 자신의 이해와 타인 이해의 폭을 증진할 수 있는 기회를 부여하는 것이다.

피드백의 사용은 다음과 같은 몇 가지 사항을 유의해야 한다.

① 평가적인 말은 피하고 서술식으로 표현하는 것이 바람직하다.

- 그런 말을 친구에게 하는 것은 네가 잘못한 거야(평가적인 말, 비판).
- 그런 말은 친구의 기분이 안 좋지(서술적 표현).

② 처음에는 긍정적인 피드백을 사용하는 것이 좋다.

- 영희가 말하는 것을 보니 참 명랑하고 활발하구나. 표정도 밝고 좋아 보인다(긍정적인 피드백).

③ 주관적인 판단이나 심층만의 표현은 피하고 객관적인 근거를 바탕으로 이루어져야 한다.

- 영희가 말하는 것과 표정을 보니까 몹시 화가 나 있구나(주관적 판단).
- 그렇게 언성을 높여 말하는 것을 보니까 몹시 화가 나 있구나(주관적 판단).
- 영희 같이 말소리를 크게 하면 대부분의 친구들이 화낼 수 있어(객관적 판단).

④ 행동변화를 강요하는 피드백은 하지 않는다. 행동변화 이전에 마음의 변화가 있어야 하거나 또는 똑같이 공동으로 변화되어야 한다.

- 내일부터 지각이나 결석을 하지 말아라(행동의 변화 요구).
- 지각(결석)을 자주 하는 것이 너에게 어떤 영향을 미친다고 생각하니?(마음의 변화 요구).

⑤ 주관적인 판단의 피드백인 경우에는 그 근거를 제시하고 그럴 경우 그것을 절대시하지 않고 그 가능성을 얘기하는 것임을 표현해야 한다. 그래서 최종적인 판단은 상대방에게 유보해야 한다.

- 내가 생각하기에는 어머니한테 화만 내지말고, 대화로 풀 수 있도록 부드

러운 말로 질문하는 것이 좋겠는데(주관적 판단) …… 그리고 네가 잘 생각해서 결정해(최종적인 판단은 본인이 하도록).

(9) 요 약

생각과 감정을 하나로 묶어 정리하는 것이 요약이다. 내담자의 말을 요약하기 위해서는 말의 내용, 말할 때의 감정, 그가 한 말의 목적 · 시기 · 효과에 대해서 주의를 기울여야 한다.

요약의 과정에서 주의해야 할 점은 다음과 같다.

① 내담자의 말 중에서 중요한 감정과 내용에 주의를 기울인다.
② 파악된 주요내용과 감정을 통합해서 전달한다.
③ 상담자 자신의 새로운 견해를 보태지 않도록 한다.
④ 상담자가 요약하는 것이 좋을지 내담자가 요약하는 것이 좋을지를 결정한다(이장호, 1982).

내용을 요약할 때는 ① 상담자가 이전의 면접에서 중요한 점을 회상함으로써 새 면접을 시작하려 할 때 ② 내담자가 제시하는 주제가 너무 혼잡스럽거나 이야기가 길 때하는 것이 좋다. 감정을 반영하거나 요약할 때는 ① 내담자의 관심을 끌고자 할 때 ② 일관된 정서유형을 포착하고자 할 때 ③ 상담 중에도 2~3번 정도 요약해 주는 것이 좋다.

(10) 명료화

내담자의 진술 내용을 반영해 주는 방법으로 내담자가 이야기한 내용의 실제를 명료화 해 주는 것이다. 내담자의 감정을 밀어 붙이지 않고 그의 방황이나 흩어진 반응들을 단순화해 줌으로써 통찰의 발달을 촉진시켜 주는 것이다.

명료화의 지침으로는 ① 내담자의 말이 모호하거나 잘 이해되지 않았음을 확인하는 것이다. ② 내담자 스스로 자기의 말을 재음미하거나 구체적인 예를 들어 명확히 해 줄 것을 요청한다. ③ 내담자의 진술에 대한 상담자 자신의 반응을 나타냄으로써 내담자의 반응을 명료화한다. ④ 상담자의 반응은 개인적인 반응이 되지 않도록 하며 직면(confrontation)과 같이 직접적이고 강렬하지 않도록 해야 한다(이장호, 1982).

(11) 긍정화

긍정화란 상대방의 말이나 행동, 태도 등 상대방의 언어적, 비언어적 메시지에서 긍정적인 면을 찾아내어 그 점을 부각시키는 기법이다. 사람의 행동을 변화시키는 데는 두 가지 방법이 있는데 ① 상대방의 바람직하지 않은 행동 또는 부정적인 면을 지적하여 그 행동을 제거해 준다. 그러나 상처를 줄 수 있으므로 상대방과의 신뢰감이 충분히 형성된 후 이루어져야 한다. ② 상대방의 긍정적인면 · 바람직한 면을 찾아서 그 점을 부각시킨다.

㉎) · 너는 도무지 말이 없구나(부정적인 표현).
· 너는 과묵하구나(긍정화).
· 너는 하는 일이 느리구나(부정적인 표현).
· 너는 일을 천천히 열심히 하는구나(긍정화).

상담자는 내담자와의 대화에서 자아존중감의 형성을 통한 행동의 변화를 도모하는 것이 바람직하므로 긍정적인 표현에 초점을 두어 대화가 이루어져야 할 것이다. 지적을 해야 할 경우나 부정적인 표현을 해야 할 경우에는 긍정적 표현과 더불어 부정적인 표현을 하는 것이 바람직하다.

2) 촉진적 의사소통

촉진적 의사소통의 개념은 상담과정에서 단순하게 개인의 문제해결에 멈추는 것이 아니라 더 나아가 인간의 잠재능력까지 성장 · 발달시키려는 의사소통을 말한다.

촉진적 의사소통을 효과적으로 진행하는데 필요한 하위요인을 학자에 따라 조금씩 다르게 주장하고 있다.

Rogers(1942)는 촉진적 의사소통을 하는 수준으로 공감적 이해, 무조건적 긍정적 관심, 진실성을 들고 있으며, Carkhuff(1969)는 공감, 존중, 구체성, 진실성, 상담자의 자기노출, 직면, 즉시성으로 구분하고 있다.

Gazda(1973)는 공감, 존중, 온정, 구체성, 진실성으로 나누었고, Egan(1975)은 상담자의 자기노출, 직면, 즉시성을 촉진적 의사소통의 하위요인으로 제시하였다.

여기서는 Carkhuff의 하위요인에 관해 구체적으로 살펴보기로 한다.

Carkhuff는 지금 이 순간에 의사소통하고 현재의 상황에서 자기를 표현하는 방법으로 언어적 의사소통 기준인 다섯 가지 수준으로 나누었다.

수준 1. 상대방의 언어 및 행동표현의 내용으로부터 벗어나거나 주의를 기울이지 않기 때문에 감정 · 의사소통에서 상대방이 표현한 것보다는 훨씬 못 미치게 의사소통하는 수준

수준 2. 상대방이 표현하는 감정에 반응을 하지만 상대방이 의사소통한 것에서 주목 할만 한 감정을 제외시켜 의사소통하는 수준

수준 3. 상대방이 표현한 것과 본질적으로 같은 정서와 의미를 나타내어 상호 교류적인 의사소통을 하는 수준

수준 4. 상대방이 겉으로 표현하지 않는 내면적인 감정과 사고를 지각하여 왜곡없이 의사소통하는 수준

수준 5. 상대방의 내면적인 감정, 사고를 정확히 지각하여 왜곡없이 충분히 표현할 뿐만 아니라 깊은 수준의 자기탐색을 촉진하여 의사소통하는 수준

(1) 공감적 이해(empathic understanding)

공감적 이해란 자신이 직접 경험하지 않고도 다른 사람의 감정을 거의 같은 내용과 수준으로 이해하는 것이다. 공감적이라는 것은 내담자가 말하는 내용처럼 관찰될 수 있는 것으로부터 그의 감정, 태도 및 신념처럼 쉽게 관찰될 수 없는 것까지도 정확하게 의미를 포착하는 것이다. 내담자와 함께 경험하거나 내담자의 말을 깊이 이해함으로써 이전에 깨닫지 못했던 인간 존재의 의미를 탐색하도록 하는 것, 즉 내담자가 누구인가를 충분히 인식하고 내담자의 가장 깊은 감정까지 포용하여 정확한 공감적 이해를 통하여 의사소통을 하는 수준이다.

수준 1. 상담자는 내담자의 언어적 · 비언어적 표현들에 주의를 기울이지 않아 명백하게 표현되는 내담자의 표면적 감정 · 사고 조차 정확히 지각하지 못한다.

수준 2. 상담자는 명백하게 표현되는 내담자의 표면적 감정 · 사고를 지각하여 반응을 보이지만 주로 자신의 개념 틀에 의존하기 때문에 내담자의 감정 · 사고와 일치된 의사소통을 하지 못한다.

수준 3. 상담자는 명백히 표현되는 내담자의 표면적 감정 · 사고를 정확히 지각하여 자신의 개념 틀에 의한 왜곡이 없이 의사소통한다. 표면적 수준에서는 상담자는 내담자의 감정 · 사고와 일치된 의사소통을 한다. 그러나 상담자는 내담자의 내면적 감정 · 사고에는 반응을 보이지 않는다.

수준 4. 상담자는 언어적으로 명백히 표현되지 않고 있는 내담자의 내면적 감정 · 사고를 지각하여 이를 자신의 개념 틀에 의한 왜곡이 없이 의사소통을 한다. 그러나 상담자는 내담자의 내면적 감정 · 사고를 충분히 표현하지는 않는다.

수준 5. 상담자는 내담자의 내면적 감정 · 사고를 정확히 지각하여 이를 왜곡 없이 충분히 표현하여 내담자의 깊은 수준의 자기탐색을 촉진한다. 그리고 상담자는 내담자의 적극적 성장동기를 이해하여 표현한다.

성적표가 나왔어요. 성적이 너무 떨어져서 큰일났어요. 공부는 열심히 했는데도 그래요.
수준 1. 이것도 공부라고 했니? 그러고도 공부를 열심히 했다구?
수준 2. 그래도 걱정은 되나 보지? 걱정한다고 소용있겠니?
수준 3. 속이 상한 모양이구나. 열심히 했는데도 떨어졌으니.
수준 4. 좀더 잘 하려고 애썼는데 도리어 성적이 떨어졌으니 실망이 크겠구나.
수준 5. 성적을 올리려고 열심히 했는데도 떨어졌으니 어떻게 해야 될지 걱정이 되겠구나.

(2) 무조건적 존중(unconditional positive regard)

상담자가 내담자에 대하여 따뜻한 배려를 경험하는 것이다. 이 때의 배려는 비소유적이고 내담자를 한 인간으로서 존중하고 배려한다. 인간의 가치와 존엄에 대한 인식에 그 기초를 두고 있다.

수준 1. 상담자는 내담자의 감정 · 경험 · 잠재능력을 전적으로 무시한다.
수준 2. 상담자는 내담자의 감정 · 경험 · 잠재능력을 거의 존중하지 않는다.
수준 3. 상담자는 내담자의 감정 · 경험 · 잠재능력에 대하여 기본적인 존중을 표시한다.
수준 4. 상담자는 내담자의 감정 · 경험 · 잠재능력에 대하여 깊은 존중과 긍정적 관심을 표현한다.
수준 5. 상담자는 내담자의 감정 · 경험 · 잠재능력에 대하여 대단히 깊은 존중과 관심을 표현한다.

공부할 것은 많은데 날씨가 너무 더워요.
수준 1. 넌 탓도 많다. 공부하는데 날씨가 무슨 상관이냐?
수준 2. 좀 덥더라도 참고 해. 넌 끈기가 부족해서 걱정이야.
수준 3. 그래 더운데도 공부하느라 애를 많이 쓰는구나.
수준 4. 더울 때에는 좀 쉬어가면서 해야지.
수준 5. 너는 그래도 잘 참고 공부하는구나.

(3) 순수성(진실성 : genuineness)

Rogers는 순수성을 상담의 필수요건으로 중요시한다. 상담자는 내담자와 인간관계에서 어떤 가면을 쓰거나 역할놀이를 하거나 가식을 부리는 허구적인 태도를 벗어나서 진정한 자기가 되어야 한다.

즉 상담과정에서 상담자의 내면적 경험, 그에 대한 인식과 표현이 모두 일치되어야 내담자의 긍정적인 인성 변화를 촉진할 수 있다.

수준 1. 상담자는 자신이 느끼는 감정과 명백히 불일치되는 언어적 표현을 한다.

수준 2. 상담자는 자신의 감정 · 사고를 진실하게 표현하기 보다는 의례적이고 관행적인 방식으로 표현한다.

수준 3. 상담자의 감정과 언어적 표현이 불일치되는 것은 아니지만 그렇다고 아주 진실된 반응을 하는 것도 아니다.

수준 4. 상담자는 긍정적 감정이나 부정적 감정을 솔직하고도 건설적으로 표현하여 내담자와의 인간관계 발전이나 탐색의 기초로 활용한다.

수준 5. 상담자는 긍정적 감정이나 부정적 감정을 아주 솔직하게 건설적이고 교육적인 방식으로 표현한다.

형(누나, 동생)보다 공부를 못한다고요? 형(누나, 동생)하고 비교하지 마세요. 공부만 잘하면 다예요?

수준 1. 엄마한테 무슨 말버릇이 그러니?
수준 2. 그렇다는 이야기야. 왜 이렇게 떠드니?
수준 3. 성적 가지고 비교해서 기분이 나쁘구나. 하긴 공부가 다는 아니지.
수준 4. 넌 성품이 훌륭하지. 그래 성적보다 사람 됨됨이가 더 중요한거야.
수준 5. 넌 성품이 좋아서 사회생활을 잘 할거야.

(4) 구체성(concreteness)

구체성이란 상담과정에서 내담자로 하여금 개인적으로 의미있는 감정과 경험을 명확하고 구체적인 용어로 논의하게 되는 것을 의미한다. 즉, 개인의 감정 · 경험을 논의할 때 모호함을 피하기 위하여 구체적 용어를 사용하는 것이다.

Darkhuff와 Berenson(1967)의 구체성을 세 가지 기능으로 제시하였다. ① 상담자의 반응을 내담자의 감정과 경험에 보다 접근시킨다. ② 상담자로 하여금 내담자를 정확하게 이해하게 한다. ③ 내담자로 하여금 특정문제 영역에 주목하게 한다.

수준 1. 상담자는 내담자의 문제상황에 대해서 오직 추상적이고 일반적 수준에서 반응을 보인다.

수준 2. 상담자는 문제상황과 관련된 내담자 자신의 감정 · 경험 · 행동에 대해서 언급하기는 하나 모호하고 추상적인 수준에서 이루어진다.

수준 3. 상담자는 내담자로 하여금 문제상황과 관련된 자기 자신의 감정 · 경험 · 행동을 구체적으로 표현하도록 하나 개인적으로 의미있는 자료들이 충분히 구체적으로 명료하게 논의되어지지 않는다.

수준 4. 상담자는 내담자로 하여금 문제상황과 관련된 내담자 자신의 감정 ·

경험 · 행동을 구체적으로 표현하게 하고 이들이 충분히 구체적으로 명료하게 논의될 수 있도록 의사소통을 이끌어 나간다.

수준 5. 의사소통 과정에서 문제상황과 관련된 내담자 자신의 감정 · 경험 · 행동이 아주 충분히 구체적으로 명료하게 논의되어지고 상담자는 내담자의 긍정적인 변화를 위하여 깊은 수준의 탐색을 적극적으로 촉진한다.

선생님들 하고는 도대체 말이 안통해요. 우리를 전혀 이해하지 못하시고 너무 구식이예요.

수준 1. 세대차란 옛날이나 지금이나 언제나 있는거야.

수준 2. 학교 선생님들은 워낙 원리원칙을 잘 찾으시지.

수준 3. 선생님들이 너희들의 어떤 점을 이해하시지 못하는 것 같니?

수준 4. 선생님들이 뭐라고 말씀하시길래 구식이라는 생각이 들지?

수준 5. 넌 선생님들께 무슨 말씀을 드렸고 선생님들은 뭐라고 말씀하셨길래 그러니?

(5) 자아노출(self-disclosure)

상담자가 자신에 관한 정보, 경험을 공개하는 것이다. 상담자의 개인적 만족을 위하여서가 아니라 어디까지나 내담자의 성장과 발달을 위하여 이루어져야 한다. 촉진적 혹은 치료적 자기노출이라는 관점에서 개념화한다.

수준 1. 상담자는 내담자의 감정 · 사고 · 행동 · 경험에 관한 정보 · 공개를 적극적으로 회피하려고 한다.

수준 2. 상담자는 내담자의 감정 · 사고 · 행동 · 경험에 관한 정보 · 공개를 적극적으로 회피하려고 하지는 않지만 결코 자진해서 자기노출을 하지는 않는다.

수준 3. 상담자는 내담자의 요구나 관심을 존중하여 자신의 감정 · 사고 · 행동 · 경험에 관한 정보를 자진해서 내담자에게 제공한다. 이 때 제공되는 정보는 충분히 구체적이고 명료하지 못하여 상담자 자신의 독특한 개성을 분명하게 드러내지 못한다.

수준 4. 상담자는 내담자의 감정 · 사고 · 행동 · 경험에 관한 정보를 자유롭고 자발적으로 내담자에게 제공한다. 이 때 제공되는 정보는 충분히 구체적이고 명료하여 상담자 자신의 독특한 개성을 분명하게 드러낸다.

수준 5. 상담자는 내담자의 요구와 관심을 존중하여 자신의 감정 · 사고 · 행동에 관한 극히 사적인 정보까지는 아무거리낌 없이 내담자에게 공개한다. 이 때 제공되는 정보는 대단히 구체적이고 명료하고 상세하다. 이를 통하여 상담자는 내담자와 신뢰관계를 형성하고 내담자의 자기탐색을 촉진하게 된다.

선생님은 학생 때 연애해 본 적 있으세요?
수준 1. 쓸데없이 별 것을 다 묻는구나.
수준 2. 뭐 특별한 경험은 없어.
수준 3. 글쎄, 연애 비슷한 거 한 적이 있었지.
수준 4. 혼자 속으로 좋아하던 사람이야 있었지.
수준 5. 마음 속으로 좋아하던 사람이야 있었지만 그저 혼자 속만 태웠지.

(6) 직면(confrontation)

직면이란 내담자가 모르고 있거나 인정하기를 거부하는 생각과 느낌에 대하여 주목하도록 하는 것이다. 내담자들로 하여금 자기의 행동, 사고, 감정상의 모순을 알 수 있도록 해준다. 즉 내담자들이 다루고 싶어하지 않거나 스스로 다룰 수 없는 자신의 모순점을 깨닫게 하는데 그 의의가 있다.

내담자에 대한 직면은 다음의 두 가지 측면에 초점을 맞추어서 이루어져야 한다.

① 내담자가 표현하는 말이나 행동의 핵심적인 측면으로 언급의 대상 또는 자료는 내담자가 구체적으로 말한 것이기 보다는 주로 그의 말이나 태도, 행동에서 간접적으로 암시된 것에 대해 직면을 시킨다.

② 불일치점을 지적하고 내담자 쪽의 모순이나 불일치점은 말과 행동, 내담자가 언급한 말, 행동과 행동간, 현실적 차이와 이상적 자아간, 언어적 행동과 비언어적 행동간 그리고 상담자의 지각과 내담자의 지각사이의 불일치점을 지적하여 직면시킨다.

직면은 해석과 유사하지만 직면은 모순점의 이유를 제시하지 않는다는 점에서 차이가 있다. 내담자가 인식하지 못하고 있거나 활용하지 못하고 있는 인간적 자질이나 잠재적 가능성을 명확히 인식시켜 인간적 성장과 발달을 촉진시키려 한다.

수준 1. 상담자는 내담자의 감정 · 사고 · 행동의 모순에 대하여 전혀 언급하지 않는다.

수준 2. 상담자는 내담자의 감정 · 사고 · 행동의 모순에 대하여 모호하게 언급한다.

수준 3. 상담자는 내담자의 감정 · 사고 · 행동의 모순을 지적하나 직접적이고 구체적이지 못하다.

수준 4. 상담자는 내담자의 감정 · 사고 · 행동의 모순을 직접적이고 명확하게 내담자에게 지적한다.

수준 5. 상담자는 내담자의 감정 · 사고 · 행동의 모순을 아주 명료하게 지적하여 내담자에게 깊은 수준의 자기탐색을 촉진한다.

지난번에 할아버지가 돌아가셨을 때 무척 슬펐지만 웬지 피식피식 웃음이 나왔어요.
수준 1. 할아버지가 돌아가셨는데 그 무슨 경망스러운 짓이냐?
수준 2. 할아버지가 돌아가셔서 마음은 슬픈데도 슬픔을 표시할 수 없었다고?
수준 3. 할아버지가 돌아가셔서 슬프긴 하면서도 웬지 웃음이 나왔다고?
수준 4. 슬픈데도 눈물이 나오기는커녕 웃음이 나왔단 말이냐?
수준 5. 그렇게 슬픈 일에 웃음이 나오다니 어떻게 되어서 그랬을까?

(7) 즉시성(immediacy)

상담자와 내담자간의 상호작용에 더 초점을 맞춘 Egan(1986)은 즉시성이란 상담과정에서 지금－여기에서의 인간관계에서 일어나고 있는 것에 관하여 직접적이고 공개적으로 논의하는 것이다.

수준 1. 상담자는 내담자가 자신과의 관계에 대하여 표현하는 것에 관심을 전혀 보이지 않는다.

수준 2. 상담자는 내담자가 자신과의 관계에 대하여 표현하는 것에 거의 관심을 보이지 않는다.

수준 3. 상담자는 내담자가 자신과의 관계에 대하여 표현하는 것에 관심을 보여 내담자의 표현에 대체로 적절한 반응을 보이나 그 내용이 직접적이고 구체적이지 못하다.

수준 4. 상담자는 내담자가 자신과의 관계에 대하여 표현하는 것에 큰 관심을 보여 내담자의 표현에 적절한 반응을 보이는데 그 내용은 직접적이고 구체적이다.

수준 5. 상담자는 내담자가 자신과의 관계에 대하여 표현하는 것에 깊은 관심을 갖고 내담자의 표현에 매우 적절한 반응을 보이는데 그 내용은 대단히 직접적이고 명료하여 내담자의 깊은 수준의 자기탐색을 촉진한다.

엄마는 내게 이래라 저래라 하는 간섭이 너무 많아요.
수준 1. 학교에서 뭐 기분 나쁜 일 있었니?
수준 2. 쓸데없는 소리 하지 말고 네 할 공부나 해.
수준 3. 엄마가 잔소릴 많이 한다고?
수준 4. 내가 네일에 간섭을 너무 많이 하니 그만 참견하라는 말이냐?
수준 5. 내가 네게 간섭을 너무 많이 하고 있다니 그게 무슨 소리인지 좀더 이야기해 볼래?

2. 비언어적 대화기법

상담과정에서 상담자의 비언어적 반응양식은 효과적인 상담운영에 필수적인 요소이다. 김형태(2001)는 일상생활에서 서양인들은 30%의 언어적 대화, 70%의 비언어적 대화를 사용한다고 한다.

Mehrabian(1981)은 비언어적 대화기법으로 표정과 몸짓(55%), 내용전달(7%), 목소리 효과(38%)라고 하였다. 따라서 비언어적 행동이 의사소통 과정에 있어서 중요한 역할을 하고 비언어적 의사소통 과정이 오히려 덜 왜곡되는 경우가 많다는 것이다. 사실상 의사소통에 있어서 사회적 의미의 65%가 비언어적 의사전달에 의해서 수행된다고 한다(McCrosky Larson & Knapp, 1971).

Gazda, Asbury, Balzer, Childers 그리고 Walters(1977) 등은 비언어적 의사소통 행동을 네 개의 형태로 구분하고 있다. 네 개의 형태는 시간, 신체에 의한 각 부위를 통해서, 음성, 환경을 통한 비언어적 의사소통으로 다음과 같이 제시하였다.

1) 시간을 통한 비언어적 의사소통

① 다른 사람과 의사소통하는데 기꺼이 할애하는 시간의 양으로 여러 가지 주제나 문제에 대하여 사용하는 시간의 양
② 알아차리거나 반응을 보일 때까지의 지속시간

2) 신체의 각 부위를 통한 비언어적 의사소통

① **시선의 접촉** : 상대방에게 부드러운 시선을 보냄으로써 주의를 집중할 수 있으며 관심을 보이고 있다는 사실을 전달한다. 상대방의 성격이나 태도, 연령 등에 따라 그 정도를 조절할 필요가 있다. 친근감을 나타내는 시선은 상대방의 두 눈과 턱 아래를 지나서 신체의 다른 부분까지도 바라본다. 시선의 방향과 응시하는 시간 및 그 빈도수를 나타낸다.
② **눈** : 반짝이는 눈, 눈물, 크게뜬 눈, 눈꺼플의 위치
③ **피부** : 창백함, 발한, 얼굴을 붉힘, 소름끼침
④ **몸의 자세** : 몸의 위치, 움직임 그리고 앉은 자세 등이 상대방에 대한 관심 표현과 존경의 정도를 전달한다. 그러므로 신체적으로 이완되고 편안하고 자연스러운 자세를 취하는 것이 좋다. 활동준비가 되어 있는 것과 같은 열렬함, 자신을 보호하려는 듯이 팔짱을 낌, 다리를 꼼, 얼굴을 마주보고 있음, 머리를 아래로 내려뜨리고 바닥을 내려다 보는 것을 들 수 있다.
⑤ **얼굴표정** : 상대방에게 밝고 상냥한 얼굴표정과 가벼운 미소를 보이며 수용적이고 부드러운 음성으로 이야기하는 것은 그에게 관심을 기울이는 좋은 반응이 된다. 무표정, 이맛살 찌푸림, 눈살을 찌푸림, 코를 실룩거림, 미소를 지음, 큰 소리로 웃음, 입술을 깨물음 등이 있다.
⑥ **손과 팔** : 손깍지 끼기는 처음에는 신뢰성 있는 동작으로 보이는데 그

이유는 손깍지를 끼면서 말하는 사람들이 주로 웃으면서 즐겁게 이야기하기 때문이다. 팔짱끼기는 부정적이거나 방어적인 혹은 신경질적인 태도를 취하려고 할 때 당연히 팔짱낀 자세가 편안하게 느껴진다고 한다. 불리한 상황을 피하려는 시도로서 양팔을 가슴 위로 가로질러 함께 포갠다. 상징적인 손 모양과 팔 동작, 크기나 모양을 표시하는 손과 팔의 모습 등이 있다.

⑦ **자신을 해치는 행동** : 손톱 깨무는 것, 손가락 마디로 소리를 내는 것, 비비거나 때리는 것 등이 있다.

⑧ **반복적 행동** : 발을 구르는 것, 손가락으로 쳐서 소리를 내는 것, 안절부절 하고 몸을 비트는 것, 몸을 떠는 것, 단추 · 머리 · 옷 등을 만지작거리는 것 등이다.

⑨ **신호나 지시** : 엄지손가락은 우월감 혹은 공격을 나타내기 위해 사용한다. 이 동작은 일련의 다른 행동들을 보조하는 역할을 하는 이차적인 행동의 표현이다. 머리동작에 있어 가장 보편적인 두 가지는 고개를 끄덕이는 긍정적인 의미와 좌우로 흔드는 부정적인 생각을 암시해 준다. 손가락으로 소리를 내는 것, 똑바로 쳐다보는 것, 어깨를 움츠려 보이는 것, 윙크하는 것 등이 있다.

⑩ **만지는 것과 접촉** : 가장 강력한 비언어적 의사소통 중의 하나이다. 신뢰 · 분노 · 자비 · 연민 · 온정 · 감정표현의 기능 · 사회나 문화에 따라서 그 의미가 다르게 전달되는 경우가 있으므로 자기 자신의 환경, 상식 그리고 관계의 형태를 고려하여 자신이 전달하고자 하는 메시지에 적합한 접촉의 정도가 결정된다.

빰과 턱을 만지작거리거나 혹은 받치는 동작 등은 각각 상대방의 이야기를 듣고 있는 사람이 지루함을 표시하거나 혹은 흥미를 갖고 있다는 것을 의미한다. 그 중 턱을 쓰다듬는 동작은 듣는 사람이 결정을 내리고 있는 중이라는 신호이다.

3) 음성을 통한 비언어적 의사소통

① **음조와 음색** : 감정이 없는 단조로운 음성, 밝은 음성의 변화, 강하고 자신만만한 음성, 약하고 주저하고 떨리는 음성

② **말의 속도** : 빠름, 중간, 느림

③ **음성의 크기** : 큼, 중간, 작음, 부드러움

④ **용어 사용** : 명확한 것과 부주의한 것, 지역적 차이, 용어사용의 일관성, 음조와 음색, 말의 속도, 음성의 강도, 말씨

⑤ **아류언어** : 신음, 한숨, 비명, 투덜거림과 같은 말이 아닌 모든 종류의 소리. 따라서 상담과정에 나타내어지는 소리표현에 주의할 필요가 있다.

4) 환경을 통한 비언어적 의사소통

(1) 거리의 조절

Edward와 Hall은 인간관계의 거리를 4유형으로 분류하여 타인과의 거리를 통해 친밀감의 척도를 이야기하였다.

① 친밀한 거리 45cm 이내

② 개인적 거리 45~120cm

③ 사회적 거리 120~360cm

④ 공공적 거리 360cm 이상

다른 사람들과 가까이 가든지 물러나든지 하여 거리를 조절하여 친밀감을 나타내며 이러한 조절은 점차적으로 거리를 넓히거나 거리를 좁혀야 한다.

(2) 물리적 장치의 배열

깨끗하고 잘 정돈되고 조직된 환경, 지저분하고 무질서한 환경, 일상적 환경과 공식적 환경을 들 수 있다. 따뜻한 색상과 찬 색상, 부드러운 자세, 단조로운

자료와 다양한 자료, 명랑하고 경쾌한 분위기와 지루하고 침울한 분위기, 멋을 찾는 분위기와 개성이 없는 분위기, 비싸고 고급스러운 분위기와 값싼 분위기 등이다.

(3) 의 상

대담한 의상과 소극적 의상, 세련된 의상과 멋없는 의상

(4) 실내에서의 자세

책상과 탁자의 위치, 책상이나 탁자같은 것을 자신과 다른 사람 사이에 놓음으로써 자신을 보호하는 자세, 방 한가운데에서 소파에 나란히 앉거나 간편한 의자에 앉는 개방적인 자세, 자신과 다른 사람 사이에 아무것도 없는 경우도 있다.

(5) 상징적 의사소통

1 의 복

개인의 성격, 가치관, 신분 및 보수적인지 혹은 진보적인지의 표현, 제복과 평상 자유복과의 차이, 색상과 모양의 차이. 예를 들면, 과격한 사람은 느슨하고 다채로운 옷을 입는 경향이 있다.

2 두 발

성의 구별뿐 아니라 성격표시도 된다. 장발이 더 철학적이라고 보는 것 혹은 커다란 결심의 표시로 삭발을 하는 것 등이 있다.

3 장신구

결혼반지, 목걸이, 고급 보석류의 착용여부도 개인의 내적 상태를 표현하는

상징적 의사소통이다.

4 화 장

화장은 여자를 이해하는데 중요한 역할을 한다. 윤락기가 있는 여인은 더 진한 화장을 하기 마련이다.

5 주택의 위치와 생활공간

경제적 이유도 있지만 주거지, 생활공간의 배치와 장식 및 정돈 등은 주인의 인간성 이해의 상징적 단서들이다.

제10장

아동상담의 과정 및 기술

1. 행동치료
2. 놀이치료
3. 미술치료
4. 음악치료
5. 심리극

1. 행동치료

1) 행동수정 이론의 특징

행동적 접근은 당시 우세했던 정신분석적 견해로부터 근본적으로 이탈해서 1950년대와 1960년대 초반에 생겨났다. 행동주의 이론은 Ivan Pavlov의 학습 개념을 토대로 한 '행동주의적 심리치료'와 관찰 가능한 행동의 변화에 강조점을 두고 있는 Skinner의 '행동수정' 이론에 의해 발달되었다. 이 시기 동안 행동치료 운동은 다양한 문제 행동들을 치료하기 위해 고전적 조건형성의 원리를 적용했다는 점에서 다른 치료 접근과 구분되었다. 이 이론에 의하면 행동은 자극, 유기체의 조건, 반응, 그 반응의 결과 등으로 구성되어 있고 행동은 학습에 의해 이루어진다는 전제하에 학습된 행동은 여러 개의 다른 학습과정의 결과라고 본다. 이러한 주장은 모든 행동이 무한한 순응성을 갖고 있으며 외부의 강화에 의해 학습된다는 사실을 내포한다. 이러한 학습의 원리를 인간의 교육과 문제행동치료에 적용하기 시작하며 정신분석이론만이 적용되고 있던 정신적 문제의 치료에 크게 기여하게 되었다.

행동주의에 입각한 다양한 교육, 치료방법을 행동수정기법이라고 부르며 처음에는 장애아의 신변처리 기술을 훈련시키거나 자폐아, 정신분열증 환자의 언어치료 등에 이용되었다. 최근에는 정상아동의 행동과 학습지도와 일반 성인의 제반 대인관계, 부부문제, 불안, 체중조절, 금주 · 금연, 당뇨증 만성질환자의 건강관리 등 다양한 방면에서 활용되고 있다(정보인, 1992). 행동수정기법은 구체적 절차를 제시해 주며 비교적 문제영역에 제한되지 않고 적용되며 효과를 얻을 수 있기 때문에 많은 교육과 치료 장면에서 사용된다.

2) 아동의 문제행동과 행동수정의 절차

(1) 치료목표

치료목표가 행동치료에서 가장 중요한 위치를 차지한다. 행동치료의 일반적인 목표는 학습의 새로운 조건을 창출하는 것이다. Kuehnel과 Liberman은 행동치료의 핵심을 내담자 행동의 문제점을 찾아내어 구체화시키는 여섯 단계라고 보았다.

첫 단계는 부적응이나 문제가 되는 행동을 찾아 내는 것이다. 두 번째 단계는 내담자의 장점과 강점을 찾아 내는 것이다. 세 번째 단계는 문제행동이 일어나는 맥락에 대한 정보를 찾아 내는 것이다. 이 단계에서는 문제행동의 선행상황과 문제행동의 결과를 구체화한다. 네 번째 단계에서 발견된 문제행동을 측정하기 위한 방략을 세운다. 다섯 번째 단계에서는 치료동기가 되었고, 치료변화를 유지시켜 줄 사람, 활동, 물건을 알아 내기 위해 내담자의 잠재적 강화인자를 조사한다. 여섯째, 즉 평가절차의 마지막 단계에서는 치료목표를 공식화한다.

행동치료의 목표에 대한 몇 가지 오해가 있다. 일반적인 미신 중의 하나는 행동치료의 일반적이고 종합적인 목표가 장애의 증상만을 제거하는 것이며, 증상제거가 되었다 하더라도 기저에 깔린 원인들이 치료되지 않았으므로 새로운 증상이 발생된다는 것이다.

또 다른 일반적인 오해는 치료 목표들을 행동치료자가 결정하고 부여한다는 것이다.

G. T. Wilson은 주로 내담자가 치료목표를 세워야 한다는 것이 행동치료의 기본 입장이기 때문에 내담자가 충분히 알고, 동의하고, 목표를 세우는 데 참여해야 한다고 하였다.

이 과정은 치료자와 내담자간의 협력적인 관계가 필수적임을 나타내 준다.

① 상담자는 목표를 세우는 이유를 설명한다.
② 내담자는 상담의 결과로 얻고 싶은 긍정적 변화를 구체화한다.
③ 내담자와 상담자는 진술된 목표들이 내담자 자신의 변화인지를 결정한다.
④ 그 목표들이 현실적인지에 대해 함께 탐색한다.
⑤ 그 목표들이 성취되었을 때 있을 수 있는 이점들을 토론한다.
⑥ 그 목표들이 성취되었을 때 있을 수 있는 불이익을 토론한다.
⑦ 내담자가 진술한 목표를 기초로 상담을 계속할 것인지, 내담자의 목표들을 변경할 것인지, 혹은 다른 상담자를 찾을 것인지를 결정한다.

(2) 상담자의 기능과 역할

행동 지향적 치료자들은 어떤 면에서는 다른 임상가들과 같다. 그들의 임상적 예감을 따르려고 한다. 그들은 요약화, 반영, 명료화, 개방형 질문과 같은 기법을 사용한다.

또 다른 중요한 기능은 치료자가 내담자에게 본보기가 되는 것이다. 내담자는 치료자를 모방할 만한 인물로 보기 때문에 때로 치료자의 태도, 가치관, 신념, 행동을 본뜬다. 행동치료에서 내담자는 대개 '어떤 행동'을 변화시킬지를 결정하고, 치료자는 그 행동을 '어떻게' 변화시킬지를 결정한다.

(3) 상담에서의 내담자의 경험

행동치료의 독특한 공헌 중의 하나는 치료자들에게 잘 정의된 역할의 맥락 내에서 적용할 수 있는 잘 정의된 절차의 체계를 제공한다는 것이다. 내담자들은 목표의 선택이나 결정에 능동적으로 참여해야 하며 변화하려는 동기를 가져야 하며, 치료 과정 동안이나 실생활에서의 치료 활동의 수행에 협조할 의지가 있어야 한다. 내담자가 이런 식으로 참여하지 않으면 치료는 성공하지 못할 것이다.

(4) 상담자와 내담자의 관계

현재의 행동치료는 상담의 구조화된 체계적 접근을 해야 한다는 인간행동에 대한 과학적 관점을 향한다. 그렇다고 해서 행동치료가 치료관계나 내담자가 상담 목표를 결정해야 한다는 사실을 경시하는 것은 아니다. 치료가 성공하기 위해서는 내담자가 치료과정에 협조적이어야 하며, 동시에 치료 효과에 대해서 긍정적인 기대를 가지고 있어야 한다.

3) 행동수정의 기법

(1) 바람직한 행동을 가르치는 방법

1 행동형성

행동형성(shaping)은 새로운 행동을 처음 가르칠 때 쓰는 방법으로 하고자 하는 목표행동을 한 번에 달성하기 힘든 경우에 사용한다. 언어지도, 대인관계 지도, 정신지체나 자폐아동의 식사나 옷 입기 등 신변처리 지도에 많이 이용한다. 일반적으로 다음과 같은 절차로 정리할 수 있다.

첫째, 우선 아동의 행동을 면밀히 관찰하여 기록한다. 현재 아동이 할 수 있는 행동의 목록을 만들고 각 행동의 발생빈도에 따라 순서를 정한다. 이 때 각 행동이 일어난 상황도 함께 기록한다.

둘째, 아동에게 가르칠 목표행동 하나를 정한 후, 현재 아동이 보이는 행동목록 중 목표행동과 가장 유사한 것을 찾는다.

셋째, 보상을 줄 행동의 기준을 정한다. 이 때 기준은 아동이 쉽게 성취할 수 있도록 낮게 정한다.

넷째, 목표행동이 쉽게 일어날 수 있도록 주위 환경을 조성한다. 필요한 물건이나 장치를 미리 준비해 놓고 아동의 주의를 흐트릴 만한 물건은 모두 치운다.

다섯째, 아동에게 줄 보상을 정한다.

여섯째, 목표행동과 유사하여 목표행동의 달성이 연결될 수 있는 행동은 집중적으로 보상해 주고 목표행동과 관련이 없거나 목표행동의 달성에 방해가 되는 행동은 철저히 무시한다.

일곱째, 한 단계에서 다음 단계로 넘어갈 때 신중을 기해야 하는데, 일반적으로 보상받는 행동이 4~5회 일어나면 성공한 것으로 보고 그 다음 단계로 넘어간다.

2 행동연쇄

모든 행동은 자세히 분석하면 작은 행동들로 구성된다. 학습한 행동을 쉽게 만들어 주기 위해서 행동을 여러 단계로 나누어 진행할 수 있도록 가르치는 방법을 말한다. 행동연쇄에서는 일정한 단계를 정하지 않고 목표행동과 유사한 행동이 일어날 때마다 보상을 주지만 행동연쇄에서는 과제분석을 통해 단계를 일정하게 정한 후 단계별로 한 단계가 끝나면 보상을 준다.

행동연쇄법을 실시할 경우 아동이 어떤 단계를 잘못 수행할 때는 즉시 고쳐 준 후 처음 단계로 되돌아가서 연쇄적으로 충분히 연습을 시킨 후 다음 단계로 넘어간다. 이 방법은 지능이 낮은 정신지체나 자폐아동 지도에 많이 사용되고 있는데 일반 아동에게도 생활습관 형성, 자전거타기, 악기사용, 무용 등 비교적 복잡한 행동이나 일상생활 기술을 가르칠 때 사용되고 있다.

3 보조법과 용암법(prompting and fading)

보조법은 아동이 주어진 과제를 수행하는 방법을 모를 때 상황에 적절한 도움을 줌으로 해서 행동의 방향을 가르쳐 주는 도움방법을 말한다. 이 때 사용되는 도움은 말로 해 주는 언어적인 도움, 시범을 보이는 시각적 도움,

직접 손을 잡고 가르쳐 주는 신체적 도움, 그리고 주어진 과제를 쉽게 수행할 수 있도록 주위 환경을 조성하는 방법 등 여러 가지가 있다. 이러한 보조수단을 통해 일단 주어진 행동을 성취하면 점진적으로 도움의 양을 줄여 혼자 할 수 있도록 하는데 이렇게 도움을 줄여가는 과정을 용암법이라고 한다.

보조법과 용암법을 사용할 때 주의할 점은 다음과 같다.

첫째, 아동의 행동을 자세히 관찰하여 목표행동 수행에 방해가 되는 요인을 모두 제거한다.

둘째, 목표행동을 자세히 관찰한 후 어느 정도의 도움이 필요한지 결정한다. 이 때 아동이 보상받을 수 있도록 성공할 수 있는 충분한 기회를 마련해 주어야 한다.

셋째, 아동이 변별할 수 있도록 보조신호를 명확하게 하는 것이 중요하지만 보조가 지나치면 의존적이고 타성이 생기기 쉽다. 일단 한 조건에 익숙해지면 다른 조건에서는 과제를 수행하지 않거나 못할 수 있기 때문에 도움을 점차 줄여 나가는 일이 중요하다.

넷째, 현재의 도움으로 어느 정도 안정선에서 과제를 수행할 수 있게 되면 도움을 점진적으로 줄여간다. 안정적인 과제의 기준은 보통 5회 연속 수행에서 4회 이상 성공할 때 또는 10회 연속 수행 중 8회 이상 성공할 때로 한다.

다섯째, 보조를 적절히 줄이고 늘이는 과정에서 보상은 지속적으로 주어야 한다. 보조없이 혼자 독립적으로 수행할 수 있을 정도로 익숙해질 때까지 보상을 준 후, 마지막 단계에서 보상의 양이나 제공 빈도를 줄이는 것이 바람직하다.

4 자기조절법

자기조절법은 읽기와 쓰기가 가능하고 판단 수준이 있는 초등학교 3~4학년 이상의 아동에게 적합한 것으로 아동 스스로가 자신의 문제점을 파악하고 교정해 나가는 과정을 말한다. 특히 독립심이 너무 강해 남이 참견하는 것을 거부하는 아동, 수치심, 망상, 강박관념과 같이 행동으로 나타나지 않지만 내적인 갈등이나 불안 등을 치료하는데 알맞은 방법이다. 대표적인 방법으로는 자기관찰, 자기계약, 독백훈련, 주장훈련 등이 있다(정인보, 1992).

① **자기관찰** : 가장 먼저 문제가 된다고 생각되는 행동이 언제 얼마나 자주 일어나는지 그 행동으로 인해 오는 손해는 무엇인지를 기록하게 한다. 많은 경우 자신의 행동을 관찰하고 기록하는 과정에서 자신에 대한 새로운 모습을 발견하거나 문제의 심각성을 깨달아 스스로 문제행동을 중단한다.

② **자기계약** : 아동이 자신이 배워야 하는 행동을 약속하고 이를 어겼을 때, 지켰을 때 받을 벌과 보상을 아동 스스로 또는 아동과 부모 간에 계약하는 것이 자기 계약이다.

③ **독백훈련** : 독백훈련이란 말의 힘을 빌려 행동을 조절하는 것으로 아동의 생각을 말로 그대로 표현하게 하면서 말하는 동시에 행동으로 옮기게 하는 방법이다.

④ **주장훈련** : 말이나 생각을 반복적으로 표현시킨 후 행동으로 옮기게 함으로써 쉽게 불안해하거나 소극적인 아동에게 자신감을 키워주는 데 효과적이다.

5 토큰경제

실제적인 상(돈이나 물건) 대신에 토큰을 사용하여 약속된 상을 얻을 수 있도록 하는 방법이다. 토큰으로는 스티커, 표, 동전이나 플라스틱 조각 등을 사용하는데 고학년 아동에게는 토큰 대신에 점수제를 도입할 수도 있다. 약속한 행동을 했을 때 보상으로 토큰을 주면 아동은 이를 일정 양만큼 모아 자기가 원하는 사물을 교환하게 된다. 토큰경제는 아동이 일상생활에서 잘 정돈하고 좋은 습관을 가지도록 훈련하는 데에도 유용하며 특정 문제행동을 수정하는 경우에도 효과적이다.

(2) 바람직하지 못한 행동을 교정하는 방법

1 처 벌

처벌이란 아동에게 혐오스럽거나 고통스러운 자극을 줌으로써 바람직하지 않은 행동을 중단시키는 방법이 일반적으로 알려져 있다. 물총 세례, 신레몬주스 세례, 암모니아 주사기 등이 사용되고 있으나 이 방법은 다른 행동수정기법이 효과가 없으면서 문제행동이 아동이나 주변사람에게 큰 문제가 될 때 마지막 수단으로 사용한다.

2 과잉정정(overcorrection)

아동의 행동이 잘못되었을 때 그 행동에 대한 연습을 지나칠 정도로 많이 시킴으로써 문제행동을 막는 방법이다. 일반적으로 두 가지의 과잉정정기법이 많이 사용된다. 하나는 잘못한 행동의 결과를 원상회복시키는 원상회복법이다. 예를 들면, 밥알을 흘리고 먹는 아동에게는 흘린 밥알을 모두 주워 먹게 하는 것이다. 다른 하나는 어떤 행동을 올바르게 수행할 때까지 그 행동을 강제로 연습시키는 것으로 잠자리에 오줌을 싸는 아동에게 잠자리에서 일어나 화장실에 가서 옷벗고 변기에 앉았다가 잠자리로 돌아와 눕는 과정을 연속적으로 10번 이상 연습시키는 방법이다.

3 고 립

고립은 아동에게 일정한 시간 동안 일정한 공간에서 혼자 있도록 하는 것을 말하는 것으로 교실 뒤에서 벌서는 것, 고립방에서 혼자 있는 것, 몸을 벽에 대고 움직이지 않고 있는 것 등이 그 예이다.

4 차등보상

차등보상이란 고치려는 문제행동 이외의 다른 바람직한 행동에 대해서 집중적으로 칭찬을 하거나 보상을 해 주는 것을 말한다.

5 관심중단

문제행동으로 인하여 주위로부터 받아온 관심들을 일시에 중단하는 것을 관심중단이라고 한다. 관심중단을 사용하게 되면 처음에는 문제행동이 감소하다가 갑자기 그 행동이 폭발적으로 증가할 수 있다. 이는 그 동안 야단맞는 형식으로나마 받았던 관심을 한꺼번에 잃어버린 데 대한 반동현상이므로 얼마 지나면 원상태로 돌아온다. 따라서 문제가 악화될까봐 다시 관심을 주는 일이 없도록 주의한다. 관심중단을 사용할 때는 차등보상법을 사용하는 것이 바람직하다.

6 포 만

아동의 문제행동이라도 그 행동을 실컷 할 수 있는 환경을 조성하여 싫증이 나서라도 그 행동을 더 이상 하고 싶지 않도록 만들어 주는 방법이다.

7 권리박탈

아동이 즐길 수 있는 권리를 미리 준 후, 약속을 어겼을 때 그 권리를 빼앗는 것을 말한다.

8 상반행동 보상

문제행동을 중단시키고자 할 때 이 문제행동과 동시에 일어날 수 없는 행동이 발생할 때마다 집중적으로 보상해 주는 방법이다. 이 때 문제행동에 대해 처벌하지 않는다.

9 유관운동

문제행동이 일어날 때 문제행동과 비슷한 동작의 운동을 강제로 지칠 때까지 시킴으로써 문제행동의 발생을 직접적으로 벌하지 않으면서 문제행동을 교정하는 방법이다.

10 이완운동

불안은 지적인 능력과 정서적인 적응 등 아동의 모든 기능에 영향을 미친다. 이러한 불안을 감소시키는 방법으로 이완운동(progressive relaxation exercise)이 사용될 수 있다. 이완훈련은 크게 두 가지로 나눌 수 있다. 첫째는 생리적으로 근육을 풀었다가 경직시켰다 하는 것을 번갈아하는 방식을 통하여 정신적인 긴장을 해소하는 방법이다. 둘째는 편안하고 감미로운 장면의 연상을 통해 긴장을 푸는 방법이다. 이완훈련은 전문가의 도움없이 아동과 부모가 쉽게 활용할 수 있는데 특히 고학년의 경우 여러 가지 불안상황에서 아동 스스로도 이완운동을 실시하여 불안도 감소시키면서 일의 능률을 높일 수 있다.

11 둔감법

불안을 일으키는 사상에 대해 불안을 느끼지 않도록 불안감을 둔화시키는 방법이 둔감법(desensitization)이다. 불안을 일으키는 사상을 불안 야기 순서를 정하여 가장 적게 불안을 야기하는 사상에서 점점 불안 정도가 높은 것에 노출시킴으로써 불안대상을 직시할 수 있도록 유지하는 방법이다.

4) 아동행동의 특징 및 연구 설계

상담을 통해 아동의 전인적인 성장 · 발달을 돕기 위해서는 무엇보다 먼저 아동을 정확하게 이해하여야 한다. 상담을 위해 아동을 이해하는데 있어서 기본적인 원리는 다음과 같다(장선철 외, 2000).

① 모든 아동이 이해의 대상이 되어야 한다. 문제를 가진 아동이나 장애를 가진 특수한 아동에 대한 이해도 중요하지만 모든 아동이 상담활동의

대상이 되므로 아동 이해는 모든 아동이 대상이 되어야 한다. 상담의 혜택은 전체 아동에게 골고루 주어져야 한다.

② 인도주의에 입각하고 개인의 개성을 존중하는 방향에서 행해져야 한다. 이것은 각 개인이 가지는 가치와 존엄성 그리고 개인차를 인정함으로써 이에 따라 아동 개개인을 대상으로 한 상담활동도 개별성과 독특성을 가지고 행해져야 한다.

③ 적극적이고 계속적인 과정이어야 한다. 즉, 아동 이해는 면밀한 장단기 계획을 통해 꾸준한 관심을 바탕으로 지속적으로 조사·관찰·기록되어야 한다.

④ 아동을 전인으로서 이해하여야 한다. 아동의 지적인 면이나 정서적인 면 어느 한 측면만을 보지 말고 사회적인 면과 신체발달적인 면 등을 모두 포함한 전인적 이해가 되어야 한다. 또한 아동의 장점과 단점 모두를 받아들임으로써 그 아동의 전체적인 현실을 받아들일 수 있다.

⑤ 과학적이고, 객관적이고, 구체적이고, 종합적인 자료에 의해서 아동을 이해하여야 한다. 단순히 교사 개인의 주관적 판단에 의한다든지 다른 한두 사람의 정보, 혹은 한두 검사자료를 통해 아동을 판단할 때에는 위험이 따른다.

행동수정에서는 연구의 초점을 개인의 행동 변화에 두기 때문에 특정한 한 개개인이 아동을 대상으로 하는 연구방법을 주로 사용하는데, 가장 대표적인 연구 설계 방법이 반전 설계법(reversal design)과 복식 기초선 설계법(multiple baseline design)이다.

(1) 반전 설계법

반전 설계법에 의한 행동수정의 연구는 다음 5단계로 진행된다.

1 기초선 1

반전 설계법에 의한 연구는 기초선의 측정으로 시작된다. 기초선 측정이란 일정한 기간 동안 평상시와 다를 바가 없는 조건하에서 아동의 부적응 행동, 즉 행동수정을 위한 표적 행동의 수준을 관찰 · 측정하여 기록하는 것을 말한다. 즉, 평상시에 아동의 특정 부적응 행동이 어느 정도 발생하였는가를 기록에 남기는 단계가 기초선 1단계의 주된 내용인데, 이 자료는 훗날 행동수정의 결과 부적응 행동이 얼마나 변화되었는가를 비교 · 평가할 때 유용하게 사용되어진다.

이 단계에서 아동의 부적응 행동을 관찰 · 기록할 때는 아동으로 하여금 그 자신이 관찰되고 있다는 것을 알지 못하도록 하여야 한다.

2 실험 처치 1

기초선 측정이 마무리되면 즉시 행동수정 기법을 적용하는 실험 단계가 시작된다. 이 단계의 기간 중에 부모나 교사는 실험 조건이 미리 계획된 행동수정의 전략을 실천하면서 계속해서 아동의 부적응 행동의 강도를 관찰 · 기록하여야 한다. 이 때의 관찰은 기초선 단계에서와 같은 방법으로 수행해야 한다. 실험 처치에서 사용되어지는 행동수정의 전략은 다양하다.

3 기초선 2

이 단계에서는 1차 실험 처치 기간 중에 사용한 실험 조건을 철회하여 실험 전 상태, 즉 평상시와 같은 조건으로 되돌아가 행동의 변화를 주는 기간이 주어진다. 이를 반전이라고 하는데, 이와 같은 기초선 2단계를 설정하는 이유는 실험 처치 기간 중 표적 행동에 변화가 있을 경우 그러한 변화가 과연 실험 조건에 의한 것인지, 아니면 자연적인 변화인지를 실증적으로 검증해 내기 위해서이다. 만일 실험 조건을 철회함으로써 표적 행동이 다시 기초선 기간과 같은 수준으로 일어난다면 실험 처치 기간 중에 생긴 표적 행동의 변화는 실험 조건에 의해서 생긴 효과라는 것을 자신있게 주장할 수 있게 된다.

4 실험 처치 2

아동의 부적응 행동을 수정하기 위하여 앞의 단계에서 그 효율성이 입증된 기법을 적용하는 기간이 바로 실험 처치 2 기간이다. 따라서 이 단계에서 행동수정의 궁극적 목적인 아동 부적응 행동의 수정이 이루어진다.

5 사후 점검 단계

사후 점검 단계란 반전 설계 연구법의 마지막 단계인데, 일단 형식적인 실험 기간이 끝난 후에도 행동의 변화가 유전되고 있는가를 점검하게 된다. 따라서 사후 점검 단계에서는 사용된 행동수정 기법의 지속적인 효과를 확인하고 검증하게 된다.

이상과 같은 반전 설계법에 의한 행동수정은 비교적 단순하고 그 논리가 명확하기 때문에 행동수정 연구에서 가장 대표적으로 사용되고 있다.

(2) 복식 기초선 설계법

아동의 부적응 행동, 즉 행동수정의 표적 행동이 신체적으로 위험하기 때문에 다시 반전하여 그러한 행동을 되살리는 것이 윤리적으로는 다시 반전되지 않으리라고 예상되는 경우에 사용하는 행동수정의 연구방법이 복식 기초선 설계법이다. 즉, 반전 설계가 어려우며 하나의 통합된 연구를 통하여 행동수정 기법의 효과를 다양한 측면에서 검토하고자 할 때 사용되는 방법이 복식 기초선 설계법이라는 것이다. 따라서 복식 기초선 설계법에서는 행동 변화의 요인으로 예상되는 실험조건, 즉 행동수정 기법을 여러 행동과 여러 상황, 사람에 따라 그 구체적인 절차는 다르지만 연구에 포함되는 논리가 같기 때문에 여기서는 한 실험 조건이 한 아동의 여러 부적응 행동에 동시에 적용되는 경우를 예로 들어 설명하기로 한다.

내담자는 다른 아동에 대한 언어적 · 신체적 공격이 두드러지며, 활동 중에 프로그램의 내용과는 전혀 무관한 반응을 통해 학습의 분위기를 깨뜨리며, 교사의 지시에 따르지 않고 활동실을 마음대로 이탈한다.

이 때 교사는 내담자의 부적응 행동 각각에 대한 기초선 관찰을 시작한다. 기초는 반전 설계법과 마찬가지로 평상시와 같은 조건하에서 내담자의 행동을 관찰 · 측정하여 기록하면 된다.

세 가지 표적 행동에 대한 기초선 수준이 확인되면 우선 그 중에서 하나의 행동을 선정하여 소멸기법, 또는 반응대가기법 등과 같은 실험 처치를 시작한다. 하나의 행동, 즉 언어적 · 신체적으로 공격하는 행동에 대하여 행동수정기법이 적용되는 동안에 나머지 두 행동에 대해서는 계속해서 기초선 관찰이 진행된다.

이후 일정한 기간이 지난 다음에 학습 활동과 무관한 행동에 대하여 똑같은 실험 처치를 시작한다. 그리고 나서 다시 일정한 기간이 지나면 마지막 행동인 활동실의 무단 이탈 행동에 대하여 실험 처치를 한다. 마지막 행동에 대한 실험 처치가 적용되는 기간에도 앞의 두 가지 행동에 대한 실험 처치는 계속되어야 한다.

이와 같은 과정을 통해 각각의 부적응 행동에 대한 실험 처치가 모두 끝나면 교사는 각각의 행동의 정도를 기초선과 비교한다. 모든 행동이 기초선 수준보다 개선되었다는 것이 확인되면 이 실험에서 사용한 행동수정기법이 효과가 있었다는 사실이 입증되는 것이다.

2. 놀이치료

1) 놀이의 유형

놀이에 대한 정의는 학자에 따라 다양하지만, 아동의 놀이에는 몇 가지 특징이 있다.

첫째, 놀이는 사회 문화적 전통에 의해서 영향을 받는다. 아동이 살고 있는 문화권 내에서 전통적으로 행해지는 놀이가 있다.

둘째, 놀이는 아동의 발달과 성숙의 준비도에 따라 다르다. 어떤 연구자들은 놀이의 단계를 탐험기(생후 12개월까지), 완구기(1세 이후부터 7~8세까지), 놀이기(7~8세부터 학령기까지), 백일몽기(학령기 말부터 사춘기까지)로 나누었다(송영혜, 1997). O'connor(1991, 1997)는 그가 주창한 생태환경적 놀이치료(ecosystemic playtherapy)에서 놀이활동을 아동의 발달단계에 따라 단계 1부터 단계 4까지로 구분하고 각 단계에서 행동치료기법들과 함께 구조화, 도전, 간섭, 양육의 치료놀이(theraplay)(Jernberg, 1979)형식을 적용하였다.

셋째, 놀이행위는 연령이 증가함에 따라 성(gender)에 적절한 놀이와 공식적인 놀이가 증가하는 반면, 놀이 행위에 소비되는 시간, 놀이의 종류, 놀이친구의 수와 활동적인 놀이의 수는 감소한다(송영혜, 1997).

Brody(1978)가 개발한 발달놀이치료 프로그램은 아동이 조력자와 일대일 놀이 시간을 통하여 기본적인 애착관계 맺기를 경험하고, 이를 바탕으로 자신의 조력자와 함께 집단활동에 참여하도록 한다. 이런 발달놀이치료 프로그램을 통하여 아동은 애착에서 분리로 이어지는 과정을 인식해야 하며, 프로그램

진행과정에서 주어지는 분리경험을 통해 다시 새로운 애착관계를 형성할 능력을 얻게 된다. 일대일 놀이 시간을 통한 성인과의 의도적인 애착과 분리의 경험은 아동의 부모뿐만 아니라 그가 속한 환경과의 밀접한 관계형성을 돕는 기술을 획득하게 된다.

이러한 애착과 분리의 경험을 위해 발달놀이치료 프로그램에서 주로 사용되는 개념이 신체접촉, 거리, 표정언어를 포함하는 '신체언어'이다. 신체접촉은 아동이 타인을 통해 자신을 경험하도록 해 주며, 애착을 발달시키는 중요한 방법이 된다. 거리는 친밀한 거리(0~45cm), 인간적인 거리(45cm~1.2m), 사회적 거리(1.2m~3.5m), 대중적인 거리(3.5m~7.6m)로 나눌 수 있는데(Hall, 1966), 목적에 따라 조절하여 사용함으로써 애착과 분리를 조절할 수 있다. '표정언어'에는 눈맞춤과 미소 등이 포함되는데, 눈맞춤은 의사소통하고자 하는 의사를 나타내고, 미소는 관계에서의 불안을 감소시키고 안정감과 신뢰감을 증가시키며, 기쁨 등을 표현하는 도구로서 아동과 조력자의 긍정적인 감정발달에 중요하다(Clifford & Swensen, 1973).

이에 덧붙여 발달놀이에서 사용되는 개념으로 아동의 창의성과 상상력을 최대로 활용할 수 있는 '이완과 상상놀이'가 있다. 이완과 상상놀이는 아동의 불안과 저항을 감소시키고, 무의식 속에 억압된 사고, 감정, 경험 등을 발산하도록 해 준다. 이를 위해 근육의 긴장과 이완, 심상을 이용한 이완, 유도적 환상 등을 활용할 수 있다(Guamer, 1984).

최근에는 집단놀이가 갖는 장점과 특성이 부각되면서 집단놀이 역시 하나의 치료방식으로 활용되고 있다.

집단놀이는 또래와의 상호작용을 통해 이루어지기 때문에, 아동은 집단놀이 속에서 사회적인 기술을 실험해 보고, 또래로부터의 피드백을 통해 경험적으로 확인하게 된다. 이러한 집단놀이의 과정은 아동이 아동 자신·타인생활에 대해 배울 수 있게 하는 심리 사회적 과정을 제공해 준다. 따라서 집단놀이는 문제해결, 의사소통과 같은 대인관계 기술을 다룰 수 있고, 수용과 지지의 경험을 통해 자아존중감을 증대시킬 수 있는 장점을 가지고 있다.

2) 놀이의 교육적 가치

아동들의 생활은 대부분 놀이이며, 놀이는 아동에게 여러 가지 면에서 영향을 미친다. 아동은 놀이를 통해서 긍정적인 느낌을 경험하고 즐거운 감정을 갖게 된다. 그러나 놀이가 즐거움의 속성만을 갖고 있는 것은 아니다. 아동은 놀이를 통해 많은 것을 배우고 놀이를 하는 동안 다른 사람의 행동을 모방하여 되풀이하고, 탐험하고, 실험하며, 신체적 · 사회적 · 정서적 · 언어적 그리고 인지적으로 발달해 나간다.

아동은 놀이를 통해 최초로 주변 세계와 접촉할 수 있는 기회를 가지게 되고, 이러한 접촉을 통해 아동은 자신과 타인 그리고 세상에 대해서 배운다. 이러한 과정에서 아동은 신체적 능력을 사용하고 숙달시킬 수 있는 기회를 갖게 되고, 언어를 습득하기도 하며, 상상력 · 창의력 · 사고력 등의 인지적 능력을 향상해 나간다. 그리고 놀이를 통해 정서적 분화와 균형을 촉진하고, 놀이 후의 성취감이나 만족감 등의 건전한 정서를 형성함으로써 정서적 발달을 도모한다. 또한 놀이를 통해 또래와 사귐으로써 대인관계 능력을 향상시키고, 도덕적 기준이나 규칙, 성 역할 등의 사회적 능력을 학습하게 된다(김춘란, 2001).

이처럼, 놀이란 어떠한 강제성 없이 자발적으로 행해지며 즐거움과 만족을 수반하는 활동으로서, 아동의 신체적 성장뿐만 아니라 지적, 정서적, 사회적 성장을 촉진시키는 원만한 인성발달을 돕는 중요한 활동이다.

아동은 놀이를 통해 그 누구도 가르칠 수 없는 방법으로 많은 것을 배우면서, 자기 자신을 성장시키고, 전인적인 발달을 도모한다. 이런 아동의 놀이를 관찰하다보면 아동이 놀이를 통해 자신의 경험과 관련된 주제를 다른 사람에게 전달하고 있다는 사실을 발견하게 된다. 고통을 겪고 있는 아동들은 자신의 고통을 '놀이'로 나타낸다. 아동에게 있어서 놀이는 자연스런 의사소통의 매개체로 아동의 감정과 생각과 경험을 표현하는 수단이다. 성인들은 언어를 통해 자신의 의사를 표현하기도 하고 욕구나 갈등을 표현하기도 한다. 그러나 아동은 언어가 미숙하기 때문에 언어 대신 놀이를 통해 자신의 경험과 감정, 소망을 표현하게 된다. 즉, 아동에게 있어 성인의 언어와 같은 역할을 하는 것이 바로 놀이이다.

따라서 우리는 놀이를 통해 아동이 생각하는 것, 경험한 것, 원하는 것 그리고 어떤 문제와 갈등이 있는지 등, 아동이 세상을 지각하고 해석하는 방식에 대한 정보를 얻을 수 있다. 그리고 이를 바탕으로 아동과 의사소통하며 놀이 안에서 관계를 형성 · 발전시켜 나갈 수 있다. 또한 아동은 놀이를 통하여 자신이 겪고 있는 어려움, 즉 좌절, 긴장, 불안, 공격, 두려움, 혼란 등과 같은 감정을 표현함으로써 그러한 감정을 개방할 수 있고 직면하게 되어, 그 감정을 통제하는 법을 배우게 될 뿐만 아니라 해소할 수 있게 된다. 이렇게 놀이를 통해 감정의 해소가 일어나게 되면 아동은 내부에 깊숙이 자리잡고 있는 자신의 무한정한 힘을 인식하게 되고, 자신의 중요성에 대해 생각해 보고 자신에 관한 일을 처리하게 될 때 자신이 스스로 결정내리게 된다. 이렇게 심리적으로 성숙해가기 시작하면서 자기 실현을 하게 되는 것이다.

3) 놀이치료법

(1) 놀이치료의 의미

놀이치료란 훈련된 치료자가 심리적 문제를 지닌 내담자를 돕기 위해 체계적으로 놀이의 치료적 힘을 적용시키는 대인관계의 과정이다. 놀이를 통해서 아동은 자신의 현재의 위치를 알게 되고 과거와 연결시켜 새로운 지각세계를 형성하는 것이다. 그래서 아동은 자신에 대한 새로운 발견과 새로운 이미지를 형성하는 것으로 치료자가 아동의 놀이행동을 이해하는 것은 치료자가 아동의 내적 생활로 좀더 들어가서 아동에게 도움을 줄 수 있는 단서를 제공하는 것이다. 따라서 놀이치료는 치료자가 아동의 세계로 들어갈 수 있는 기회를 제공한다.

(2) 놀이치료자의 자질과 역할

놀이치료자는 공감할 수 있는 능력과 아동을 존중할 수 있는 능력 그리고 아동의 특별한 감정이나 경험을 융통성 있게 직접적으로 다룰 수 있는 능력이 있어야 한다. 한편 놀이치료자의 역할은 다음과 같다.

① 아동과의 사이에 따뜻하고 우호적인 관계를 가능한 빨리 형성한다.
② 아동을 있는 그대로 수용한다.
③ 아동이 완전하게 자신을 탐색하고 표현할 수 있도록 하기 위해 치료자는 안전하고 허용적인 분위기를 만든다.
④ 아동은 감정을 민감하게 느끼고 인정해야 하며 아동이 자기 이해를 발달시킬 수 있도록 그런 감정을 반영해 준다.
⑤ 아동이 자신의 문제를 해결할 수 있는 능력이 있음을 항상 존중하며, 선택과 책임의 변화를 시도하는 자유가 아동에게 있게 한다.
⑥ 아동의 내적 자기 안내를 신뢰하며 어떤 방법으로도 아동의 행동과 대화를 지시하지 않는다.
⑦ 치료과정의 점진적인 성질을 이해하고 서두르지 않는다.
⑧ 치료가 현실세계에 머물도록 하기 위해서 그리고 아동이 자기 책임을 인식하게 하기 위해서만 제한을 설정한다.

(3) 놀이치료실

놀이치료실은 아동만의 공간임을 아동이 인식할 수 있도록 하며 독립된 공간으로 꾸며져야 한다. 벽은 더러워지면 쉽게 닦을 수 있도록 준비되어야 하며 색상은 베이지색 계열로 부드러운 분위기를 연출할 수 있는 것이 좋다. 바닥은 아동이 신체활동을 활발히 할 수 있는 공간으로 청결과 안전을 고려하여야 한다. 선반을 설치하여야 하는데 놀잇감을 배치할 장의 높이는 아동이 서서 쉽게 꺼낼 수 있는 정도로 하며 반영구적인 제품으로 해서 튼튼한 것이 좋겠다.

한편 놀이치료에서 중요한 것은 아동의 놀잇감인데 아동의 놀이가 아동의 언어를 상징한다면 놀잇감은 아동의 단어가 된다. 그래서 놀이치료를 촉진할 수 있도록 정선된 놀잇감이나 놀이도구들이 필요하다. 그리고 놀이도구는 아동이 끌 수 있고 편안하게 느끼도록 배열하여야 하며, 놀이에 참여하고 싶은 욕구를 불러일으키고 놀이를 촉진할 수 있으며 잘 진행될 수 있도록 배열해야 한다. 적합한 놀이기구로는 아동과 긍정적인 관계맺기를 돕는 놀이기구, 폭넓은 감정표현을 가능하게 하는 놀이기구, 실생활 경험을 탐색할 수 있는 놀이기구, 제한점에 대한 현실 검증이 가능한 놀이기구, 긍정적 자기상의 발달을 돕는 놀이기구, 자기이해를 발달시킬 수 있는 놀이기구, 자기통제력 발달을 돕는 놀이기구 등이라고 할 수 있다.

(4) 놀이치료의 과정

1 초기과정

초기과정은 아동이 낯선 사람과의 낯선 장소에서의 만남이 이루어지는 시간이기 때문에 우선적으로 안전하고 보호적인 관계를 맺는 것이 가장 중요하다. 그리고 친밀한 관계를 발달시킬 수 있도록 노력해야 한다. 한편 아동은 놀이치료라는 낯선 상황에서도 호기심이 발생하며 자신이 어떻게 행동해야 할지를 모르기 때문에 치료자에게 의존적이게 되는데 치료자는 될 수 있는 대로 아동이 선택할 수 있도록 용기를 주어야 한다. 초기과정은 치료자나 아동이 서로를 탐색하는 시간이 주로 이루어지기 때문에 치료자는 지나친 질문이나 제안,

해석 등은 피해야 한다.

초기과정은 상담의 성패에 중요한 영향을 미치게 되며 이 시기에는 아동이 치료자에게 몰두하는 시기로서 치료자의 관심을 끌기 위함과 인정받고자 하는 욕구가 강하게 나타난다. 그래서 아동은 치료자의 비위를 맞추거나 치료자가 원하는 대로 하려고 질문을 하기도 한다. 그러므로 치료자는 아동이 자신이 놀이치료 시간의 주인이며 치료자는 자신의 어려움을 함께 해결하도록 돕는 전문가라는 인식을 갖도록 도와야 한다.

2 중기과정

중기과정은 상담의 대부분을 차지하는 긴 과정으로 이 단계에서는 내담자는 부모와의 관계에서 결핍되거나 왜곡된 부분을 보충하고 수정하는 교정적인 경험을 하게 되고 해석을 통해 자신의 과거에 일어났던 충격적인 사건을 재통합하고 성장하게 된다. 즉 치료자와의 적절한 치료적 관계를 통해 재창조하도록 계획된 교정적인 과정을 통해서 치료가 되고 해석을 통해서 성장하게 된다.

따라서 이 단계에서는 치료자와 내담자가 점차적으로 친밀한 관계를 맺게 되며 신뢰감이 형성된다. 내담자는 치료실이 자기만의 공간이라는 인식을 갖게 되면서 자연스럽게 자신의 부정적인 감정이 나타나기 시작한다. 중기과정 동안에 내담자는 부정적인 반응을 보이는데 치료자는 내담자가 자신에 대한 통찰력과 성취감을 갖도록 도와야 한다. 특히 치료의 상황에서 내담자가 좌절을 경험하는 것이 아니라 성공을 경험할 수 있도록 세심한 배려와 놀이도구를 통한 구체적인 체험을 할 수 있도록 하며 내담자가 갈등을 일으키는 상황이 내담자가 견딜 수 있는 정도인지를 고려하면서 격려와 지지를 한다.

3 종결과정

중기과정을 통해서 내담자가 자신에 대한 통찰과 성취감을 갖게 되면 적극적으로 현실에 대처하는 방식이 다양해지며, 자신에 대한 존중감도 향상되고 자신의 장점이나 단점을 받아들이게 된다. 그리고 종결과정에서는 아동발달의 특성상 나타나는 현상으로 발달이 지연되었거나 결핍되었던 부분에 대한 재교육과 함께 아동의 성장·발달을 촉진시켜 주는 것이 필요하다. 무엇보다도 중요한 것은 종결과정에서는 종결을 위해서 사전에 종결에 대한 계획이 이루어져야 하며 내담자와도 합의가 이루어져야 한다. 종결에 있어서 아동이라고 해서 종결에 대한 논의를 부모와 일방적으로 처리를 하게 되는 것은 바람직하지 않다. 왜냐하면 아동이 종결을 거부할 수 있으며 거부한다면 그만한 나름대로의 이유가 있을 것이고, 그 이유에 대한 구체적이고 정확한 탐색이 이루어져야 한다. 종결을 위해서는 아이가 자연스럽게 종결을 받아들일 수 있는 상황이 되어야 치료가 성공적이라고 할 수 있다. 그런데 아이가 종결을 거부한다면 미해결된 과제가 있거나 치료상의 문제가 있을 수 있기 때문에 아동이 준비가 되지 않는 상태에서 종결을 서두르는 것은 신중하게 고려되어야 할 것이다.

3. 미술치료

1) 미술치료의 기초

(1) 미술치료의 의미

미술치료는 인간의 조형 활동을 통해서 개인의 갈등을 조정하고 동시에 자기 표현과 승화작용을 통하여 자아성장을 촉진시킬 수 있으며, 자발적인 조형 활동을 통해서 개인의 내적 세계와 외적 세계 간의 조화를 이룰 수 있도록 도와 준다. 미술치료는, 비언어적인 커뮤니케이션 기법으로서, 이 기법을 반복 시행함에 따라 언어적 이미지와 시각적 이미지를 통해 지금까지의 자기의 상실, 왜곡, 방어, 억제 등의 상황에서 보다 명확한 자기 동일시, 자기 실현을 꾀하게 한다. 따라서, 내담자의 무의식을 의식화하는데 매우 유용한 장르가 된다(안영진 · 장선철, 2001).

미술치료는 심리치료의 한 유형이다. 심리적 문제를 지닌 내담자와 상담할 때 내담자의 마음 상태에 따라서 단순히 대화로만 이해하기에는 어려운 경우가 많다.

상담 도중에 내담자의 상태를 보아가며 여러 가지 미술창작활동—그림, 조소, 디자인, 서예 등 미술 전 영역이 포함된다—을 제시하여 내담자의 마음을 정확하게 읽고 내담자의 마음이 진정되게 하여 내담자 스스로 자신의 마음을 알고 문제를 느끼게 돌보아 주는 것이다. 내담자들의 객관적이고 의식적인 서술만으로는 파악하기 어려운 무의식의 세계를 탐구해 가는 효과적인 치료기법이다.

미술치료를 〈미술〉과 〈치료〉라는 두 단어로 나누어 볼 수 있다. 하나는 미술을 중시하는 입장이고 다른 하나는 치료를 중시하는 입장이다. 미술을 중시하는 입장은 예술을 창조하는 행위 그 자체가 치료적이라고 보는 것으로 대표적인 학자는 크래머(Kramer)이다. 치료를 중시하는 입장은 미술작품을 치료자와 내담자 사이에서 전달된 상징적 회화라고 보는 입장을 취하며 대표적인 학자는 나움버그(Naumberg)이다.

미술치료에서 중요한 것은 신뢰할 수 있는 치료자와의 관계적인 힘이다. 여기서 미술이 하는 일은 그 두 사람의 사이에 차원을 달리 하는 수많은 메시지를 전달하는 일이다. 그림을 그리는 중에 사람은 자신의 내면과 무언의 대화를 한다. 그것은 의식적인 수준일 수도 있고 무의식적인 수준일 수도 있다. 그것은 이성적인 것일 수도 있고, 감정적인 것일 수도 있다. 일단 작품이 완성되고 나면 그림을 그린 이는 자신이 왜 그렇게 그렸는지를 모른다. 왜 그런 주제를 택했는지, 왜 그것을 그런 식으로 그렸는지, 하필이면 왜 이 색을 골라 이런 선을 칠하고 이런 느낌의 질감으로 처리했는지 알 수가 없다. 그러나 다 이유가 있다. 하나하나의 선택과 표현에는, 그것이 순간적인 것이든 지속적인 것이든, 그 사람의 마음의 상태, 의도 혹은 바람 등이 담겨 있다. 사전도 없는 그림 언어의 뜻을 풀어내는 일은 쉬운 일이 아니다. 공감대를 형성하면서 한 장 한 장의 그림에서 층층의 메시지를 읽어 내어 그 사람의 아픔의 핵심에 접근해 간다는 것은 오랜 기다림과 시간을 필요로 한다. 물론 미술치료사는 그림을 많이 보아 왔고, 집중해서 이야기를 듣듯이 그림에도 집중하여 많은 것을 놓치지 않고 잘 보기 때문에 다른 사람들보다 많은 것을 알아보고 이해할 수 있다. 하지만 다양한 상황에서 수많은 대화를 나누고 나서야 비로소 한 사람을 제대로 이해할 수 있는 것처럼, 그림도 여러 상태에서 다양하게 그린 것들로 비로소 그 사람에 대해 이해시킨다.

미술 언어는 말로는 설명이 안 되는 것들을 색과 선과 면과 크기와 재질과 상징들로 더욱 풍부하게 전달하고 표현할 수 있다는 점이 다르다. 자신의 언어에 익숙해지고, 자신의 스타일과 성격의 장단점을 알게 되는 데만도 몇 주가 걸린다. 그리고 나서 자신의 전체적인 모습을 이해하고 인정하게 되는데 또 다른 몇 주가 흐르고, 그래서 파악된 문제들을 놓고 그 때문에 다친 자신의 감정들을 토로하고 분출하고 정화하는 데 또 상당한 시간이 걸린다. 그래서 매만져진 마음으로 머리가 다시 맑아지면 치료자의 도움으로 자아를 더욱 강화시켜 문제들을 극복하고 승화하고, 미래를 재설계하고, 자신의 이상적인 모습을 다시 세우고, 그러한 깨달음들이 자신의 현실 속에 뿌리를 잘 박게 하는데 또 기다림이 필요하다. 거기까지 되어야 치료가 완성되는 것이다. 문제를 아는 것 자체는 별로 도움이 되지 않는다. '모르는 게 약이다'라는 말처럼 "그러니 어떻다, 그래서 이렇게 변한다"라는 실천의 부분이 없으면 어찌 보면 정말로 모르는 게 약이다. 미술치료란 이런 긴 과정의 노력을 말한다.

(2) 미술치료 유형

1 개인 미술치료

① **유아 및 아동 미술치료** : 정서장애, 발달장애, 자폐증, 사회성 부족, 학교 부적응, 주의산만, 섭식장애, 발달지연 등
② **청소년 미술치료** : 학업, 진로, 성격, 따돌림, 비행, 약물남용, 컴퓨터 의존, 부모와의 대화거부 등
③ **성인 및 노인 미술치료** : 치매, 우울, 신경증, 가족 및 부부관계, 대인관계 어려움 등

2 집단 미술치료

① **인지 · 발달적 미술치료** : 정신지체, 자폐성 장애, 지체부자유
② **정서 · 행동적 미술치료** : 주의력결핍, 과잉성 행동장애
③ **사회성 향상 미술치료** : 사회성 결핍 아동 및 청소년
④ **창의성 미술치료** : 잠재적 창의력 개발 및 자기 표현 향상
⑤ **가족 미술치료** : 부모-자녀 관계 증진

(3) 미술치료의 장점

미술활동의 심리 치료적 속성에 비추어 볼 때, 미술치료의 장점은 다음과 같이 요약해 볼 수 있다(김동연 · 권기덕, 1995).

① 미술은 심상의 표현이다. 우리는 말이란 형태를 취하기 전에 심상으로 사고한다. 삶의 초기의 경험이 중요한 심상의 요소가 되며, 그 심상이 성격 형성에 중요한 역할을 하게 되는데 미술치료에서는 꿈이나 환상, 경험이 순수한 말로 해석하기 보다는 심상으로 그려진다.

② 미술은 비언어적 수단이므로 통제를 적게 받아 내담자의 방어를 감소시킬 수 있는 잇점을 지니고 있다.
③ 구체적인 유형의 자료를 즉시 얻을 수 있다. 눈으로 볼 수 있고, 만져 볼 수 있는 자료가 내담자로부터 생산되는 것이다. 내담자가 만든 어떤 유형의 대상화를 통해서 치료자와 내담자 사이에 다리가 놓여진다. 저항적인 내담자들의 경우 내담자를 직접 다루는 것보다 그들의 그림을 통해 접근하는 것이 더 쉽다.
④ 자료의 영속성을 들 수 있다.
⑤ 미술은 공간성을 지니고 있다. 미술 표현은 문법론, 통사론, 논법 등의 언어규칙을 따를 필요가 없다. 미술 공간성은 경험을 복제한 것이다. 나의 가족의 말로 소개하고 그림으로 그것을 동시에 나타낼 수 있다.
⑥ 미술은 창조성이 있으며 에너지를 유발시킨다. 미술치료는 하나의 작업이라기보다는 놀이와 레크리에이션과 음악과 열정이 있는 창조의 에너지를 발산하는 것이다.

(4) 치료의 물리적 환경

① **치료실의 준비** : 집단치료가 가능한 시설, 작품 보관장, 관찰시설, 준비시설 등이다.
② **치료시간의 구성** : 주 1~2회
③ **조형활동시의 매체의 선택** : 미술치료사들은 다양한 매체들을 사용할 수 있다. 치료시간의 구성 및 다른 요소들에 따라서 그 매체는 목적이 부합되도록 선택한다. 미술과제는 자유연상이나 가족 혹은 집단간의 의사소통의 매개체이며, 파스텔이나 크레용, 붓 등의 비교적 간편한 매체가 적절하다.

2) 미술치료의 기법

(1) 진단적 도구로서의 미술

그림이나 조소, 꼴라주, 핑거페인팅 등의 조형활동을 통하여 내담자의 심리 상태를 진단하려는 노력이나, 이른바 투사법이라는 이름 아래 인물화에 의한 지능검사나 성격검사, 집－나무－사람검사(HTP), 나무그림검사, 가족화에 의한 성격진단 등이 있다.

그림에 대한 분석은 주로 미술작업의 평가와 그림과 이야기에 대한 평가를 실시한다.

① **미술작업 평가** : 여기서는 미술작업의 질(표현의 성공과 실패 등), 외형적 특징(가득참 등), 대상, 태도 등이다.

② **그림과 이야기 분석** : 여기서는 주로 확장(우주), 주된 그림의 대상(자기 등), 상호관계 및 사회적 관계, 감정의 차이, 난화와의 관계(인지, 자극), 독창성, 줄거리 등을 평가한다.

1 자유화에 의한 심리진단

제재나 방법을 내담자가 스스로 결정하여 그리게 하고, 색채사용, 선과 형태, 공간이용과 공간적 형태, 내용(부모, 형제, 자신, 산, 태양 등) 등을 분석한다. 이와 같은 분석방법은 아직 신뢰도나 타당도에서 동의를 얻지 못한 부분이 있으므로 제한성에 유의해야 한다.

2 과제화법

인물, 가족, 친구, 집, 나무, 산, 동물, 길 등의 과제를 미리 주고 내담자가 상상화를 그리게 한다. 이상 행동에 대한 내면의 욕구와 그 욕구를 저지하는 압력을 잘 알 수 있다. 인물화, 묘화완성법, 나무 그림, 집 그림 검사, 산과 해의 묘화법, 풍경구성법 등이 여기에 속하며, 산, 길, 집과 같은 특정의 과제를 부여할 수도 있다.

3 상상화 그리기

한 장의 종이에 전혀 주제를 주지 않고 상상화를 그리게 하고, 다른 또 한 장에는 사람, 태양, 집 등 세 가지의 내용이 있는 상상화를 그리게 한다. 즉, 후자는 과제를 제시한 것이다. 형태, 색채, 구도, 동적 요소, 내용 등이 분석기준이 된다.

4 나무그리기법

진단에 많이 사용되며, 열매가 달린 나무를 한 그루 그리도록 지시한다. 나무는 내담자의 질병상태를 잘 발견할 수 있다. 한국판 검사도구가 개발되어 있다. 나무그림을 그리게 하여 진단할 때에는 나무그림 검사기준을 참조하여야 한다. 대체로 줄기, 가지, 뿌리, 열매, 잎, 전체 구성 등을 기준으로 분석한다.

집, 나무, 사람 검사(HTP)는 진단도구로 많이 사용되며 사전, 사후 검사에도 유용하다. 4장의 종이에 집(House), 나무(Tree), 사람(Person)의 남녀를 그리게 한다. HTP를 한 장에 다 그리는 통합법도 사용되며, 운동성을 가미한 동적 HTP(K-HTP)도 개발되어 있다. HTP는 저항이 적으며, 동일 환자의 그림을 배열했을 때 질병의 경과를 잘 파악할 수 있다. 특히, K-HTP는 각각의 그림에서 나타나지 않는 역동성과 내담자의 더 깊은 내면의 세계를 잘 반영해준다. 한국판, 표준화 검사로서 개발되어 있지 않으나 일본과 미국 자료를 활용하여 분석하고 있다.

5 인물화 검사(DAP)

인물화에 의한 성격검사로 많이 사용되며, 전신상의 남녀를 따로 받는다.

자유화에 비해서 저항이 적어 심리검사로 애용되고 있다. 한국판 표준화 검사는 없으나 미국이나 일본의 기준에 준하여 분석한다. 인물화 분석은 HTP나 가족화의 기초가 되므로 깊이 이해할 필요가 있다. 예컨대, 남성이 여성상을 먼저 그리면 성에 혼란이 있거나 이성의 부모에 대한 의존이나 집착이 있다고 해석하며, 뒤로 향한 머리를 그리면 분열증적 편집성을 의심하게 한다. 눈동자가 생략되면 무엇인가의 죄책감을 나타내는 것으로서 이것은 감추어진 팔이나 손의 모습과도 관련지어 해석한다. 코와 입은 성(性)과 관계하며, 큰 입은 성적인 이상을 나타낸다. 길이가 다른 다리와 발의 그림은 충동과 자기 통제와의 갈등이 있다고 본다.

6 가족화와 동적가족화

가족을 그리게 하여 가족의 체계나 내담자의 가족 지각을 파악한다. 가족화(DAF)와 동적가족화(KFD)는 지시가 다르며, 후자가 더 역동성 파악에 좋다. 동적가족화는 "당신의 가족 모두가 무엇인가를 하고 있는 그림을 그려 보세요." 라고 지시하여, 그린 후에 각 인물상이 누구인가, 연령, 무엇을 하고 있는가를 질문한다. 해석에 있어서는 인물상의 행위와 그림의 양식(구분, 포위 등), 상징(책상 등), 그림의 역동성(크기, 거리, 방향, 생략 등) 등을 기준으로 하여 진단한다.

7 가족체계 진단법

가족 전체나 부부, 부모와 자녀들이 협동하여 그리게 함으로써 그들의 가족체계를 파악한다. 최근에는 동그라미 중심 가족화(FCCD와 PSCD)를 통하여 부모, 자기의 관계를 진단하는 방법도 개발되었다.

8 학교생활화(KSD)

학교의 친구와 선생님을 포함해서 그림을 그리게 하여 내담자의 학교생활을 분석한다. KFD와 함께 받아 보면 좋다. 친구화는 학급 집단 내의 사회적 위치나 역할, 적응 상태를 파악하기 위해서 사용한다. 6~10세 아동의 경우에는 놀고 싶은 친구, 하고 싶은 것 등을 그리게 한다. 직장의 산업상담, 정치인의 정치생활 등에도 이용한다.

9 풍경구성법(LMT)

도화지에 '강, 산, 밭, 길, 집, 나무, 꽃, 동물, 돌, 만족하지 않다고 생각하는 것'을 순서대로 그려 넣게 하고 하나의 풍경이 되게 채색하도록 한 다음 그것에 대해서 계절, 시각, 기후, 내의 흐르는 방향, 사람과 집, 밭 등의 관계에 대해서 이야기한다. 치료 가능성의 평가와 문제점의 추측과 관찰에 유용하다. 진단과 치료에 모두 사용할 수 있으며, 모래상자 놀이치료 전문가들이 즐겨 쓰는 방법이다.

10 협동화법

가족이나 내담자들이 소집단을 이루어 한 장의 종이에 협동해서 그림을 그리게 하는 방법이다. 집단체계 진단과 치료에 유용하며 자발성의 정도, 경험의 표출, 협동성, 그리는 위치와 내용, 그림순서, 주의력 등을 관찰하여 분석한다. 정해진 제재를 주는 경우와 주지 않는 경우로 나누어 실시할 수 있다. 집단치료의 장점을 함께 활용하면 효과적이다.

11 난화게임법(SDG)

유아들의 심리평가에 사용하고 있으나 심리치료나 언어치료에 응용되고 있다. 난화를 제시하고 그림을 완성하게 하여, 다 그리고 난 뒤에 질문을 하고 이야기를 꾸며 나가게 한다. 질문은 이게 뭐야?, 무엇을 하고 있니? 등에 대한 이야기를 하게 한다.

(2) 치료도구로서의 미술

미술작업을 통해서 심리상담이나 심리치료를 하는 것을 미술치료적 행위라고 할 수 있다. 대상에 따라 다양한 기법이 적용될 수 있으며 여기서는 몇 가지만 소개하고자 한다.

1 테두리법

내담자에게 도화지를 제시하면서 용지에 테두리를 그어서 건네 주는 방법이다. 조형활동을 자극하고, 공포를 줄일 수 있어 자아가 허약한 환자들에게 많이 사용되고 있다. 테두리를 그릴 때에는 자를 사용하지 않는다. 또 도화지에 원을 그려주고 원 안에 그림을 그리거나 채색하게 하여 과잉행동, 주의산만 등을 통제할 수 있으며, 심리적 지지도 해 줄 수 있다.

2 출발그림

그림 그리는데 저항이 있거나 공포, 수줍음 등을 줄여서 그림 그리기를 자극하고, 촉진하는데 사용한다. 장애아동이나 정신질환자에게 모두 사용할 수 있다. 종이에 치료자가 직접 잡지에서 얼굴사진을 오려 붙여 주거나 그려 주거나, 눈을 오려 붙여 주어 그림을 완성하는 방법이다. 처음 작업을 시작할 때 사용되는 기법이다.

3 난화 상호이야기 만들기법

난화법과 이야기법을 종합하여 응용한 것이다. 난화에서 이끌어 낸 심상의 형성이 중요하며 치료자와 내담자가 서로 교환하며 이야기를 만들어 나가게 한다. 최근에는 표현이 부족한 환자들에게 난화와 꼴라주를 합친 기법도 사용되고 있다. 이 기법은 중증장애보다 경증장애에게 좋다.

4 꼴라주기법

최근에 가장 많이 사용되는 미술치료 기법이다. 거부의 감소, 분노의 노출, 희망에 대한 상징 등 다양하게 활용할 수 있다. 표현이 쉽고, 보다 정확한 감정 전달이 우수하나 선택할 수 있는 사진 매체가 많아야 한다. 자기감정을 나타내기, 가족이나 친구에게 말하고 싶은 것, 선물 주고받고 싶은 것, 타인에 대한 느낌 표현, 문제의 예방 및 대처 방법 등을 쉽게 표현할 수 있다.

5 역할 교환법

채색이나 꼴라주, 난화, 그림그리기 등에서 내담자와 치료자가 서로 번갈아 가며 작품을 제작한다. 화면분할법(한 장의 종이에 적당한 선을 그어 나눔)과 같이 사용하기도 한다. 래포 형성이나 거부감 감소, 흥미 유발, 촉진 등에 효과적이다.

6 색채 선택법

내담자가 좋아하는 색을 선택하여 그것을 사용하여 그림을 그려받는 방법이다. 가족체계 진단법에서도 좋아하는 크레용을 골라 사용하도록 하는데, 이는 내담자에게 자유를 부여하는 데 목적이 있다. 자유를 부여하면 책임의식이 많아지는 원리도 포함된다.

7 갈겨 그리기법

환자에게 사인펜을 주어 손으로 직접 갈겨 그려서 선을 따라 가게 한 후 '어떻게 보이는가, 어디가 어떻게 되어 있는가'에 대해 얘기한 후 채색시킨다. 환자와 치료자가 갈겨 그리기를 하면 환자 관계의 동력을 더욱 강하게 한다.

8 그림완성법

소정의 용지에 기호가 그려져 있는 8개의 정방형을 제시하고 그 기호를 사용해서 그림을 완성하게 하는 방법이다. 유아나 성인, 정상적인 사람, 정신질

환자 등에게 모두 적용할 수 있다. 그린 순서를 적고, 무엇을 그렸는가를 해석하게 한다. 이것은 미술치료 과정이나 초기에 사용할 수 있으며, 환자의 거부감이나 저항, 공포를 제거할 수 있다. 동그라미를 그리고 그 안에 임의의 점을 찍어 환자에게 제시함으로써 환자를 지지해 줄 수도 있다.

9 이미지 묘화법

그림을 환자와 치료자 사이에 두고 그것이 산출한 이미지를 매개로 하여 환자와 치료자 사이의 사고수준(인식과정)과 각각 지각수준에서 교류를 도모한다. 언어적 커뮤니케이션을 통한 심리치료법이다. 구체적 이미지, 심리적 이미지, 가족 이미지 등의 과제를 사용할 수 있다. HTP, 색의 연상, 추억, 꿈, 신앙, 선과 악, 애정, 음악 등에서도 연상할 수 있고, 이상적인 아버지, 생각나는 사람 등을 통해서도 이미지를 떠오르게 한다. 자유화 또는 과제화를 모두 사용할 수 있다.

10 자아감각 발달법

심신장애인은 신체영상이나 자아개념이 부정적이다. 이를 높이기 위해서 묘화완성법, 손도장과 발도장 찍기, 조소활동, 동그라미기법, 씨앗으로 얼굴 만들기, 가면 만들기, 자기신체 본뜨기(실물 크기), 인체퍼즐 게임, 거울보고 자기 그리기, 손 본뜨기 등을 할 수 있다. 특히, 섭식장애 환자나 신체장애인에게는 효과적이다.

11 감정차트 만들기

도화지에 몇 개의 칸을 구분하고 최근의 감정을 그리거나 색종이로 나타내게 한다. 감정을 표현한 후에 모든 인간은 불편한 감정을 가지고 있음을 확인시킨다. 또한 칸 없이 한 장의 종이에 표현할 수 있다. 스펙트럼 형태의 띠로도 나타낼 수 있는 방법이다.

12 생활선 그리기

유아 시절부터 현재까지 그리고, 미래에 대하여 생활선으로 표시하고 연령 단계별로 높낮이, 선의 굵고 가는 정도 등으로 자신의 생애주기를 나타내게 한다. 그리고 환자가 설명하면서 자신을 발견하고 느끼게 할 수 있다.

13 이것이 나이다-잡지 꼴라주법

자아 정체감을 발달시키기 위하여 실시하고, 소집단에서는 서로 그림을 돌려가면서 피드백을 하고 비교활동을 통해 통찰한다. 자기를 선전하는 포스터를 만들기도 한다.

14 그림대화법

짝을 지어 비언어적으로 그림을 통해 의사소통을 하게 한다. 사회성, 편안함, 집단이해 등을 배운다. 감성지수를 높일 때도 그림대화법을 활용하면 좋다.

15 집단만다라 벽화그리기법

집단 속의 자기이해, 집단이해, 협동심 등을 기른다. 특히 벽화는 공동화(협동화)를 제작할 때 책상 위에서 그리는 것보다 거부감이 적고, 편안하며, 역동성을 더 잘 나타내 준다.

16 삼자관계 그리기

가족 중의 삼자관계를 알아보기 위해서, 그리고 환자가 가족 내의 삼자관계를 깨닫게 하기 위해서 실시한다.

17 가계도 그리기

가족치료에서 많이 활용하며 색종이를 사용하여 세대별로 표현한다. 가족의 세대들 사이의 갈등과 가풍의 계승과 순환 등을 이해한다.

18 자기집 평면도 그리기

어린 시절(가능하면 유아 시절)에 자기가 살았던 집의 평면도를 그려서 가장 무서웠던 곳, 비밀 장소, 누구와 함께 살았는가 등을 설명하여 자신의 과거를 회상한다. 자기에게 영향을 미친 사람, 성격의 형성 등을 발견하고 부적응 행동에 대한 재결단을 하여 새로운 각본을 형성하게 된다.

19 상호의존 역할놀이법

짝을 지어 서로 역할을 바꾸어 그리도록 한다. 그림을 그리면서 타인의 역할을 함으로써 역할놀이의 효과를 얻는다. 그 후에 경험했던 감정을 서로 얘기하고 교환한다. 부부치료에도 큰 도움이 된다.

20 나의 어머니(아버지), 나의 딸(아들) 그리기법

그리는 환자의 어머니(아버지)와 환자의 딸(아들) 관계를 그리게 한다. 꼭 그림이 아니더라도 난화로 표시해도 좋고, 꼴라주를 사용해도 된다.

21 만다라 그리기

개별적인 직업 생활 만다라를 그리게 한다. 크레용, 크레파스 등을 이용하거나 색종이도 사용할 수 있다. 자유연상을 그려도 좋다. 그리고 나서 심상을 시로 써서 나타내기도 한다. 색채를 사용하면 좋으며 환자의 기억과 감정을 통합하는데 유용하다.

22 핑거페인팅(finger painting)

그림치료 초기나 말기에 사용한다. 정서의 안정과 거부, 저항의 감소, 이완 등의 효과를 가진다. 또한 작업의 촉진, 스트레스 해소에도 큰 도움이 된다.

이것은 나중에 작품으로 게시해도 좋고, 크리스마스 카드를 제작해서 사용할 수 있다.

23 조소활동법

점토로 인물상을 만들거나 자기의 느낌을 표현하게 하여 해석하게 한다. 묽은 점토는 수채 물감과 같이 액체 도구로서 언어화가 결핍된 내담자에게 유용하며 과도한 언어화를 나타내는 사람들에게는 감각적 요소를 강조할 때 사용한다. 특히, 대상관계가 부족한 내담자의 치료에 유용하다.

3) 집단 미술치료

집단 미술치료는 집단 심리치료에 미술을 도입한 것이다. 여기에서 그림은 내면세계에 간직된 인간 감정을 자유롭게 꺼내는 것과 동시에 언어로서 서로 부딪치는 감정의 위기의 완충제가 된다. 또한 카타르시스 효과를 가지는 것과 함께 감정 교류의 조정역할을 한다. 따라서 집단 미술치료에서 목적으로 하는 것은 집단의 한 일원으로서의 개인적 체험이며, 치료자와 환자, 환자와 환자 상호간의 교류 가운데서의 자기 통찰이고, 나아가 자신의 이미지를 시각화한다는 회화의 특수성에 의해서 치료자는 환자의 정신세계를 좀더 정확하게 파악할 수 있다(안영진 · 장선철, 2001).

현재 행하고 있는 집단 심리치료로서의 미술치료는 다음의 세 가지로 나눌 수 있다.

① 내담자의 자발성을 향상시키는 것이나 사회 참여에의 능력을 높이는 것을 주된 목적으로 하는 것
② 집단을 가족에 한정하는 것
③ 집단구성원의 자유로운 상호교류를 촉진하여 환자의 자기 통찰, 왜곡된 인간관계의 교정을 목적으로 하는 것

4. 음악치료

음악치료란 훈련되고 자격 있는 음악치료사가 즐겁고 창조적인 음악적 경험을 음악치료 대상자와 나눔으로써 음악치료 대상자의 심리적, 신체적, 정신적인 이상상태를 복원하여 이를 유지하고 나아가서는 향상시킬 목적으로 과학적이고 체계적으로 음악을 사용하는 일체의 활동을 말한다. 이러한 음악치료의 정의는 치료사에 따라 달리 정의될 수 있고 그 이유는 다음과 같다.

음악치료(music therapy)란 말은 음악(music)과 치료(therapy)의 합성어이다. 따라서 음악치료를 정의하기 위해서는 음악에 대한 정의와 치료에 대한 정의가 있어야 함은 당연한 것인데 대다수의 사람들은 음악과 치료에 대한 정의를 따로 내리지 않고 음악치료에 접근하기 때문에 음악치료를 이해하는데 상당한 혼선을 빚고 있다.

먼저 음악에 대해 정의를 한다면, 음악을 멜로디, 하모니, 리듬이 갖추어진 우리 귀에 듣기 좋은, 일반적으로 음악이라고 불리기에 무리가 없는 아름다운 소리를 음악으로 정의하는 사람이 있는 반면 어떤 사람은 현대음악 작곡가들처럼 우리 주변의 소음이나 침묵마저 음악의 범주에 포함시킬 수 있다. 이런 사람들은 같은 '음악'이라는 용어를 사용하고 있지만 각각 다른 개념을 가지고 있는 것이다. 음악치료를 정의하기 위해서는 먼저 음악치료사 자신이 음악을 어떻게 정의하는가가 상당히 중요하다.

다음으로, 치료라는 말을 보면 음악치료에서 말하는 치료의 개념은 의사가 행하는 의술(medical treatment)이 아닌 Therapy의 개념이며 Therapy의 사전적 의미는 약물이나 수술을 이용하지 않고 정신적 · 신체적 질병을 치료한다는 것이다. Therapy란 개념의 사용도 심리치료, 물리치료, 작업치료 등 다양한 영역에 걸쳐 사용되지만 음악치료에서 말하는 Therapy의 개념은 심리치료(psychotherapy)의 개념을 가진다. 크게 심리치료의 조류는 세 가지 학파, 즉 행동주의, 인본주의, 정신분석으로 나눌 수 있다. 따라서 음악치료사는 자신이 공감하는 심리학파에 따라 치료의 개념을 정립할 수 있다. 이와 같이 음악과 치료의 각각에 대한 자신의 정의를 내리면 자신의 음악치료를 정의할 수 있다.

American Music Therapy Association에 따르면 음악치료란 '자격 있는 음악치료사가 건강이나 학습의 문제를 가진 개인들의 심리적, 신체적, 인지적 또는 사회적 기능에 긍정적인 변화를 유발하도록 음악을 계획적이고, 체계적으로 사용하는 것이다'라고 하지만 음악(music)을 어떻게 정의하는지 또, 치료(therapy, 긍정적인 변화)를 어떻게 정의하는지에 따라 음악치료에서 음악의 치료적 적용이 달라질 수 있다.

1) 음악의 상담적 가치

음악은 우리의 삶과 밀접한 관계를 가지고 있다. 간단한 예로 우리 주변을 둘러보면, 우리 삶의 희로애락(喜怒哀樂)을 표현하는 음악이 있고 각종 기념일에는 그 뜻을 기리는 음악이 있고 또 국가와 민족에게는 그들의 고유한 음악이 있다.

음악은 우리 삶을 의식적 또는 무의식적으로 표현하는 도구도 되지만 우리의 삶이 음악 그 자체에 의해 영향을 받을 수도 있다. 이런 음악의 성질들이 바로 음악이 치료적인 도구로 사용될 수 있는 이유이다.

우리는 음악 감상으로 긴장 이완의 효과를 가질 수도 있고, 공동체 의식을 고조시킬 수도 있으며, 잃어버렸던 과거를 회상할 수 있는 등 음악이라는 자극에 의해 여러 가지 영향을 받을 수 있다.

그렇다면 음악의 어떠한 요소들이 이러한 작용을 하며 실제 임상에서 치료적으로 사용될 수 있는 음악의 힘이 어디에 있는지 6가지 음악의 요소로 나누어 살펴보도록 하겠다.

(1) 음 정

음정은 진동수에 의해 생긴다. 진동수가 많으면 높은 음정이 나고 반대로 진동수가 낮으면 낮은 음이 난다. 일반적으로 높은 음은 자극적이고 낮은 음은 이완적인 효과를 가지며 음의 이런 현상들을 이용하여 신경의 긴장과 이완을 유도할 수 있다. 좀 더 구체적으로 말하면 늘 긴장하고 있는 사람에게는 저음의 소리가 그 사람의 긴장을 이완시켜 주는 작용을 할 수 있고 너무 늘어진 사람에게는 고음의 소리가 삶의 활력을 되찾는데 도움이 된다고 할 수 있겠다.

음정이라는 요소가 치료적으로 사용되는 예를 들면, 음의 높낮이에 따라 신체의 위 아래를 지시하는 활동이 있을 수 있겠다. 이러한 음정의 대조는 청각변별력의 발달, 주의집중, 방향성의 제시 등을 목적으로 사용될 수 있다. 또, 음의 높낮이는 언어를 발달시키기 위해 치료적으로 이용된다. 이는 말을 하기 전 발성을 촉진시킬 목적으로도 사용이 되고, 다른 경우에는 말을 할 수 있거나 분절된 낱말을 사용하는 내담자의 언어장애를 개선하기 위해서 '안녕' 또는 내담자의 이름과 같이 둘 이상의 음절로 이루어진 낱말에 3도 또는 5도로 오르내리는 간격으로 목소리에 억양을 붙이는 것으로 시작할 수 있다.

(2) 강 약

강도는 진동의 폭에 의한 것으로 진폭이 크면 음량이 커진다. 소리의 강도는 음악의 효과를 내는데 큰 역할을 하고 거의 그것만으로도 만족감을 주게 되는 경우가 있다. 치료 상황에서 신체적 장애로 내담자가 스스로 외부 환경에 미칠 수 있는 영향력이 작고 그런 자신에 대해 자신감이 없다면 전자드럼처럼 손가락 하나를 움직여 아주 큰 북소리를 낼 수 있다면 거기에서 느끼는 만족감은 대단한 것이다. 이때 이 사람이 느끼는 즐거움이나 만족감은 다른 어떤 요소도 아닌 음량에서 비롯되는 것이다.

부드러운 음향은 대체로 친밀감을 가져다 주며, 안전한 분위기를 조성한다. 그러나 때로는 이런 부드러운 음향이 강한 감각을 구하는 사람에게는 초조감을 줄 수도 있으므로 치료자가 내담자를 잘 파악해 음악의 선곡이나 악기의 선택을 해야 할 것이다.

강약의 변화는 개인의 정서 상태나 기분에 심리적, 생리적 영향을 줄 뿐 아니라, 매우 큰 소리에서 매우 작은 소리로, 매우 작은 소리에서 큰 소리로의 강약 변화는 청각을 통해 인식을 일깨우기 위한 기초가 되고, 큰 소리를 참을 수 없어 하는 사람에게 적응력을 길러 주기도 한다.

(3) 음 색

음색은 소리의 질을 나타내는 것으로서 각 악기들의 특성 및 사람의 음성을 구별시켜 주는 음악의 요소이다. 음악치료에서 음색의 사용을 예로 들면, 두 개의 단순한 악기소리를 구분하는 것은 환경에 대한 인식을 일깨우는 첫걸음이 된다. 청각 능력을 향상시키기 위해 악기소리를 구분하고 각 악기에 따른 그림이나 동작 또는, 글씨를 인지하도록 훈련하는 능력은 환경에서 나는 소리와 다양한 사람들의 목소리를 구별하고 인지하는 능력, 즉 인간과 그 이외의 환경에 더욱 민감해지는 능력으로 전환될 수 있다.

또, 치료자가 특정 악기에 관심을 보이면 그와 악기와의 관계가 긴밀해지고 나아가 치료자와의 관계도 긴밀해져 눈맞춤을 하거나 타인과의 관계개선에도 도움을 준다.

(4) 화 성

화성은 주파수가 다른 두 개의 음들이 동시에 날 때 맺어지는 관계이다.

화성의 진행을 통해 사람은 긴장 또는 이완을 하게 되는데 협화음과 불협화음의 결합들은 시간 속에서 계속적인 긴장과 이완의 역동적 드라마를 형성하게 된다. 음악적 진행은 아무리 불협화음이 많아도 궁극적으로는 협화음으로 끝나게 되는데 이것은 청중이나 연주가에게 모두 정서적 만족감을 가져다 주게 된다.

화성은 노래부르기와 악기 연주를 더욱 풍부하게 하여 즐거운 음악적인 경험을 갖게 하고, 그 결과 표현력과 학습동기를 향상시킬 수 있다. 다양한 음계는 개인에게 정서적, 신체적으로 영향을 미친다. 느린 박의 아르페지오 베이스 음은 부드럽고 큰 동작을 유발시킬 수 있는 반면, 스타카토로 연주되는 베이스음은 뛰기나 박수치기, 북치기 같은 반복적인 동작을 유발한다. 5음 음계의 화음은 어떤 음을 연주하든지에 상관없이 조화를 이루는 화음이다. 여기엔 어떤 '잘못'도 있을 수 없다.

치료자와 내담자가 이런 화성 속에서 완전히 조화를 이루게 되면, 내담자의 자신감과 자존감을 높일 수 있을 뿐만 아니라 자신이 치료자에게 이해되고 있다는 경험을 하게 된다. 화성은 또한 주의와 각성을 위해서도 사용되는데 내담자가 주의집중을 잘 하지 못하면 갑작스러운 불협화음으로 그의 관심을 다시 끌기도 한다.

(5) 리 듬

리듬은 측정된 동작을 의미하는 그리스어 'rhythmos'에서 유래한 것으로 이완기간 사이사이에 산재하고 규칙적으로 반복되는 박자나 악센트로 특징지어지는 흐름 또는 움직임을 가리킨다. 리듬은 삶에 에너지를 주고 모든 살아있는 생명체는 리듬을 가지고 있다. 봄, 여름, 가을, 겨울이 우리 계절의 리듬이고 아침, 점심, 저녁이 우리 하루의 리듬이고 우리의 발달단계가 우리의 리듬인 것이다. 사람은 생체화학적으로 호흡과 맥박이라는 일정한 리듬의 바탕 위에 생체리듬을 형성하고 있는데 자장가는 이런 원리를 이용한 것이다.

리듬이 치료적으로 사용되는 예는 활동에 활력을 주고, 신체 활동을 촉진시키기 위해 사용되는데, 리드미컬한 청각적 단서들은 즉각적인 피드백을 주므로 개인이나 집단의 운동 활동을 강화할 수 있도록 도와 준다. 가사를 리드미컬하게 패턴화하여 노래하는 것은 일반적으로 발성을 자극하여 말을 하게 도와준다.

(6) 가 사

가사는 노래가 중심이 되는 치료에서 분리될 수 없는 부분이기 때문에 음악의 한 요소로 포함된다. 노래 가사는 정서를 이완시키고 경험과 느낌을 표현하는 수단이며, 상상력을 자극한다. 가사는 이미 만들어진 노래의 가사를 그대로 사용할 수도 있고, 치료자나 내담자가 즉흥적으로 만들 수도 있다. 아동의 현재 활동을 묘사하는 가사는 내담자에게 자신이 언제, 무엇을, 어떻게 하고 있다는 것을 인식시켜 주게 되며 이를 통해 내담자는 정체성을 획득하게 된다. 언어사용이 가능한 내담자에게는 즉흥적인 가사가 자신의 내면세계를 투사하는 하나의 수단이 되므로 이후에 내담자가 자신이 만든 가사에 대해 어떻게 생각하는지, 왜 그런 가사를 썼는지에 대해 토론을 하는 것은 아주 중요하다.

이상에서 음악이 어떻게 치료에 적용될 수 있는지에 대하여 음악의 요소들, 즉 음정, 강약, 음색, 화성, 리듬 및 가사를 통해 알아보았다.

음악은 우리 감정의 언어이고 이를 통해 우리는 우리 자신과 타인, 또 주변환경과 의사소통을 하는 채널이 된다. 이는 말(verbal language)이 직선적이고 때때로 위협적일 수 있는 반면에 음악적 의사소통(musical communication)은 추상적이기 때문에 자신의 감정을 표현할 수 있는 안전한 매개체로서의 기능을 수행한다. 감정을 표현한다는 것은 그 사람이 살아있음을 표현하는 것이고 음악이 이런 우리의 삶을 보다 풍요롭게 해 주는 것이다.

2) 음악치료의 기초-세계의 조류

세계 음악치료의 흐름은 음악치료의 정의에서 언급한 심리학의 조류에 따라 크게 세 가지로 나뉘고 이에 덧붙여 최근에는 생체의학(biomedical)에 바탕을 둔 음악치료가 위스콘신-오클레어 대학(Wisconsin-EauClaire University)을 중심으로 활기를 띠고 있다.

(1) 행동주의를 바탕으로 하는 음악치료

행동수정에 초점을 둔 정확한 자료와 분석관찰로서의 치료방법이다. 치료자는 음악치료 활동을 통해 나타나는 환자들의 음악 외적 행동들을 치료목적으로 두게 되며 이러한 문제되는 행동은 음악을 이용해 보완·수정하는 것이다. 행동주의에 바탕을 둔 음악치료는 단계적인 목표와 그에 따르는 활동 및 절차를 가지며, 행동을 변화시키기 위해 측정 가능한 용어로서 설계한 계획에 따라 행동이 증가했는가 감소했는가를 기대한다. 미국의 켄사스 대학을 중심으로 하는 음악치료 학파이다.

(2) 인본주의에 바탕을 둔 음악치료

인간의 존엄성과 가치를 존중하고 각 개인마다 독특한 잠재력이 있으며 모든 인간은 이런 잠재력을 펼칠 수 있는 자아실현의 경향성을 가지고 있다는 믿음에서 출발한다. 음악치료사는 치료대상자가 자신의 잠재력을 펼칠 수 있는 환경을 만들어 주는 목적으로 음악을 사용한다. 미국의 뉴욕대학교를 중심으로 하는 학파이다.

(3) 정신분석에 바탕을 둔 음악치료

치료대상자가 자신의 가능성을 자각 못하게 막는 장애물과 개인적 목표를 달성 못하게 막는 장애물을 제거하기 위해 치료대상자의 무의식 세계를 탐색하고 이로 인한 성장을 도모하여 치료대상자와 치료자가 언어와 상징적 즉흥연주를 사용하는 것으로 즉흥연주에서 나타나는 전이와 역전이를 중요시 여긴다. 1970년대 초 영국의 메리 프리슬리(Mary Priestley)에 의해 발전된 모델이다.

(4) 생체의학에 바탕을 둔 음악치료(biomedical theory of music therapy)

음악이 인간 뇌 기능에 괄목할 만한 영향력을 행사하기 때문에, 음악의 효과는 치료적으로 사용될 수 있다는데 바탕을 둔다. 통증과 음악이 뇌로 전달되어지는 과정, 감정을 일으키는 뇌의 부분에서의 음악적 자극의 신경전달 과정, 대화와 움직임에 연관된 음악에 대한 생리적 반응, 불안과 스트레스 생리학에 대한 음악의 효과를 주로 다루고 있다. 축적된 음악치료 리서치에 바탕을 두고 1980년대 후반부터 연구가 활발히 진행되고 있다.

(5) GIM(Guided Imagery and Music)

1978년 미국의 Helen Bonny가 처음 시작하여 발전시킨 음악치료 방법으로 음악의 연상작용을 통해 치료대상자의 상태, 결핍 등을 치료자가 대화로서 이끌어 내는 치료방법이다. 음악은 무의식에 있는 감정을 자극하여 전에 느끼지 못했던 기분을 느끼게 하고 상상력을 불러일으킨다. 이는 분석적 정신치료에 음악의 특성을 고려해서 사용한 것, 즉 정신분석과 같은 치료기법으로 무의식을 탐구해 나가는 치료에 음악을 사용한 것이다.

(6) 창조적 음악치료(creative music therapy)

Nordoff-Robbins Music Therapy Center의 창시자인 미국의 피아니스트 겸 작곡가, Paul Nordoff와 영국의 특수교사 Clive Robbins가 발전시킨 음악 치료 방법으로 세계적으로 널리 사용되고 있다. 그들의 접근법을 창조적이라고 하는 이유는 치료자가 치료적 음악과 상황을 연속적으로 '창조'하고 환자가 적극적인 음악 만들기에 관여하고, 이 접근이 소극적이며 수용적인 것보다는 적극적이고 표현적인 것에 초점을 맞추기 때문이다. 음악은 치료적 성장을 위한 자극과 반응으로 사용되고, 언어적 상호작용은 최소한으로 한다. 따라서 이 접근은 치료 안에서의 음악이 아니라 치료도구로서 음악을 사용하는 것이라 할 수 있다.

(7) 자유로운 즉흥 음악치료(free improvisation therapy)

Juliette Alvin에 의해 발달한 접근방법으로, 이 접근법을 'free'라고 하는 이유는 치료자가 치료대상자에게 규칙, 체계, 주제 없이 자신이 원하는 대로 즉흥연주를 하도록 하면서 치료대상자에게 절대적인 자유를 주기 때문이다. 여기서 음악치료 과정을 지적, 신체적, 사회－감정적 성장의 연속 단계에서 계획되어지고 충족되어야 하는 발달과정으로 보는데, 발달과정에서는 치료대상자가 자기, 타인, 사물에 관계를 맺을 수 있게 도와 주는 것을 가장 중시한다. 즉흥연주는 치료에 대한 포괄적 음악적 접근의 한 부분으로 사용되는 데 여기에는 감상, 연주, 기록, 움직임이 포함된다. 이 접근법에서 악기의 사용은 매우 중요한데, 악기는 치료의 통합적인 부분으로 사용되고, 치료자와 치료대상자의 관계에 중요한 역동적 기능을 제공한다.

3) 음악치료의 기법

수동적인 음악치료의 방법인 음악감상을 치료대상자의 긴장이완을 도울 목적으로 또는 심상을 촉진시킬 방법으로 사용하기도 하는데 음악치료에서는 적극적인 음악치료, 즉 환자와 치료자 간의 즉흥연주, 노래부르기, 노래만들기 등 적극적으로 치료대상자의 반응을 끄집어 낼 수 있는 음악적 활동을 더 많이 사용한다.

음악치료의 기법에서 다음과 같은 사항에 유의하여야 한다.

① 반응은 다양한 음악적 세팅, 즉 단순한 감상이나 표현적인 연주에 의해 불러일으켜 질 수 있다.

② 실제 치료과정에서는 개인의 정신 구조, 사회 문화적 배경에 의해 치료적으로 특정한 음악자극 요소는 내면 세계를 열도록 한다. 그래서 음악치료사들은 내담자(환자)의 경향이나 선호도, 친숙함, 현재의 기능 정도까지를 알아야 한다.

③ 음악치료사는 치료적 환경을 만들어야 하는데, 즉 음악을 통한 의미 있는 경험이 일어날 수 있도록 해야 한다는 말이다.

④ 음악치료사는 내담자에게 불러일으켜진 반응이 삶의 질과 기능의 정도, 내담자를 위한 행동 목표에 연관되는지를 지속적으로 평가한다. 치료적 목적에 특정한 음악적 경험이 먼저 일어나 지속되어야 한다.

(1) 음악연주 그룹(performance music group)

가장 일반적으로 행해지는 음악활동을 말하며 피아노나 기타 등의 악기를 배우고 가르치는 활동과 핸드벨이나 그 외 그룹 악기 연주활동도 포함된다. 또는 함께 노래부르는 시간이나 합창 또는 합주 시간도 이에 포함된다. 음악치료사가 악기를 가르치거나 합주 그룹을 인도하지만 그것이 일반 음악활동과 다른 점은 음악활동이라는 도구를 통해 치료자가 목표로 하는 것이 음악 외적인 행동의 변화라는 점이다.

(2) 즉흥연주 그룹(improvisational music therapy)

실제 음악활동에서 가장 널리 사용되고, 또 다양한 형태로 응용되는 방법의 하나로 즉흥연주 방법이 있다. 즉흥연주의 효과는 내담자 개개인의 감정적 경험을 즉각적으로 표현하도록 도우며, 이러한 감정 표현 과정을 통해 환자는 감각의 세련화, 현실에의 적응, 창조력, 질서와 협동심 등을 받아들이게 된다. 또한 자기 표현을 통해 자신과 환경에 대한 평가를 하며 비언어적 교류를 통해 타인과 커뮤니케이션을 하게 되는데, 이러한 음악 행위에 수반된 책임과 질서의 요청은 상호교류나 대인 관계를 원활하게 해 주고 사회 복귀를 위한 유용한 행동 학습으로 이어지게 된다.

즉흥연주라는 말은 상당히 넓은 의미로 사용되는데 대개 즉흥적인 연주 또는 소리난 음악의 형태를 창출시키는 음악적인 활동이 진단평가, 치료, 또는 평가의 방법으로 사용되는 경우를 의미한다. 대개의 연주는 음악가가 자신의 음악적 기술을 사용해 다른 사람의 작품에 자신을 표현시키는 경우가 많지만 내담자들은 자신의 기술을 다른 사람의 작품에 넣어 표현하지 못한다. 음악치료를 받기 위해 내담자의 사전 음악적 경험을 요구하지 않는다는 측면에서 즉흥연주가 필요한데 이는 모든 내담자를 대상으로 하기 때문이다.

즉흥연주를 해야 하는 목적은 사람에게는 자신의 상황 속에 일어나는 모든 것이 의미 있는 작업이다. 전형적인 음악치료 그룹에서는 치료자가 네 마디 또는 여덟 마디를 주는데 이 상황에서 내가 무엇을 어떻게 한다는 자체가 내가 곧 어떤 삶을 창조해 가는가를 의미한다. 건강한 삶이란 내게 주어진 삶을 완전히 받아들이고 창조해 가는 과정이라 할 수 있다. 즉흥연주 이면에 숨겨진 중요성은 주어진 상황 속에서 가장 완전한 경험을 하는 것이다.

만일 연주하는 어떤 악기의 일차적인 강점이 멜로디라면 치료자는 내담자에게 멜로디를 통해 리더십이 나오도록 해 준다. 하지만 이 리더십의 개념은 무엇이 '맞거나', '틀린' 개념은 아니다. 주어진 악기와의 관계 속에서 상호 완전한 경험을 맛볼 수 있도록 하는 것이다. 치료자는 내담자에게 상황을 만들어 주므로 다른 각도에서 내담자가 자신의 역할을 발견하고 그 주어진 상황에서 완전한 경험을 하도록 한다. 그러면서 두 사람 모두 성장해 간다.

(3) 창작, 작곡, 노래 만들기(creating, composing, songwriting)

간단한 노래를 만들어 노래를 통해 질문하고 환자의 답을 듣는 방법을 사용한다. 이는 언어로써 의사소통하는 것보다 훨씬 효율적으로 내담자와 유대관계를 형성하면서 자연스럽게 진행하도록 해 준다. 또는 간단한 노래에 자신의 느낌을 넣어 곡을 끝맺는 방법을 사용하기도 하는데, 이런 노래는 치료자에 의해 즉석에서 만들어질 수도 있지만 환자에게 익숙한 곡으로 해당 그룹활동의 주제에 맞는 곡을 선택하여 사용할 수도 있다.

이렇게 노래에 자신의 말을 넣어 곡을 만드는 방법 이외에도 어떤 노래를 함께 부르고 그 노래 가사가 의미하는 바에 대해 함께 생각을 나누는 방법도 흔히 사용된다. 우울증 환자가 인생의 무의미를 느끼고 있을 때 도움을 줄 수 있다고 판단되는 가사의 곡을 선택하여 환자와 함께 부르면서 자연스럽게 토의하는 경우가 그 한 예가 될 수 있다.

또한 그룹활동을 통해 느낀 감정과 새로운 마음의 상태를 노래의 가사로 적은 후 음악치료사가 곡을 만들어 함께 노래하면서 자신이 만든 글을 다시 음미하게 하기도 하는데, 이 경우 대개 음악치료를 통해 나타난 긍정적인 상태들이 노래로 불려지게 되며, 이러한 노래를 내담자들이 오랫동안 기억하면서 비슷한 어려움을 당할 때마다 이때 불렀던 노래를 기억하면서 그 어려움을 극복하는 경우도 종종 있다.

(4) 적극적인 음악감상과 인식, 말하기 유도

일반적으로 음악치료사가 부르는 노래를 알아맞추거나 합주곡을 들으면서 사용된 악기의 소리를 찾는 활동이 포함된다. 음악치료사가 부르는 노래를 알아맞추게 하는 그룹활동의 한 예로서, 합주곡을 들으면서 악기를 구별하는 것은 취학 아동 또는 취학 전 아동의 경우 집중력과 소리에 대한 주의집중, 음색의 구별, 악기를 기억하는 기억력을 높이는 방법으로 사용될 수 있다.

음악을 들으며 이야기를 만들어 가는 방법을 사용할 수 있다. 내담자의 수나 기능 수준에 따라 다를 수 있겠지만 이런 경우 대개 치료자가 미리 편집한 음악을 들으며 음악이 주는 이미지가 달라질 때마다 내담자들이 차례로 이야기를 이어가면서 자신의 느낌과 원하는 방향으로 이야기를 만들어 간다.

(5) 적극적인 음악감상과 상상

음악의 연상작용을 통해 환자의 필요를 충족시키는 경우가 해당될 수 있는데, 이것은 단순한 음악 감상 이상으로 치료자와의 밀접한 대화를 통해 목적을 달성하는 복합적인 접근 방법이다. 또한 적극적인 음악 감상과 상상을 통해 몸과 마음이 편안하게 이완되도록 유도하기도 한다. 한편 적극적인 음악 감상과 상상을 통한 음악치료의 한 방법으로 가장 널리 알려진 것으로 GIM(Guided Imagery and Music)방법이 있다.

4) 음악치료와 율동활동

원시인들이 음악을 춤과 함께 사용하여 질병을 치료했던 것처럼 음악치료는 보통 동작과 함께 이루어진다. Nash(1974)에 의하면 동작은 인간에게 가장 본질적인 것일 뿐 아니라 자아표현이나 의사소통 그리고 건강 증진의 가장 강력한 수단 중 하나이다. 리듬과 멜로디는 동작을 표현하며, 동작은 인간의 음악에 대한 자연스런 반응이다. 그러므로 음악과 음악 형태의 이해, 음악적 재능의 발달, 근육의 상호작용 및 자유로운 자아표현의 직접적이고 자연스런 방법이 바로 동작인 것이다.

동작치료라고도 부르는 무용치료는 내담자의 감정적, 인지적, 사회적, 물리적 발달을 위해 사용되는 심리치료이다. 무용은 몸의 물리적 동작을 통해 직접적인 표현을 포함하는 근본적인 표현예술이다. 몸과 마음이 서로 관련되어 있다는 가정 아래, 무용치료는 '개인의 감정적, 인지적, 물리적 통합의 과정으로 동작을 심리치료에 사용하는 것'으로 규정된다.

심각한 정서장애가 있는 사람들 뿐만 아니라 모든 연령의 사람들이 무용/동작치료를 받는다. 이들에 대한 예로는 섭식장애, 폭력적 성인, 성적 · 물리적으로 학대받은 어린이, 비정상 가족, 노숙자, 자폐아, 허약한 노인들, 약물 남용자 등이 있다. 특화성 생성 영역에서도 만성적 · 의학적 상태에 있는 사람들에게 질병을 예방하고 건강을 촉진하기 위한 프로그램에서 무용/동작치료를 사용하고 있다. 많은 혁신적 프로그램들이 심장혈관계 질환, 고혈압, 만성 통증이나 유방암의 치료에 무용/동작치료를 제공하고 있다.

아동상담에서 사용하는 몇 가지 동작활동으로는 우선 행진이나 깡충뛰기, 한발뛰기, 말같이 뛰기, 박수치기, 손가락으로 딱딱 소리내기, 발구르기 등 여러 활동을 음악에 맞춰 할 수 있다. 동작활동은 몸 전체를 사용하는 내담자도 있고, 신체의 일부분(팔, 손)으로 표현할 수도 있다. 이런 동작활동의 예에는 다음과 같은 것이 있다.

① 걷기, 뛰기, 행진, 느리게 걷기, 다양한 배경(즉, 달 위, 물 속, 천장, 해변, 운동경기장 등)에서 무언극하기 등을 흉내내기
② 코끼리, 오리, 게, 물고기, 화성인 흉내내기
③ 모든 행동을 반대로 하기, 예를 들어 위에 소개한 행동을 거꾸로 해보기

아동은 형식화된 춤, 즉 민속춤, 네 사람이 마주 보고 추는 춤(스퀘어), 현대식 춤, 사교춤과 기타 각종 순서적인 신체활동을 선택하고 배우며, 또 실제로 해 본다. 상담자는 아동의 신체운동 능력 발달 정도에 따라 동작활동을 적절한 순서로 제시하여야 한다.

5) 음악치료 과정

인간은 누구나 자신의 고유의 성격을 가지고 있듯이, 모든 사람은 그 사람 고유의 음악성(이것은 음악적 소질과는 관계가 없다)을 가지고 있다. 이 때문에 사람은 소리에 대해 다르게 반응하고 음악에 대해 주관적인 견해를 보이고 선호하는 음악의 장르가 다른 것이다.

음악치료의 과정은 장애의 정도와는 무관하게 치료대상자에게 잠재하고 있는 고유한 음악성을 깨워서 외부세계와 소통하도록 돕고, 이를 통해 치료대상자가 환경과 현실에 대해 보다 나은 인식을 하도록 만들어 주며 이런 과정을 통해 치료대상자의 사고, 감정, 의지가 강화된다.

구체적으로 음악치료의 시작은 상담을 통해 치료대상자에 대한 기본적인 지식을 얻은 다음 2~3개월에 걸친 평가 기간으로 들어간다. 이 시기 동안 음악치료사는 음악 속에서 보여지는 치료대상자의 문제점, 결핍 그리고 장점 등을 파악해 구체적인 치료 계획을 세우게 된다. 이 때 음악 속에서 나타나는 치료대상자의 문제점이나 결핍들은 고쳐 나가고 치료대상자가 가지고 있는 장점들은 더욱 부각시키도록 한다.

여기에서의 결핍은 망각, 반응의 결여, 수동성, 위축, 실어증, 틀에 박힌 행동, 반향어, 퇴행행동, 부정적인 경향, 저항, 무감동, 지나친 의존성, 불안, 통제력의 부족, 표현력의 부족, 창조성의 부족, 대화를 부정하는 것이다.

치료과정을 통해 설정한 목표가 달성이 되고 치료대상자의 잠재력이 충분히 발휘되게 될 때 치료는 끝나게 됩니다.

5. 심리극

1) 심리극의 의의

심리극(psychodrama)은 1920년 쟈콥 레비 모레노(Jacob Levy Moreno)에 의하여 제창되었다. 그는 심리극을 '진실의 극장'(a theater of true)으로 정의하고 상호작용적인 집단역동에 대한 통찰력과 창조성의 철학을 통합시켜 만들어낸 집단정신치료의 접근방식으로써, 그 후 수십 년에 걸쳐 다듬어지고 세분화되었다(Blathner. A., 1988).

모레노는 심리극이란 연극적인 방법에 의한 인간존재의 진실 및 환경장면의 현실을 탐구하는 과학이라고 하였다. 즉 자신의 문제를 단순하게 말로 표현하는 대신에 자발적인 행동으로 문제 상황을 표현하는 자발성과 즉흥성, 창조성이 핵심이 되는 즉흥극이라 할 수 있다. 모레노에 의하면 인간은 태어난 순간부터 부딪쳐 오는 새로운 상황에 반응을 하는 바, 생존을 위해서는 최소한의 자발성이 필요하다. 자발성이란 Libido나 Drive의 파생체가 아니며 그 자체가 하나의 기본적이고 적극적인 현상이다. 즉, 인간성장에 있어서 필수적인 요소이며 인간행동의 최초의 힘(primary force)이다. 따라서 바로 이 순간에 작용하는 에너지라고도 할 수 있다. 자발성의 목표는 창조성이다. 자발성을 충분히 발휘하기 위해서는 미리 계획된 대로 하는 것이 아니라 즉흥적으로 이루어져야 한다. 순발력, 기습적 상황에 대한 적절한 대처를 말한다.

창조성은 자발성에 의해 기대하지 않았던 놀라운 느낌, 현실을 변화시키려고 노력하는 비현실성(이것은 현실을 능가하며 보다 앞선 것이다), 독자적으로 행동하는 것, 어떤 과정을 의식으로 끌어올리는 경향과 함께 모방적으로 구체화시키는 경향을 말한다. 더불어 한 인간의 갈등에 관한 정서적 문제해결을 포함한 설정에 관한 것으로서 주인공 중심이며(Adam Blatner, 1988), 극은 주인공 인생의 많은 주변, 즉 과거, 현재, 미래를 오가며 주로 깊은 정서적 상황 쪽으로 이동하게 된다(Kellerman, 1987). 심리극을 통해 참여자는 자신의 문제를 행동으로 표출하며 또한 심리극적 표현방법을 통해 표출(acting-out)하려는 욕구를 통찰하고 그것에 관련된 환상, 기억, 투사 등이 의식의 수면으로 떠오르게 되므로 감정표현과 동시에 개인의 자아인식을 발달시켜 정서적 갈등을 명백히 해 줄 수 있다(Blatner, 1988).

즉, 심리극이란 자발적으로 선택되어진 주인공이 관객 앞에서 시간과 공간에 제약을 받지 않고 넘나들면서 자신의 고민, 갈등, 희망, 꿈 등을 구체적인 행동으로 표현하고 연기함으로써 개인이 가지고 있는 심리적인 차원을 다루어 주는 집단 프로그램의 한 방법이라고 하겠다.

심리극은 어떤 개인이 단순히 자신의 갈등 상황에 대해 스스로 말하기보다는 그 상황을 연기함으로써 자신이 가지고 있는 문제의 심리적 자원을 탐구하도록 돕는 방법이다. 심리극은 한 인간의 갈등에 관한 정서적인 문제해결을 위한 연기를 가리킨다. 즉, 주인공 중심적이며 극은 주인공의 과거 · 현재 · 미래를 이동하면서 삶의 여러 측면을 탐구하게 된다.

따라서 심리극이란 개인이 자신의 문제를 단순히 말로 표현하는 대신에 자발적인 행동으로 표현하는 대본이 정해지지 않은 즉흥극이며 자신의 실제, 좌절당한 상황, 자신의 소망 등 자신이 직면하고 있는 문제들을 연기로 표현하는 과정을 통해 내재된 자신의 감정, 무의식적 충동 등을 깨닫게 되고 현재 문제와 관련된 환상이나 기억들을 찾아 내게 된다.

물론 심리극에서 이러한 것들이 표현되기 위해서는 참여자들의 자발성이 필수적인 요소이다. 다시 말해 창의성과 자기노출, 자신의 문제를 기꺼이 행동화할 준비가 되어 있어야 한다. 그리고 주인공들의 갈등, 문제들이 바로 '지금 여기서(here-and-now)' 일어나는 것처럼 재현되어야 한다는 점에서 '현재성'이 매우 중요하다. 즉, 극의 상황은 외부에서 일어났던 여러 가지 상황들이 마치 지금 이 극중에서 벌어지고 있는 것처럼 재현되어야 하는 것이다. 왜냐하면 극 속에 자신이 미처 깨닫지 못한 심리적 내용들이 투사(projection)되므로 극중 상황에 현재성이 부여되어 몰입될 때 자신을 보다 분명하게 이해하게 되고 정서적 갈등이 명료해지는 것이다.

심리극에서 이루어지는 감정표현은 자연스러운 극 상황을 통한 신체 접촉을 통해 서로의 감정을 표현할 뿐 아니라 경험함으로써 극에 참여하는 주인공이 문제의 정서적 수준에 좀더 빨리 도달할 수 있도록 한다(오수성, 1985). 내담자가 인식하지 못하고 표현하지 못한 감정과 대면할 수 있도록 돕기 위해 의미 있는 사건들이 재연되고, 이러한 감정들이 충분히 표현될 수 있도록 통로를 제공하며, 새로운 행동을 해 보이도록 격려한다(Corey, 1981). 이러한 감정의 표현으로부터 얻게 되는 이익은 그 사람이 억압된 감정을 표출시켰을 때 받는 반응에 의존한다. 예컨대, 분노의 표현이 보복을 낳게 된다면, 그 경험은 안도감보다는 새로운 좌절을 초래할 것이다. 따라서 좋은 환경에서 지금까지 간직해 왔던 감정을 표현해야 다른 사람들의 말에 귀를 기울일 준비가 더 되고 전체 상황에 대한 인식을 재구성할 준비를 갖추게 되는 것이며 심리극은 이런 좋은 환경을 제공해 준다고 할 수 있다(Kellermann, 1984).

성공적인 심리극의 주된 특징은 참가자들의 감정을 보다 깊고 강하게 표현하는 것이다. 특히 집단치료란 의미에서는 현실적이고 무비판적이고 수용적인 분위기에서 자기 개방을 허용하며, 행동치료란 의미에서는 순수하고 원초적인 형태로 감정을 표현하도록 허용할 뿐 아니라 나아가 언어적, 개념적 표현력과 수용력을 고양하고 길러 준다. 이런 감정의 배출 후에는 대부분 정화의 긴장 감소가 일어나고, 그렇게 되면 명료화나 해석에 대해 수용적이 되어서 쉽게 통찰에 도달하게 된다(오수성, 1985).

정화의 의미를 감정의 해방과 안도감 뿐 아니라 통합과 질서로, 과거의 강한 재연뿐 아니라 지금 여기에서 강하게 사는 것으로, 수동적, 언어적 반영뿐 아니라 행동적 · 비언어적 연기로, 개인적인 의식뿐 아니라 대인간 갈등의 해결로, 의학적 정화뿐 아니라 종교적이고 심미적인 체험으로 확대시킨 사람이 바로 Moreno(1985)였다. 정화에 대한 이러한 정의는 앞에서 제시되었던 것보다 상당히 확장된 것이며, 자아통합(ego-integration)의 필요성을 전달하고 있다. 그리고 심리극에는 두 국면의 과정이 함축되어 있음을 나타낸다. 즉, 해방과 안도(정화)와 통합과 질서(훈습)가 그것이다.

심리극의 첫 국면은 저항의 분석(Kellermann, 1984)과 정화 둘 다를 포함한다. 심리극에서 주인공은 감정을 표현하도록 조종되지 않지만 그들의 자발성을 막고 있는 저항들을 극복하도록 도움을 받는다. 정화는 유도되지도 억제되지도 않지만 적절한 때에 나타내어도 좋다. 단지 의사소통이 개방되어 있고, 감정이 자연스럽게 흘러나올 때에만 주인공은 그들의 표현을 최대화하여 모두 분출하도록 격려된다. 그러나 심리극 연출자들은 정화가 일어났다는 것에 만족하지 않는다. 왜냐하면 이것은 심리치료의 종착점이 아니라 시작점이기 때문이다.

심리극의 두 번째 국면은 감정의 통합(integration)과 질서(ordering)를 포함한다. 해방된 감정이 무엇이건 간에 이것이 안개 속으로 사라지는 것을 막기 위해서는 통합되어야만 한다. 이러한 통합은 내적인 정서의 혼돈 속에서 질서를 회복하고, 대처 전략을 새롭게 학습하고, 대인관계에 대한 훈습을 하고, 감정의 확인과 구분, 대립되는 감정들간의 조정, 부분적인 감정을 완전한 감정으로 변형, 그리고 주인공의 자아(ego)가 부적절한 감정을 통제하는 최선의 방법을 발견하도록 돕고, 행동, 인식, 의사소통에 영향을 미치는 많고 다양한 감정들이 일어나는 것을 조정하는 것을 포함한다.

요컨대, 정화는 그 자체로 치유적이지는 않으며, 단지 다른 요소와 결합하여 변화에 영향을 미칠 수 있다. 정화는 심리극에서 유일한 혹은 가장 절대적인 치료적 요소는 될 수 없지만 감정에 관한 한 심리극의 종합적 목표는 정화뿐 아니라 그 결과로서 일어나는 통합과 질서이다(Kellermann, 1984).

이상의 정의에서 보듯이 심리극은 개인이 자신의 문제를 말로 표현하는 대신에 자발적인 행동으로 표현함으로써 감정 표현과 더불어 자신의 충동과 그에 관련된 환상, 기억, 투사 등을 의식하게 하는 것이다. 그리고 자신의 실제생활, 좌절된 상황, 자기실현의 소망 등 모든 문제들을 연기를 통해 표현해 봄으로써 개인의 문제를 해결하고 그 안에서 자기 활동을 회복하며 행동하는 힘을 기르는 것이라고 할 수 있다.

2) 심리극의 기법

(1) 심리극의 구성요소

심리극의 구성요소를 살펴보면 먼저 자신을 드러낼 주인공(protagonist)과 극 전체를 이끌어 갈 연출자(director)를 필요로 한다. 그리고 주인공의 상대역을 해줄 보조자아(auxiliary ego)와 관중, 무대공간을 필요로 한다(Eva Leveton, 1992; Adam Blatner, 1988).

1 주인공(protagonist)

심리극에서 주인공은 심리극 연기의 주체가 되는 사람을 말한다. 관객이든 정신과 병동의 입원 혹은 외래환자이든 학생, 훈련생, 집단구성원 또는 참여자 어느 누구든 자신의 인생상황에 관해 극으로 표현한다면 주인공이라 할 수 있다.

2 보조자아(auxiliary ego)

주인공과 더불어 극을 보며 공감하고 반응을 보일 관중이 있어야 심리극이 이루어진다. 그리고 심리극에는 주인공이 극을 엮어 가는 과정에서 극의 진행을 도와줄 인물을 필요로 하는데 이러한 인물을 보조자아라고 한다. 보조자아는 극중에서 주인공의 상대역을 하고 주인공이 극을 진행시키는데 촉진자 역할을 한다.

보조자아 또는 보조자는 심리극 장면에 참가하는 주인공과 연출자 이외의 모두를 일컫는다. 대개 보조자아는 주인공의 생활 속의 인물, 이를테면 부인, 남편, 고용주, 또는 주인공 자신의 또 다른 일부분을 표현한다.

3 연출자(director)

한편 심리극에서 빼놓을 수 없는 인물이 연출자이다. 연출자는 주인공이 자신의 문제를 탐구하기 위해 심리극적 방법을 사용할 수 있도록 극을 이끌어 가는 사람이다. 대개 집단 내에서 집단지도자, 치료자, 교사, 또는 상담자로 여겨지는 사람이 될 수 있다. 연출자는 치료자로서 심리극 전반을 이끌어 가는 기능을 한다. 연출자는 무엇보다도 주인공의 심리적 차원을 이해하고 신뢰감을 주어 주인공이 자신을 드러낼 수 있도록 극의 분위기를 조성하고 객관적 자세를 유지해야 한다. 연출자의 역할은 주인공의 심리적 차원과 극중에 일어나는 변화를 예민하게 관찰해야 할 뿐 아니라 관중의 반응과 변화를 살펴가면서 극을 진행시키는 것이다. 이러한 기능을 수행하기 위하여 연출자는 전문적 능력을 갖추어야 한다.

4 관객(audience)

관객은 심리극이 진행되는 동안 참석하여 주인공의 이야기를 보고 있는 나머지 사람들을 말한다. 관객은 정신치료 집단이거나 집단상담의 경우라면 집단원 주인공의 가족 구성원들일 수도 있다. 심리극의 관객은 일반 연극 관객과는 달리 주인공이 자신의 감정들을 탐구하는 과정에 직접 참가하는 적극적인 역할을 맡는다.

5 심리극의 장소와 무대

Moreno는 심리극을 하기 위한 방으로 약간 둥근 그리고 계단식으로 경사가 있는 관객석, 관객과 무대 사이를 연결짓는 널찍한 계단, 조명과 음향이 있는 무대를 추천하고 있다. 그러나 실제로는 심리극을 하는 곳마다 그런 장치가 모두 갖춰져 있지는 않다. 책걸상과 교탁이 있는 전형적 교실이 될 수도 있고 책걸상이 U자형으로 배치된 회의실이 될 수도 있으며, 조명 장치가 되어 있지 않은 마루가 깔린 체육관이 될 수도 있다. 이상적인 방은 좋긴 한데 구경하기가 힘들고 어떻게 보면 필요 불가결한 것도 아니다. 심리극의 토대는 가상적 역할을 해보는 것이므로 거실이든 사무실, 교실, 정원 어느 곳이든 무대가 될 수 있다.

6 무대소품과 조명 · 음향

무대 위에는 몇 가지 소도구들이 있으면 편리하다. 가벼운 의자들과 단순한 디자인의 탁자, 베개, 침대 그리고 다른 다양한 소도구들이 사용될 수 있다. 의자는 그저 앉기 위한 것이 아닌데 비어 있을 경우 투사된 인물로 여겨질 수도 있다. 또한 장애물로서도 사용될 수 있고 높이를 조절하여 지위를 상징적으로 나타낼 수도 있다. 탁자도 건물 꼭대기, 책상, 판사석, 식탁, 또는 무서운 때 움츠리거나 숨을 수 있는 동굴이 될 수 있다. 베개나 스펀지 고무 방망이는 싸우거나, 세게 치거나, 때리기 위해, 방어를 위해 또는 아기 대신으로 사용될 수도 있다.

조명이나 음향기기 같은 보조기구들은 필수적인 것은 아니지만 상당한 효과를 줄 수 있다. 예를 들면, 특수조명은 여러 분위기를 연출하는 데 도움이 된다. 붉은색 조명은 지옥, 작은 술집, 또는 강렬한 감정적 장면을 표현할 수 있으며, 푸른색은 죽음의 장면, 천국 또는 바다를, 완전한 암흑은 고립과 외로움을 연기하는 장면에서 효과적이며, 흐린 조명은 꿈 속의 장면들을 표현할 때 독특한 분위기를 살려 준다. 잔잔히 흐르는 배경음악이라든지 의미 있는 감정을 유발시키는 녹음된 노래 같은 음악도 역시 심리극에 강력한 부속물이 될 수 있다.

(2) 심리극의 진행과정

심리극이 진행되는 과정은 참여자, 시간, 장소, 연출의 특성, 보조자아의 특성 등에 따라 조금씩 다르게 진행되는데, 전형적인 심리극의 공연의 개요 (Adam Blatner, 1988)를 살펴보면 다음과 같다.

1 준비 작업(warming up)

① 연출자 자신의 준비작업

② 집단의 목표나 역할, 사례, 한계, 시간 배열에 관해 토론한다.

③ 서로 알게 된다. 즉 성원을 서로 소개시키기 위한 연습을 한다.

④ 연출가는 집단응집력과 자발성을 길러 주는 행동 연습을 집단에게 시킨다.

⑤ 참가자들이 준비과정에서 무엇을 경험했나를 토론함으로 집단이나 개인 문제에 공통된 관심 주제를 이끌어 낸다.

⑥ 집단성원 중 한 사람이 주인공으로 뽑히게 되고 자신의 혹은 집단의 문제를 연기한다.

2 공연(action)

① 연출자는 주인공을 무대로 올려 보내고 문제를 간략하게 토론한다.

② 갈등이 연기되어질 수 있는 구체적인 사례로 재구성된다.

③ 연출자는 주인공이 특별한 행동이 일어났던 배경을 묘사하도록 하며 그래서 무대를 장치한다.

④ 주인공은 그 장면이 마치 지금－여기서(here and now) 일어난 것처럼 연기하도록 지시를 받는다.

⑤ 연출자는 집단의 다른 성원들이 주인공의 극에서 중요한 역할을 하도록 한다. 즉, 이들이 보조자아가 된다.

⑥ 구체적으로 장면이 묘사된다.

⑦ 연출자는 보조자아들이 주인공과 역할을 바꿈으로(role reversal) 주인공이 맘 속으로 생각되는 식으로 장면들이 연기될 수 있도록 보조자아가 주인공에게서 자신의 역할을 배우도록 한다. 이러한 행위는 주인공과 보조자아의 준비작업(warming up)을 더 계속하게 해 준다.

⑧ 연출자는 표현된 감정들이 잘 나타나도록 다른 심리극적 방법을 쓰며 장면을 진행해 간다(즉 독백, 대역, 방백 등).

⑨ 연기가 되어 가면서 연출자는 주인공의 경험의 여러 면을 연구하기 위해 여러 기법들을 사용한다.

- 양가 감정은 여러 보조자아들이 주인공 마음의 여러 부분을 묘사함으로써 외적으로 드러난다.
- 감정이입적 혹은 투사된 감정들을 역할 바꾸기를 통해 연기될 수 있다.
- 주인공의 자기 대면은 거울기법을 통해 실행된다.
- 중요한 과거 경험들은 재연기된다.
- 미래의 계획, 희망, 공포들은 상징적으로 실현되고 연구된다.
- 주인공의 억류된 정서들(죄악감, 후회, 공포, 갈망 등)이 여러 촉진기법을 통해 표현될 수 있다.

⑩ 주인공의 억압된 행위들이 상징적으로 연기되었다고 느낄 때까지 계속되어진다. 즉 행동 갈망의 충족이다.

⑪ 주인공은 그의 상황에 대해 순응적인 태도와 행위 반응들을 발달시키게 된다. 이것이 working-through인데 역할놀이에서는 이 과정이 집단의 지배적인 과제이다.

· 갈등의 역할놀이를 반복하여 주인공은 각 시도마다 다른 접근을 해 본다.
· 다른 집단성원들이 그들이 문제를 어떻게 다룰 것인가 변형시켜 보인다.
· 주인공과 다른 역할자, 즉 적대자들과 역할 바꾸기를 해 봄으로 실제적으로 다른 사람의 상황을 이해함으로 어떤 행위가 원하던 결과를 획득할 것인가에 대한 단서를 발견하게 된다.

3 종 결

① 주 연기가 끝난 후에 연출자는 주인공이 다른 집단성원으로부터 보조적 피드백(feedback)을 받도록 한다. 또 집단성원들이 주인공의 문제를 분석하기 보다 자신들이 연극과정에 참가되었다는 감정을 주인공과 공유하도록 도와 준다.
② 연출자는 많은 보조적 · 심리극적 기법을 쓸 수 있다.
③ 집단이 더 토론하도록 한다.
④ 연출자는 다른 주인공들과 함께 다른 심리극 공연을 하도록 준비작업을 하던가 종결방법을 씀으로 종결시킬 수 있다.

3) 심리극의 활동 – 심리극의 효과

심리극의 효과에 관한 선행연구들을 살펴보면 연구대상에 따라 정신과 입원환자를 대상으로 한 경우, 대학 및 일반인을 대상으로 한 경우와 일반청소년 및 비행청소년을 대상으로 한 세 가지로 분류해 볼 수 있다.

심리극의 효과에 관한 연구들은 심리극이 치료기법으로 시작된 만큼 정신과 환자들을 대상으로 한 보고가 많다.

먼저 정신과 입원 환자를 대상으로 한 연구에서는 정신과 환자의 상태를 진단하고 치료적 방법으로 사용되었으며 행동변화를 유지시키고 증진시키기 위해서 심리극이 사용되어 왔다. 임계원 · 이근후(1981)는 신경증, 정신분열증,

조울증 환자를 대상으로 심리극을 실시하고 사전 · 사후에 자아실현성을 검사한 결과 자아실현성, 실존성, 감수성, 자발성, 자기수용성, 인간관, 포용성 등에서 성취도가 유의하게 높아졌음을 밝혔다. 성금영(1983)은 정신증 및 신경증 환자를 대상으로 심리극을 실시하여 주관적 관찰과 청중의 반응을 분석하여 외부 자극에 대한 수용, 감정표현, 잘못된 습관의 변경, 감각둔화, 통찰력 주지, 잘못된 자아상에 대한 수정, 자아인식, 집중과 의지력 증진, 역할행위 등의 효과를 보고하였다.

김유광(1986)은 사람들에 대한 태도에 긍정적 변화를 준다고 하였으며, 역할을 받아들이는 능력과 기본적인 인격의 요인들에서 변화가 있다고 하였고, 심리극 후 MMPI의 반사회성 성격척도(Pd-Psychopathic deviate scale) 점수가 낮아져서 공격성이 감소하는 결과를 보여주었다. 또한 한상순(1990)은 만성정신분열증 환자들을 대상으로 심리극을 실시한 결과 총체적 자아긍정성, 자아수용, 사회적 자아와 같은 자아개념의 3영역이 긍정적으로 변화되었다. 최근에는 정신분열병 환자의 사회적 행동의 적절성과 사회적 조망능력의 장애를 진단하기 위하여 완전한 심리극의 형태는 아니지만 역할연기를 이용하여 사회적 행동의 적절성이 부족하고 자신의 사회적 행동을 조망하는 능력이 정상인과 차이가 난다는 것을 밝혔다(박상규, 1996).

그 다음으로 비행청소년을 대상으로 한 선행연구를 살펴보면 행동화 경향이 높은 청소년들의 행동갈망(acting hunger)을 충족시켜 주며, 잉여 현실, 자발성, 창조성 및 역할 확장 등을 통해 그들을 도울 수 있다고 하였다(Sidersky, 1984). 그리고 청소년 집단에서는 심리극과 같은 행동에 기초한 기술들이 주로 언어적이고 해석적인 기술들보다 더욱 효과적이라는 연구가 있다.

그리고 고등학생을 대상으로 능동적인 갈등해결 방식에 대한 연구결과 갈등을 완화시키는 방식이 증대되고 갈등을 격하시키는 방식은 감소시켰다고 하였다. 양재혁(1995)은 심리극 집단상담이 충동성을 감소시키고 대인간 갈등해결 방식을 능동적으로 변화시킨다는 것을 밝혔다. 송종용(1994)도 여자 소년원생을 대상으로 심리극을 실시하여 집단치료 과정 변인을 평가하고 주관적 경험을 분석하였는데 부모에 대한 이해, 자기행동에 대한 통찰, 감정정화와 부정적 감정의 감소, 긍정적 자기평가와 자신감 등이 보고되었다.

Lasserner(1950)는 최소 구류 유형의 소년들을 위한 소년원에 적용된 심리극이 그들의 삶의 가치를 정립하는 데 효과적이었다고 보고했다. Haskell(1960a)도 비행청소년을 대상으로 보도(aftercare) 프로그램을 실시하였는데, 이 프로그램은 학교, 가족 그리고 지역사회에서 그들의 교정을 돕는 것으로 교정과정 안에서 그들의 실제 문제들을 드러내어 해결을 돕고, 역할훈련으로 그들에게 해결장면을 제시하였다. 이 연구에서 역할훈련(role training)을 포함한 보도 프로그램이 역할훈련을 포함하지 않은 보도 프로그램보다 훨씬 더 역할 훈련에 효과적이었다고 보고하였다. Deeths(1970) 역시 심리극을 통하여 약물중독 비행청소년들이 진실한 행동으로 변하는 모습을 보고했다.

따라서 심리극은 자신의 문제해결을 통해 타인과의 관계에 영향을 끼치며, 궁극적으로 가정 및 학교생활에서의 문제해결에도 영향을 미친다고 볼 수 있으며(조성희 · 김광운, 1999), 대인관계 및 자아존중감을 향상시키는 중요변인인 자기개방과 자기수용의 집단역동성을 강조하며, 타인과의 관계에서 느끼는 갈등을 표출하고, 자신의 입장뿐 아니라 타인의 입장이 되어 봄으로써 그들을 이해하고 자신을 객관적으로 살펴볼 수 있도록 하고 올바른 애착과 그와 연결된 자아존중감, 대인관계를 더 나은 방향으로 변화시키고자 하는 것이다(Moreno, 1985).

이와 같이 비행청소년에 대한 심리극 선행연구들을 종합해 보면 자아 및 자아개념 강화, 충동성 및 공격성 감소, 역할훈련, 대인관계 기술증진, 자신과 타인의 행동과 문제에 대한 통찰, 자유로운 감정표현 및 감정정화, 정서적 갈등 해소, 능동적 갈등해결방식, 자발적이고 긍정적인 태도, 가치관 확립 등에 효과가 있음이 보고되었다.

이와 같이 심리극 선행연구를 통해 개인에게 미치는 효과를 구체적으로 다음과 같이 요약할 수 있다(김유광, 1983; Yalom, 1970; Kellermann, 1985).

① **자기이해 및 통찰** : 심리극을 경험하면서 무의식 속의 심리적인 내용에 대한 통찰을 통해서 보다 객관적으로 자신을 인식하고 받아들일 수 있게 된다.

② **대인관계 양식의 인식** : 심리극을 통해 보조자아들과 관계를 맺는 방식 속에서 자신의 대인관계 양식이 그대로 투사됨으로 이를 분명히 인식할 수 있고, 더불어 사회 속에서 자신과 타인에 대한 책임감이 증진될 수 있다.

③ **새로운 행동방안의 습득** : 역할연기나 전환을 통하여 현재 행동을 보완해 줄 대안적 행동을 익히며, 자신을 표현하는 능력이 향상될 수 있다.

④ **가치관 및 인생철학** : 자신의 가치관이나 인생철학을 명료하게 인식하게 되며 자기 인생의 중요성을 알게 되고 가치관을 재검토할 수 있다.

⑤ **신체동작의 율동감과 균형감** : 연극이 가진 유희성, 명랑성, 즉흥성 등을 통해 즐거움을 얻을 수 있고, 신체동작으로 운동 감각적 생동감을 깨닫게 된다.

⑥ 상상을 통해 자신의 꿈과 그것이 상징하는 바, 그리고 직관력의 상상 등 개인적 성장에 필요한 기술을 배우게 된다.

즉, 심리극을 통해서 우리는 즐거움과 생동감 · 유머감각을 회복하고, 자기에 대한 통찰과 인식이 증진되며, 새로운 행동반응을 습득할 수 있는 기회를 가질 수 있다.

참고 문헌

강문희(2002). 유아생활지도. 경기: 교문사

강봉규(1999). 상담이론과 실제. 경기 : 교육과학사.

국어사전(2003). 연세 한국어 사전. 서울: 두산동아.

권두승 · 조아미(2001). 성인학습 및 상담. 경기 : 교육과학사.

권석만(2013). 현대이상심리학. 서울: 학지사.

권현진 · 김언지 · 안준상 · 이현진 · 정기원 · 정원엽(2002). 새내기 초등교사를 위한 학급경영 길라잡이. 파주 : 양서원.

김계현 외(2000). 학교상담과 생활지도. 서울 : 학지사.

김광웅(1996). 부모역할의 재조명. 숙명여자대학교 아동연구센터 편. 현대사회와 부모. 서울 : 숙명여자대학교출판부.

김광웅(1997). 부모발달과 부모역할. 한국부모교육학회 편. 부모교육학. 경기 : 교육과학사.

김나영 · 이승희(2004). 아동상담 및 상담심리. 서울 : 동문사.

김동연 · 권기덕(1995). 미술치료의 의의와 적용-미술치료의 이론과 실제-. 한국미술치료학회 편. 서울 : 도서출판 동아문화사.

김동일(1999). 학습부진 영재아동. 서울 : 원미사.

김명희 · 이현경(2014). 아동, 청소년을 위한 상담과 심리평가. 경기: 교문사

김민정(1996). 심리극을 통한 사회성과 대인간 갈등해결 방식의 변화에 대한 연구. 이화여자 대학교 석사학위논문.

김봉환 · 김병석 · 정철영(2000). 학교진로상담. 서울: 학지사.

김영진(1998). 효율적인 학습상담법. 파주 : 양서원.

김영한(2002). 청소년지도자전문연수(레크리에이션). 천안 : 국립중앙청소년수련원.

김유광(1983). 만성정신분열증 환자의 사회정신 의학적 연구. 고려대학교 대학원 석사학위 논문.

김유숙(1998). 가족치료. 서울 : 학지사.

김정택 · 신혜수(1991). 대학집단상담 장면에서의 심리극(Psychodrama) 활용에 관한 고찰. 인간이해 12(96, 1). 서강대학교 생활상담연구소.

김청자 · 정진선(2004). 상담의 이론과 실제. 서울 : 동문사.

김청자 · 정진선(2005). 생활지도와 상담. 서울: 태영출판사.

김춘란(2001). 집단놀이가 아동의 사회성 발달에 미치는 영향. 전북대학교교육대학원 석사 학위논문.

김충기 외(2001). 현대상담이론과 실제. 경기 : 교육과학사.

김충기(1996). 생활지도와 상담. 경기 : 교육과학사.

김충기 · 장선철(2001). 유아생활지도. 서울 : 동문사.

김헌수 · 김옥엽 · 원유미 · 이난(2001). 상담심리학. 서울: (주)학술정보.

김형태(2003). 21세기를 위한 상담심리학. 서울 : 동문사.

김홍규(1984). 신 생활지도론. 서울 : 형설출판사.

박병량 · 주철안(1999). 학교·학급경영. 서울 : 학지사.

박성수(1991). 생활지도. 경기 : 정민사.

박영숙(1993). 심리평가의 실제. 서울: 하나의학사.

박태수 · 고기홍(2007). 개인상담의 실제. 서울: 학지사.

백욱현(1993). 아동의 선택적 주의전략과 금지기제의 발달에 관한 연구. 중앙대학교 석사학 위논문.

성영혜(1996). 발달단계에 따른 부모의 역할. 숙명여자대학교 아동연구센터 편. 현대사회화 부모. 서울 : 숙명여자대학교 출판부.

성태훈(2011). 임상심리 수련생을 위한 종합심리평가 보고서 작성법. 서울: 학지사.

송영혜 역(1997). 놀이치료원리. 대구 : 대구대학교 출판부.

송종용(1994). 매맞는 아이들. 서울 : 청소년대화의 광장.

안영진 · 장선철(2001). 아동상담. 서울 : 동문사.

양재혁(1996). 심리극집단상담을 통한 충동성과 대인간의 갈등해결 양식의 변화 연구. 한국외국어대학교 교육대학원 석사학위논문.

연문희 · 강진령(2002). 학교상담(21세기의 학생생활지도). 파주 : 양서원.

윤유성 · 김홍운(2001). 생활지도와 상담. 파주 : 양서원.

윤진(1985). 성인 · 노인 심리학. 서울 : 중앙적성출판사.

이선화(1992). 자아강화를 위한 심리극 프로그램이 비행청소년의 자아강도에 미치는 효과. 상명대학교교육대학원 석사학위논문.

이시용 · 정환금 · 허승희 · 홍종관(2000). 아동생활지도와 상담. 경기 : 교육과학사.

이옥주 · 김유숙 · 김용태(1996). 청소년 가족상담. 서울 : 한국청소년상담원.

이장호 외(1999). 상담심리학의 기초. 서울 : 학문사.

이장호(1995). 상담심리학. 서울 : 박영사.

이장호(1997). 상담면접의 기초. 서울: 중앙적설출판사.

_____(2000). 상담심리학-제3판-. 서울: 박영사.

이장호 · 정남운 · 조성호(2005). 상담심리학의 기초. 서울: 학지사.

이재규 · 김종운 · 김현진 · 박혜숙 · 백미숙 · 송재홍 · 신을진 · 유형근 · 이명경 · 이자영 · 전명남(2013). 학습상담-한국상담학회 상담학 총서 7-. 서울: 학지사.

이재창(2004). 생활지도와 상담. 서울 : 문음사.

이재창 · 정진선 · 문미란(2008). 자신과 타인이해를 위한 성격심리학. 서울: 태영출판사.

이현림(2000). 상담 이론과 실제. 서울 : 원미사.

이현림 · 김봉환 · 송재홍 · 천성문(2003). 진로지도와 상담. 대구 : 영남대학교출판부.

이형득 외(1991). 상담의 이론적 접근. 서울 : 형설출판사.

이형득(1994). 상담이론. 경기 : 교육과학사.

임계원 · 이근후(1981). 심리극 치료효과에 대한 연구. 신경정신역학 56(81, 8). 대한신경정신역학회.

장대운(1997). 부모교육학의 본질. 한국부모교육학회 편. 부모교육학. 경기 : 교육과학사.

장대운(1999). 청소년부모상담과 교육. 서울 : 한국청소년상담원.

장대운 · 남상인 · 오익수 · 김혜숙 · 금명자 · 김진희(1999). 청소년 부모상담과 교육. 서울: 한국청소년상담원.

장선철(1998). 유아생활지도. 서울 : 동문사.

장선철 · 안영진(2000). 유아생활지도. 서울 : 동문사.

정보인(1997). 행동수정을 통한 어린이 문제행동지도. 서울 : 중앙적성출판사.

정원식 외(1982). 카운슬링의 원리. 경기 : 교육과학사.

정인석(1988). 교육심리학. 서울: 대왕사.
정인석(1993). 신교육심리학. 서울 : 대왕사.
조성희 · 김광운 역(1999). 사회극을 통한 우리만남. 서울 : 학지사.
최정윤(2002). 심리검사의 이해. 서울: 시그마프레스(주).
한국대학카운셀러연구회 편(1993). 상담의 이론과 실제. 서울 : 중앙적성출판사.
한상철 · 조아미 · 박성희 공저(1997). 청소년 심리학. 파주 : 양서원.
황응연 외(1984). 현대생활지도론. 서울 : 교육출판사.

Ainsworth, M.(1973). The development of infant mother attachment. In B. M. Caldwell & H. N. Ricciuti (Eds.). Reriew of child development research(Vol. 3). Chicago : University of Chicago Press.
American Psychiatric Association(2013). Diagnostic and Statistical Manual of Mental Disorders-5th edition(DSM-5). Washington. DC: Author.
Arlow. J. A.(1979). Psychoanalysis. In R. J. Corsini (2nd Ed.). Current psychotherapies, Itasca, Ilinois : F. E. Peacock Publishers, Inc.
Atwater, Eastwood(1983). Psychology of adjustment(2nd ed.). Englewood Cliffs, Prentice-Hall, Inc.
Baker, S. B.(1981). School counselor's handbook : A guide for professional growth and development. Boston : Allyn and Bacon.
Baker, S. B.(2000). School Counseling for the twenty-first century. N.J. : Prentice-Hall.
Bandura, A.(1986). Social foundations of thought and action : A social cognitive theory. Englewood Cliffs. N.J. : Prentice-Hall.
Bateson, G.(1978). The birth of a matrix or double bind and epistemology in Beyond the Double Bind(ed). Berger, M.. New-York : Brunner/Mazel.
Blau, P. M.(1956). Occupational choice : A conceptual framework. Industrial Labor Relations Review, 9.
Brammer, L.(1978). The Helping Relationship, Englewood Cliffs. N.J. : Prentice-Hill.
Brody, G. H., Pillegrini, A. D. & Sigel, I. E.(1986). Martal quality and mother-child and father-child interactions with school-aged children. Developmental Psychology, 22.
Brunner, E. R., Wilde, D., Kirchner, C. & Newberry, J.(1969). An overview of adult education research. Chicago, Illinois : Adult Education Association for Public

School Adult Education.

Canaff, E. & Hutto, G.(1995). Teacher as counselor : Crisis intervention skills for the ABE instructor (ERIC Reproduction Service ED 394 111).

Chrey, G.(1991). Theory and Practice of Counseling and Psychotherapy(4th Eds.). International Thomson Publishing. Co.

Corey, G., & Corey, M. S.(1977). Group : Process and practice. Monterey. CA : Books/Cole.

Corey, G.(1982). Theory and practice of counseling and psychotherapy. Monterey, Calif : Brooks/Cole.

DiSilvestro, F. R.(1981). Advising and counseling adult learners, San Francisco, California : Jossey-Bass.

Egan, G.(1975). The skilled helper : a model for systematic helping and interpersonal relation. Monterey : Brooks/Cole Pub. Co.

Ellis, A.(1962). Reason and emotion in psychotherapy. New York : Lyle Stuart.

Ellis, A.(1973). Humanistic psychotherapy : The rational-emotive approach. New York : Julian Press.

Ellis, A.(1979). The practice of rational-emotive therapy. In A. Ellis & J. White ley(Eds.). Theoretical and empirical foundations of rational-emotive therapy : Monterey. Calif. : Brooks/Cole.

Elson, S. E.(1979). Recent approaches to counseling, Gestalt therapy, transactional analysis, and reality therapy. In H. M. Burks, Jr. & B. Stefflre(Eds.). Theoriesof counseling(3rd ed.). New York : NcGraw-Hill.

Emery Stoops and Wahlguist. G. C.(1958). Principles and Practices in Guidance. N. Y. : Mcgraw-Hill Book Co., p. 136.

Fine, R.(1973). Psychoanalysis. In R. J. Corsini (Ed.). Current psychotherapies. Itasca, Illnois : F. E. Peacock Publishers, Inc.

Gazda, G. M., Ducan, J. A., & Meadows. M. Z.(1967). Counseling and group procedurces : report of a survey. counselor education and supervision.

Gazda, G.(1979). Pragmatics : implicature, presupposition and logical form. New York : Academic Press.

George, R. L., & Christiani, T. S.(1995). Theory, methods and processes of counseling and psychotherapy. Englewood Cliffs, N.J. : Prentice-Hall.

George, R. L., & Dustin, D.(1988). Group counseling : Theory and practice. Englewood Cliffs, N.J. : Prentice-Hall.

Gerard Egan/제석봉, 유계식 역(2003). 유능한 상담자. The Skilled Helper. 서울: 시그마프레스.

Goldberg, J. C.(1980). "Counseling the adult learner : A selective review of the literature". Adult Education, 30.

Guamer, J.(1984). Counseling and Therapy for Children. New York : The Free Press. : 서영숙 · 이재연 · 이명조 공역(1990). 아동상담과 치료. 파주 : 양서원.

Hackett, G., & Betz, N. E.(1981). A self-efficacy approach to the career development of women. Journal of Vocational Behavior, 18.

Hahn, M. E. & Maclean, M. S.(1955). Counseling Psychology. N.Y. : Mcgraw-Hill Book Co.

Hansen, J. C., Stevic, R. R., & Warner, R. W.(1977). Counseling : Theory and process(2nd ed.). Boston : Allyn & Bacon.

Hjelle, L. A. & Ziegler, D. J.(1981). Personality theories(2nd ed.). New York : McGraw-Hill Book Company.

J. 슈미트/노안영 역(2000). 학교상담. 서울 : 학지사.

Jeanne Albronda Heaton/ 김창대 역(2006). 상담 및 심리치료의 기본기법. Therapeutic Skills. 서울: 학지사.

Jones, V. F. & Jones, L. S.(1990). Comprebensive Classroom Management : Motivating and Managing Student. Boston : Allyn and Bacon.

Kazdin, A. E.(1978). History of behavior modification : Experimental foundations of contemporary research. Baltimore : University Park Press.

Kerka, Sandra(1995). Adult Career Counseling in a New Age, Eric Digest NO. 167, Eric clearinghouse on Adult, Career, and vocational Education. Columbus, O H : BBB16032.

Klein, K. L., & Wiener, Y.(1977). Interest congruency as a moderator of the relationship between job tenure and job satisfaction and mental health. Journal of Vocational Behavior, 10.

Kratcoski, P. C.(1984). Perspectives on intranfamily violence. Human Relation, 37.

Kreppner, K., Pauisen, S., & Schuetze, Y.(1982). Infant and family development : From triads to tetrads. Human Development, 25.

Langdon, G.(1969). Counseling and guidance services. In N.C. Shaw(ed.). Administration of continuing education : A guide for administrators. Washington, DC : National Association for Public school Adult Education.

Lifton Robert Jay(1974). Explorations in psycho history : the wellfleet papers. N.Y. : Simon and Schuster.

Lipsetti, L.(1962). Social factors in vocational development. Personnel and Guidance. Journal, 40.

Mahler. C. A.(1971). Group counseling in the schools. Boston : Houghton Mifflin.

McCroskey, J. C., Carl, E., Larson and Mark L. Knapp(1971). An Introducation to interpersonal communication. Englewood Cliffs : Prentice-Hall.

Miller, D. C., & Form. W. H.(1951). Industrial sociology. New York : Harper & Row.

Nelson-Jones, Richard(1982). The theory and practice of counseling psychology. Great Britain : The Pitman Press.

Nichols, M. P.(1984). Family Therapy : Concepts and Methods. New York : Gardner Press.

O'Connor, K.(1991). The play therapy printer. New York : Wiley.

Osipow, S. H.(1983). Theories of career development(3rd ed.). Englewood Cliffs, N.J. : Prentice-Hall.

Passons, W. R.(1975). Gestalt approaches in counseling. New York : Holt, Rinehart and Winston.

Pepinsky, H. B.(1984). Perspective on the aging of a persistent counseling psychologist. In J. M. Whiteley, N. Kagan, L. Harmon, B. R. Fretz & F.

Perls, F. S. & Goodman, P.(1951). Gestalt therapy. New York : Dell Pub.

Perls, F. S.(1969). Gestalt therapy verbatim. Moab, Utah : Real People Press.

Reaves, G. C., & Reaves, L. E.(1965). The counselor and Preventive Psychiatry. Personnel and Guidance Journal, 43, pp. 663-665.

Roe, A.(1957). Early determinants of vocational choice. Journal of Counseling Psychology, 4(3).

Rogers, C. R.(1961). Client-centered Therapy, Boston : Houghton Mifflin.

Rowntree, L. G. et al.(1943). Causes of rejection and the incidence of defects among 18 and 19 year old selective service registrants. Journal of the American Medical Association. 123, pp. 181-185.

Shertzer, B., & Stone, S. C.(1980). Fundamentals of counseling(3rd ed.). Boston : Houghton Mifflin.

Tolbert, E. L.(1982). An introduction to guidance(2nd ed.). Boston : Little Brown.

Williamson, E. G.(1950). Counseling adolescents, New York : McGraw-Hill.

Williamson, E. G.(1958). Value orientation in counseling. Personnel and Guidance Journal, April.

Williamson, E. G.(1975). Vocational counseling. New York : McGraw-Hall.

Zunker, V. G.(1999). Career counseling : Applied concepts of life planning(5th ed.). Pacific Grove, CA : Brooks/Cole.

저자 소개

✍ 김청자

· 상명대학교 사범대학 졸업 / 고려대학교 상담심리석사 / 성신여대 교육학박사
· 현재, 상명대학교 사범대학 교육학과 명예교수

〈저서 및 논문〉

· 심리학의 이해(공저) / 교육심리학(공저) / 상담의 이론과 실제(공저) / 생활지도와 상담(공저) / 심리불안과 자기치료(편역) / 공격성과 이상행동에 관련된 논문 등 다수

✍ 정진선

· 홍익대학교 대학원 교육학과(교육상담전공) 교육학 박사
· 명지대, 홍익대, 이화여대 강사 및 국민대학교 교육대학원, 상명대학교 교육대학원, 관동대학교 교육대학원 겸임교수 역임
· 현재, 홍익심리상담연구소 소장, 서울시 산하 '다시 함께 센터' 의료심리치료자문위원단 운영위원, 한국상담심리학회 정회원, 현실요법 전문가 및 수퍼바이저, 1급 전문상담사, 1급 평생교육사.

〈저서 및 논문〉

· 인간관계 심리의 이론과 실제(공저) / 상담의 이론과 실제(공저) / 생활지도와 상담(공저) / 대학생의 성역할정체감이 진로의사결정효능감 및 진로의사결정유형에 미치는 영향 / 가족관련변인과 역기능적 진로사고의 관계 등 다수

아동상담

초판인쇄 2014년 8월 10일
초판발행 2014년 8월 15일

김청자 ㊞
2014. 8.

저 자 김청자 · 정진선
발행인 김현태
발행처 태영출판사

주 소 (152-705) 서울 구로구 구로동 104-10 동남오피스텔 201호
전 화 02 · 839-3757, 839-3752
팩 스 02 · 837-3754
등 록 2005년 5월 30일 제12-421호
http://www.taeyeongbook.co.kr
E-mail tys2005@hanmail.net
ISBN 978-89-6302-147-8 93370
정 가 16,000원

* 잘못 만들어진 책은 교환해 드립니다.

NAVER 태영출판사